Ela Rübenach •
Gina Jacobs

POURING

Meisterwerke aus Acryl gießen

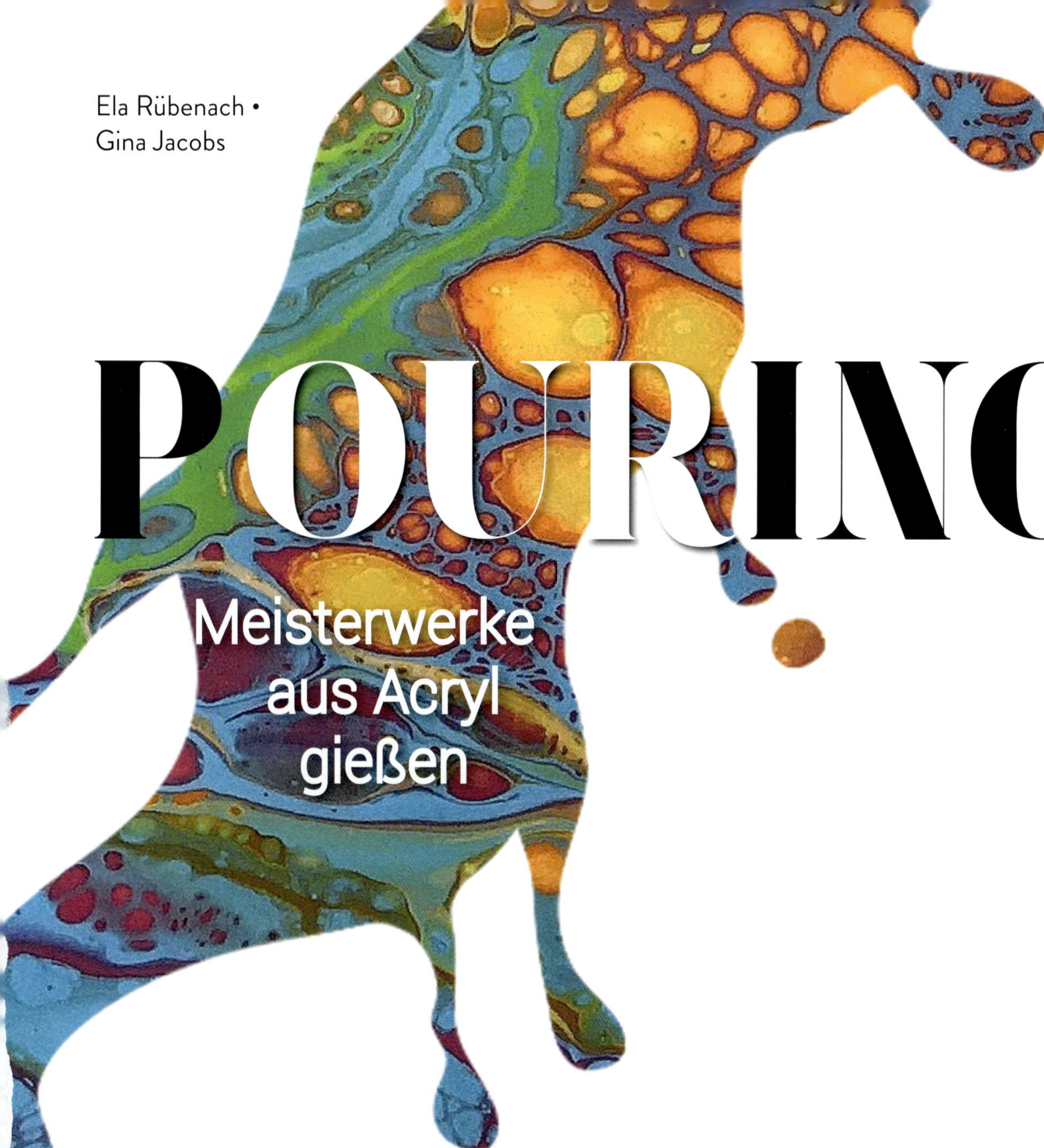

CV

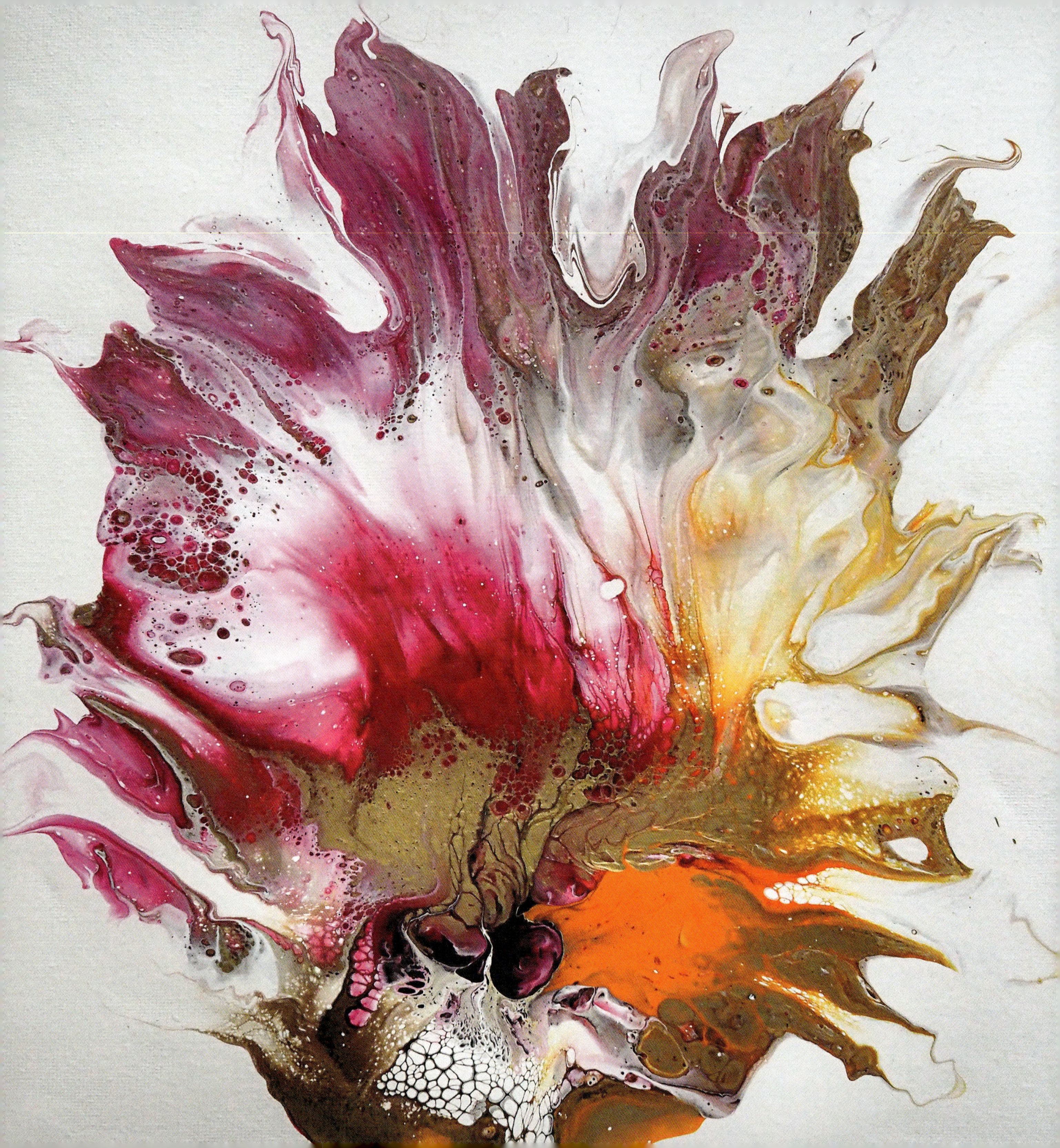

Inhaltsverzeichnis

Vorwort

Acrylic-Pouring ist eine Maltechnik, die seit Kurzem die Kunst- und Kreativszene im wahrsten Sinne des Wortes aufmischt. Weltweit erfährt diese Technik einen regelrechten Boom.

Dieses Buch ist für Anfänger und erfahrene Künstler der Acrylmalerei gleichermaßen interessant. Bei dieser Technik wird Acrylfarbe mit einem Pouring-Medium vermischt, um die Fließfähigkeit der Farbe zu erhöhen. Wir zeigen in diesem Buch, wie man auf unterschiedliche Weise mehrere Farbschichten auf Malgründe gießt (englisch = *to pour*). Durch die Zugabe von Silikon lassen sich edelsteinartige Strukturen erschaffen. Verschiedene Techniken des Pourings ergeben spektakuläre Ergebnisse wie z. B. Baumringmuster und bizarre Farbverläufe.

Dieses Buch bietet wichtige Informationen zu den Grundlagen und zeigt illustrierte Schritt-für-Schritt-Anleitungen zu den einzelnen Techniken, mit denen du sehr schnell in der Lage sein wirst, deine eigenen Werke zu gestalten.

Beim Acrylic-Pouring sind der Kreativität keine Grenzen gesetzt. Dies wird anschaulich in diesem Buch dargestellt. Wir demonstrieren, welche Gegenstände sich begießen lassen und zeigen unterschiedliche Farbgestaltungen. Du kannst deine Bilder auch weiter bearbeiten, so kann ein Acrylic-Pouring beispielsweise ein schöner Hintergrund für ein gemaltes Bild sein.

Achtung, es herrscht erhöhte Suchtgefahr, und der Spaßfaktor ist sehr groß. Dies und die verschiedenen Gestaltungsmöglichkeiten sind der Grund dafür, dass so viele Kunstschaffende dieser Technik verfallen.

Wir sind uns sicher:

Auch deine Ergebnisse werden spektakulär!

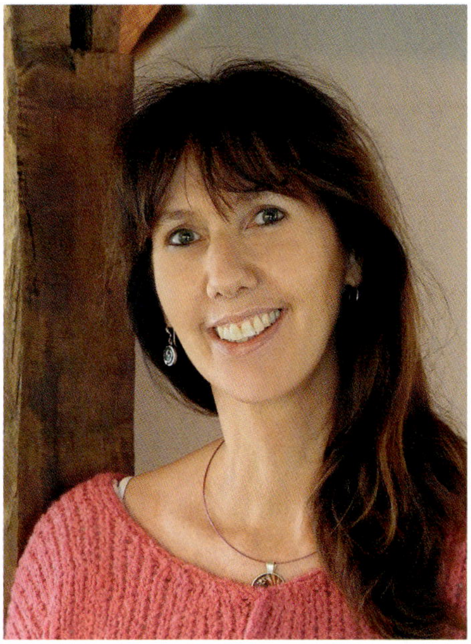

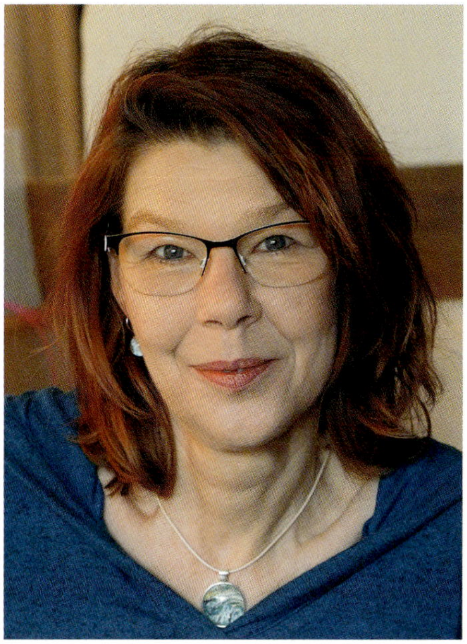

Ela Rübenach

Ela Rübenach wurde 1967 in Mechernich geboren und lebt in Euskirchen-Flamersheim. Nach jahrelanger Tätigkeit als Beamtin im öffentlichen Dienst absolvierte sie Weiterbildungen in Malerei, plastischer Gestaltung und künstlerischer Betongestaltung und schloss eine Ausbildung zur Kunst- und Kreativitätstherapeutin ab. Seit 2009 ist sie als Kunstdozentin für verschiedene Unternehmen tätig, leitet Künstlergruppen und präsentiert ihre Werke regelmäßig in Ausstellungen. www.musenspiel.de

Gemeinsam gründeten die Autorinnen im Jahr 2017 in Mechernich in der Nordeifel GinElas Kunstwerkstatt mit Herz. Dort geben sie Kurse zu einer Vielzahl kreativer Themen. Acrylic-Pouring bieten sie nicht nur in ihrer Galerie-Werkstatt vor Ort an – sie sind auch als Dozentinnen für die Firma Boesner (Groß- und Einzelhandel für Künstlerbedarf) in verschiedenen Städten in Deutschland unterwegs.

Gina Jacobs

Gina Jacobs wurde 1966 in Wuppertal geboren und lebt in Mechernich in der Nordeifel. Sie arbeitete zunächst als kaufmännische Angestellte, bevor sie 2009 die Leitung eines Kunstcafés mit Galerie übernahm, in deren Rahmen sie über 30 Kunstausstellungen organisierte und als Laudatorin tätig war. Seit 2010 ist Gina Jacobs als Dozentin für experimentelle Malerei, Perlenschmuck (Beadwork) und Reliefkunst tätig und nimmt regelmäßig an Ausstellungen teil. www.ginas-perlen-werk.de

Zusammen organisieren sie verschiedene Ausstellungen (u. a. im historischen Bunker in Mechernich-Satzvey), wie z. B. die traditionelle jährliche Ausstellung einheimischer Künstler in Mechernich. In ihrer Region fallen die Autorinnen regelmäßig mit Aktionskunst auf.

Grundlagen

Für das Acrylic-Pouring benötigst du Malgründe, Farben, das Pouring-Medium, Silikon und Hilfsmittel, wie z. B. einen Küchenbrenner. Alle diese Materialien werden im Folgenden erklärt.

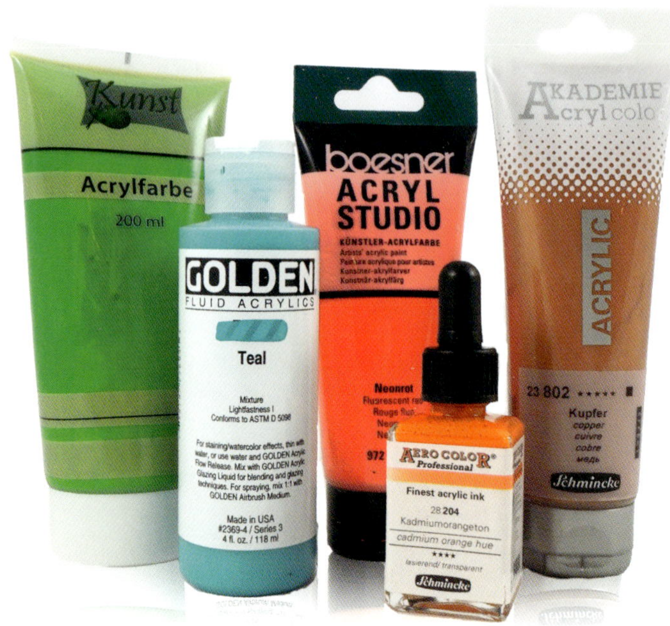

FARBEN

Beim Acrylic-Pouring werden Acrylfarben oder Airbrushfarben verwendet.

Acrylfarben gibt es in unterschiedlichen Qualitätsstufen und Preiskategorien. Grundsätzlich haben alle Farben ihre Berechtigung beim Acrylic-Pouring. Günstige Hobbyfarben haben meist einen geringen Pigmentanteil und sollten nicht so stark mit Pouring-Medium verdünnt werden, weil dadurch die Farbintensität vermindert werden könnte.

Hochwertige Künstler-Acrylfarben dagegen sind hoch pigmentiert und vertragen eine stärkere Verdünnung. Der Pigmentanteil bei Airbrush- und Liquidfarben ist sehr hoch und sollte sehr sparsam dem Medium zugefügt werden.

Selbst hergestellte Farben aus Pigmenten und Acrylbinder können ebenfalls mit einem Pouring-Medium vermischt werden.

Die Dichte der Acrylfarbe ist abhängig von den Anteilen an Pigment, Bindemittel und Lösungsmittel. Die Farbe Weiß ist die dichteste Farbe und somit die schwerste. Zieht man z. B. eine weiße Farbe über eine weniger dichte Farbe, ist zu beobachten, dass auch ohne Silikon ein Zellenmuster entsteht, da die schwere weiße Farbe langsam absinkt. Das ist ein klassisches Beispiel der Rayleigh-Taylor-Instabilität! Die RTI tritt auf, wenn zwei unterschiedlich dichte Flüssigkeiten gegeneinander beschleunigt werden bzw. aufeinanderreiben.

Die Lichtechtheit einer Farbe ist entscheidend dafür, wie lange man an einem Bild Freude hat. Dazu gibt es bei qualitativ höheren Farben Hinweise auf der Farbtube. Ist die Lichtechtheit dort nicht abgebildet, kann man diese bei den meisten Herstellern im Internet erfahren.
Bei geringer Lichtechtheit kann ein UV-Schutzlack für die Farbkonservierung als Finish verwendet werden.

*	**ausreichende Lichtechtheit**
**	**gering lichtbeständig**
***	**bedingt lichtbeständig**
****	**lichtbeständig**
*****	**hoch lichtbeständig**
******	**höchst lichtbeständig**

Die Deckkraft einer Farbe ergibt sich aus der Zusammensetzung der Pigmente und den Zusätzen.
Entsprechende Hinweise findet man bei guter Farbqualität auf der Farbtube.
Beim Acrylic-Pouring wird es durchaus spannend, wenn man mit unterschiedlich deckenden Farben arbeitet. Daher ist es auch sinnvoll, bei der Auswahl der Farben darauf zu achten, möglichst unterschiedliche Deckkraftabstufungen einzusetzen.

lasierend

halb lasierend

halb deckend

deckend

DAS POURING-MEDIUM

Das Pouring-Medium dient dazu, Acrylfarben fließfähig zu machen. Es beeinflusst auch die Zellbildung. Vor Gebrauch muss das Pouring-Medium gut geschüttelt werden.
Mit dem Boom des Acrylic-Pourings haben viele Hersteller von Künstlermaterial ein Pouring-Medium auf den Markt gebracht. Auf jedes Einzelne einzugehen, würde den Rahmen dieses Buches sprengen, daher beziehen wir uns hier auf die wichtigsten Medien und deren Unterschiede. Für manche ist die Entscheidung, welches Medium man verwenden möchte, auch eine Kostenfrage.

Die Firma Schmincke hat zwei unterschiedliche Medien auf den Markt gebracht. Das Pouring-Medium S ist silikonfähig, und wir nutzen es sehr gerne, da wir nur ungern auf die Verwendung von Silikon verzichten. Es hat eine dünnflüssige Konsistenz, ähnlich wie das Pouring-Medium von Liquitex.

Schmincke empfiehlt ein Mischungsverhältnis von 1:1 (Farbe : Medium).

Das Pouring-Medium von Golden gibt es in zwei Varianten: Color Pouring-Medium Matte (matt) und GAC 800 (glänzend). Wir konnten feststellen, dass bei der Verwendung von GAC 800 der schöne Nasseffekt der Pouring-Bilder erhalten bleibt.

In Kombination mit Fluid-Acrylics-Farben von Golden ergibt sich eine hohe Ergiebigkeit. Anders als bei den üblichen Pouring-Medien ist hier das Mischungsverhältnis 1:9. Also ein Teil Fluid-Acrylics-Farben zu neun Teilen Pouring-Medium. Die Fließfähigkeit ist erstaunlich hoch.

Floetrol von der Firma Owatrol wird hauptsächlich von Malerwerkstätten bei Renovierungsarbeiten genutzt. Wir sind demjenigen, der dieses Medium für das Acrylic-Pouring entdeckt hat, sehr dankbar. Es bildet sogar ohne Silikon unsere heiß geliebten Zellen.

Gute Erfahrungen haben wir auch mit dem Pouring-Medium von Boesner gemacht.

Der Vinylkleber ist ein kostengünstiges Medium. Er ist dickflüssig, kann aber gut mit Wasser aufgemischt werden.

WICHTIG:
Beim Anrühren der Farben mit dem Medium gibt es kein Standardrezept. Die Konsistenz der einzelnen Medien und Farben ist so unterschiedlich, dass hier Experimentieren angesagt ist. Nach unserer Erfahrung ist das Verhältnis 1:1 empfehlenswert. Da die Mischung dann in der Regel noch nicht fließt, geben wir vorsichtig destilliertes Wasser hinzu und verzichten auf Leitungswasser, da das enthaltene Chlor und der Kalk die Pigmente zerstören könnten.

TIPP
Man kann auch noch einen kleinen Schuss Medium in das destillierte Wasser geben. Wir empfehlen 20 ml Medium auf 1 l destilliertes Wasser.

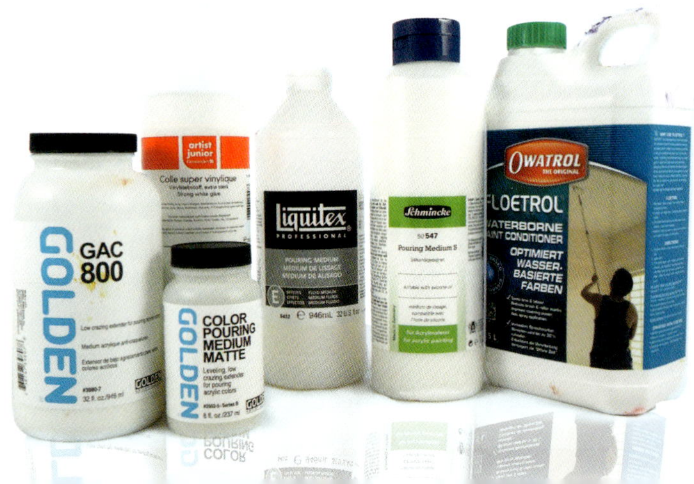

SILIKON

Wer Zellen möchte, kommt an Silikon meist nicht vorbei.

Silikon gibt es in verschiedenen Varianten. Hochleistungssilikon zum Sprühen oder Silikonöl höchste Reinheit Viskosität 100. Es gehört zu den schwereren Ölen, die man in Tropfenform der Farbe zufügen kann.

Haaröle, auf denen als erster Inhaltsstoff Dimenthicone angegeben ist, eignen sich ebenfalls für das Acrylic-Pouring. Dadurch kann man wunderbare Zellen bilden.

Silikon kann man direkt in die einzelnen Farbbecher geben oder beim Schichten der verschiedenen Farben in einen Becher zwischendurch eintröpfeln.

Wenn man das Silikon kräftig in die Farbe einrührt, ergibt das viele kleine Zellen. Hebt man das Silikon jedoch vorsichtig unter, erhält man größere Zellen.

Probiere alles aus und entscheide dann selbst, welche Alternative dir am besten gefällt.

TIPP
Prickelnde Ergebnisse bekommt man auch durch die Zugabe von Durex Play-Gleitgel Prickelnd.
Ein wahres Zellenwunder erwartet dich!

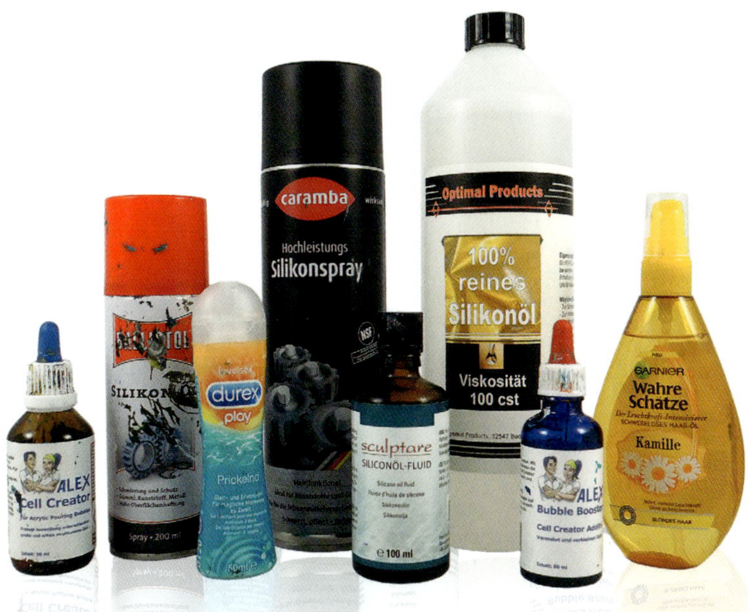

DER TORCH

Der Torch ist ein Bunsenbrenner, der mit Feuerzeuggas betrieben wird und den wir in der Küche zum Flambieren benutzen. Jetzt hat er in der Küche ausgedient und wird zum Acrylic-Pouring zweckentfremdet!

Vor der Bedienung eines Torchs muss unbedingt auf die Hinweise des Herstellers geachtet werden. Jeder Torch funktioniert anders. Da hier mit einer offenen Flamme gearbeitet wird, ist es sinnvoll, stets einen kleinen Feuerlöscher in der Nähe zu haben.

Nachdem die Farben auf die Leinwand gebracht wurden, wird mithilfe des Torchs das Bild erwärmt. Dadurch lösen sich die Luftblasen in der Farbe auf, und das Silikonöl wird erwärmt. Durch die Wärme kann das Öl durch alle Farbschichten nach oben steigen und bewirkt somit Zellen.

Achtung!
Achte darauf, dass der Torch nicht zu lange auf eine Stelle brennt. Führe den Torch mit leichter Bewegung und genügend Abstand über dein Bild. Du bekommst schon bald ein Gefühl dafür, wie es geht.

Weitere Hilfsmittel stellen wir in unseren jeweiligen Techniken vor.

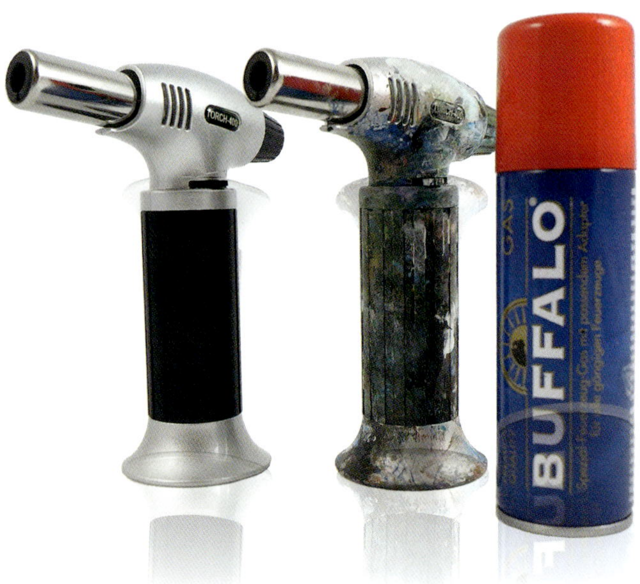

MALGRÜNDE

Beim Acrylic-Pouring kann man neben den traditionellen Keilrahmen noch viele weitere Malgründe nutzen.

Keilrahmen

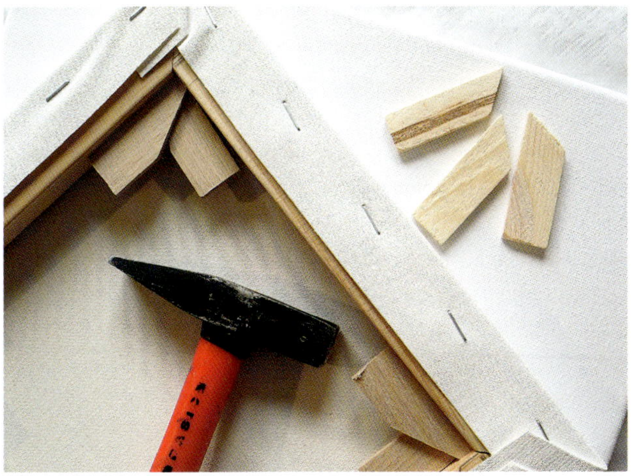

Fertige Keilrahmen gibt es in allen Größen und Stärken zu kaufen. Den Keilrahmen liegen immer kleine Holzkeile zum Spannen bei, die an den inneren Ecken mit einem Hammer eingeschlagen werden. Je besser die Leinwand gespannt ist, umso besser fließt die Farbe darüber. Die Leinwand sollte nicht nachgeben, wenn die Farbe aufgeschüttet wird, da sonst das Bild in der Mitte zusammenrutscht.

Achtung:
Bei größeren Keilrahmen kann die Qualität entscheidend sein. Während des Schüttens kann die Leinwand von unten mit Styropor oder Holz unterstützt werden, um ein Nachgeben der Leinwand zu vermeiden.

Holzmalgrund

Künstlerfachmärkte bieten diverse Holzmalgründe an, beispielsweise Holzkörper und HDF-Malplatten. Diese haben den Vorteil, dass sie nicht nachgeben, egal wie viel Farbe auftragen wird.

Für die ersten Übungen empfehlen wir, mit kleineren Keilrahmen der Größe 20 x 20 cm oder 30 x 30 cm zu beginnen.

Grundsätzlich gilt, dass alle Malgründe absolut waagerecht und sicher auf dem Arbeitsplatz liegen müssen. Man kann hierfür auch eine Wasserwaage zu Hilfe nehmen.

Bei den Malgründen sind der Fantasie keine Grenzen gesetzt. In diesem Buch finden sich einige Beispiele zur künstlerischen Umsetzung, wie z. B. Möbel, Gitarren, Uhren, Schallplatten, Fliesen und viele mehr.

Du wirst deine Alltagsgegenstände ab jetzt mit anderen Augen sehen!

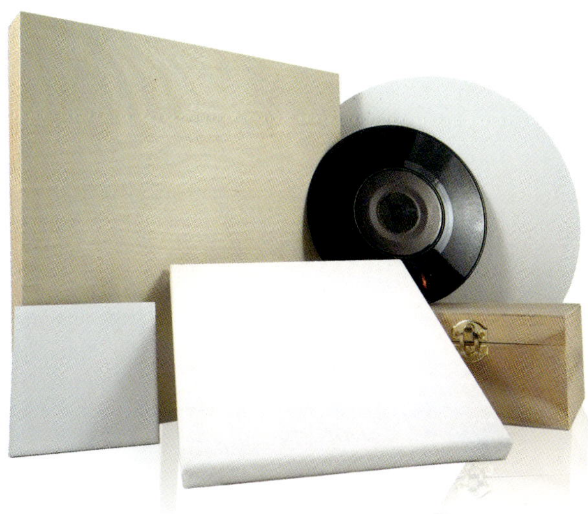

DER ARBEITSPLATZ – ARBEITS-»PLATZ« IST IN DER KLEINSTEN HÜTTE!

Du benötigst einen Platz, an dem du ungestört Farbe anrühren und Bilder kreieren kannst. Der Tisch sollte so groß sein, dass er genügend Platz für Materialien bietet. Wichtig ist auch, dass du in deiner Bewegungsfreiheit nicht eingeschränkt bist. Der Arbeitsplatz sollte gut beleuchtet und ausreichend belüftet sein.

Bevor du in den Farbrausch kommst, bedecke Tisch und Boden mit Folie und/oder mit Zeitungen. Diese werden später mit dem Restmüll entsorgt.

Die Arbeitskleidung sollte ebenfalls zweckmäßig sein; Acrylfarbe lässt sich aus Kleidung nur entfernen, wenn man sie direkt mit viel Wasser auswäscht. Ebenso brauchst du einen Platz, an dem deine Bilder waagerecht zwei Tage liegen bleiben können, um in Ruhe zu trocknen.

TIPP
Wasche niemals Becher oder Arbeitsmaterial im Waschbecken aus. Im Abfluss bilden sich sonst Farbhäute, die den Abfluss verstopfen. Materialien, die nach Gebrauch nicht mit dem Restmüll entsorgt werden, wie z. B. Spachtel oder Pinsel, werden erst gut mit Küchenpapier abgewischt, bevor sie dann mit viel warmem Wasser und Spülmittel ausgewaschen werden.

Restfarbe in den benutzten Farbbechern lässt man antrocknen und entsorgt sie mit dem Restmüll.
Eine sehr häufig gestellte Frage lautet: Wie viel Farbe bzw. Farbmischung wird für welche Leinwandgröße benötigt?

Wenn du dich für eine Leinwandgröße entschieden hast, kannst du die folgende Tabelle als Richtlinie nutzen. Bei der in der Tabelle angegebenen Farbmenge handelt es sich um die gesamte Flüssigkeitsmenge, die für die entsprechende Leinwandgröße benötigt wird.
Wenn nach dem Schütten noch Farbe übrig ist, kannst du diese luftdicht verschließen und einige Tage aufbewahren. Du kannst aber auch gleich noch ein Bild gießen.

Mengentabelle	
Leinwandgröße	Farbmenge (ca.)
10 x 10 cm	30 ml
15 x 15 cm	40 ml
20 x 20 cm	60 ml
25 x 25 cm	100 ml
30 x 30 cm	150 ml
30 x 40 cm	200 ml
30 x 60 cm	250 ml
30 x 90 cm	450 ml
40 x 40 cm	300 ml
40 x 50 cm	400 ml
40 x 60 cm	500 ml
50 x 50 cm	550 ml
50 x 70 cm	600 ml
60 x 60 cm	600 ml
60 x 90 cm	900 ml
80 x 80 cm	1000 ml
90 x 90 cm	1400 ml
90 x 120 cm	1800 ml
120 x 120 cm	2400 ml
120 x 150 cm	3000 ml

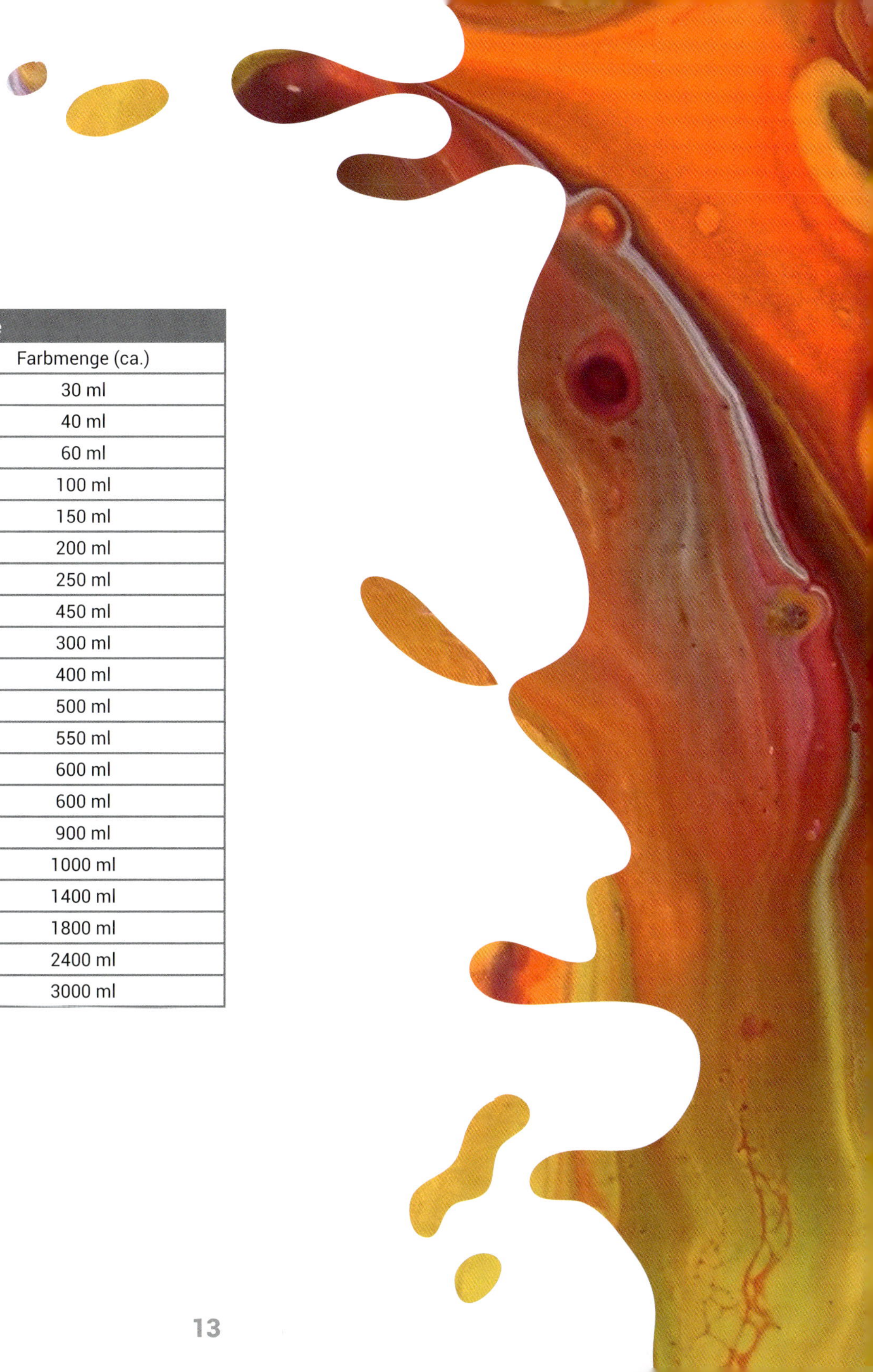

DER ERSTE BECHER

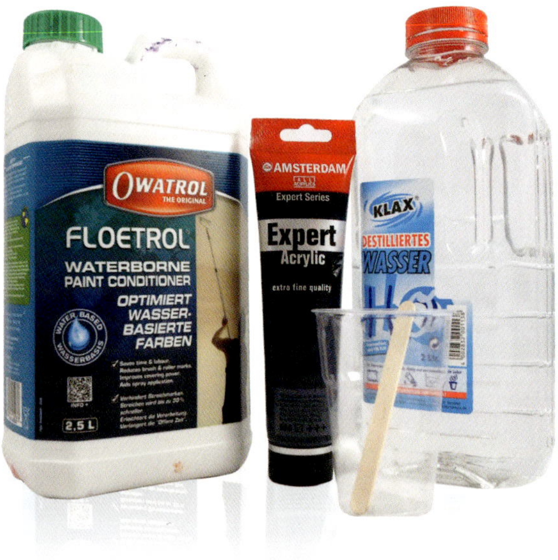

Der erste und wichtigste Schritt, bevor wir mit den einzelnen Techniken beginnen, ist das richtige Anrühren der Farbe mit einem Pouring-Medium und destilliertem Wasser. Dies wird nun anschaulich und in kleinen Schritten erklärt:

In diesem Beispiel werden Preußischblau der Firma Amsterdam und das Medium Floetrol der Firma Owatrol verwendet. Zusätzlich werden ca. 20 ml Floetrol in 1 l destilliertes Wasser gegeben und etwas davon in eine kleine Flasche umgefüllt, damit es sich besser portionieren lässt.

Man kann jede Acrylfarbe mit jedem Medium mischen!

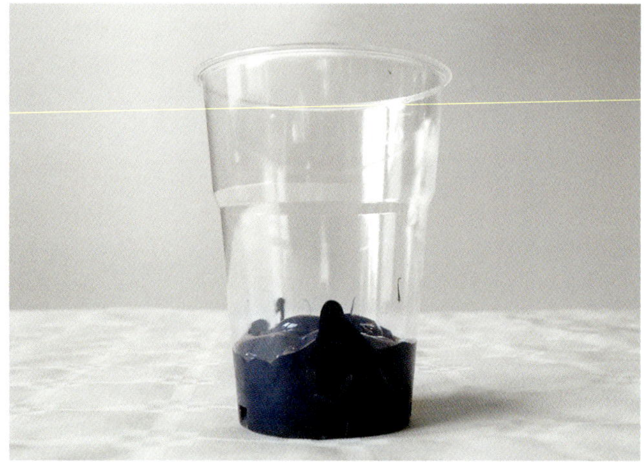

1. Zunächst wird Acrylfarbe in einen Plastikbecher (0,2 l) gefüllt.

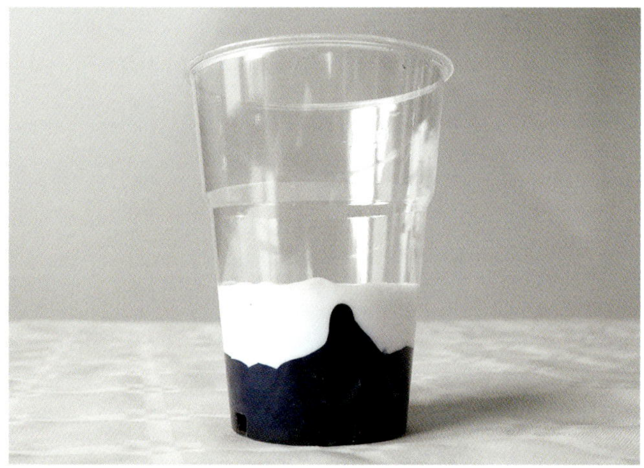

2. Anschließend wird die gleiche Menge Pouring-Medium zugegeben. Das Mischungsverhältnis sollte in etwa 1:1 betragen.

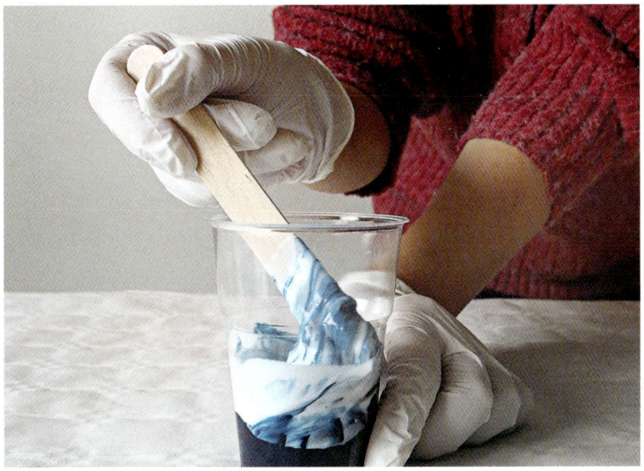

3. Beide Komponenten werden mit einem flachen Holzspatel sehr gründlich verrührt.

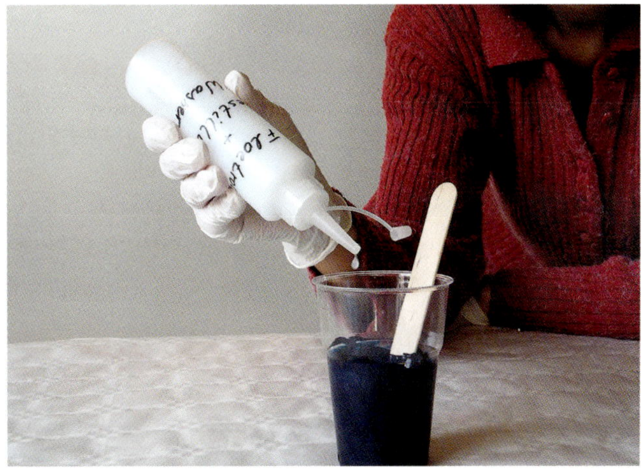

4. Die Konsistenz bzw. Festigkeit der jeweiligen Farben ist je nach Hersteller sehr unterschiedlich, wie in den *Grundlagen* unter *Farben* erklärt. Aus diesem Grund wird das Farb-Medium-Gemisch mit dem Wasser vorsichtig verdünnt. Man gibt immer nur wenige Spritzer in den Becher. Die Farbe darf nicht zu flüssig bzw. wässrig werden!

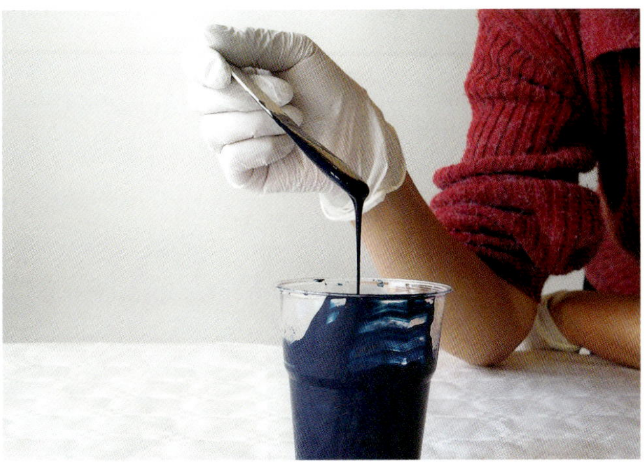

5. Die perfekte Konsistenz ist erreicht, wenn die Farbe wie flüssiger warmer Honig vom Spatel fließt. Wenn die Farbe vom Spatel in den Becher zurückfließt, darf sie nicht auf der Oberfläche »stehen bleiben«, sondern sollte wieder unter die Oberfläche gleiten.

Für das Acrylic-Pouring werden mehrere Farben benötigt. Rühre mehrere Becher mit verschiedenen Farben an. Die Farben, die du später nicht direkt verbrauchst, kannst du abdecken und bis zu zwei Wochen aufbewahren.

Rührst du noch oder schüttest du schon? Kontrolliere noch einmal, ob alle Farben die gleiche Konsistenz haben. Das ist wichtig für das Schüttergebnis.

Nun kannst du auch schon Silikon in die Farben tröpfeln oder sprühen und vorsichtig unterheben – nicht verrühren! (Siehe auch *Grundlagen* unter *Silikon.*)

DER DIRTY CUP – DER SCHMUTZIG-BUNTE BECHER!

Der Dirty Cup ist ein wichtiger Bestandteil bei vielen Pouring-Techniken. Dafür werden mehrere Farben schichtweise in einen Becher gefüllt. Diese Schichten werden mehrfach wiederholt.

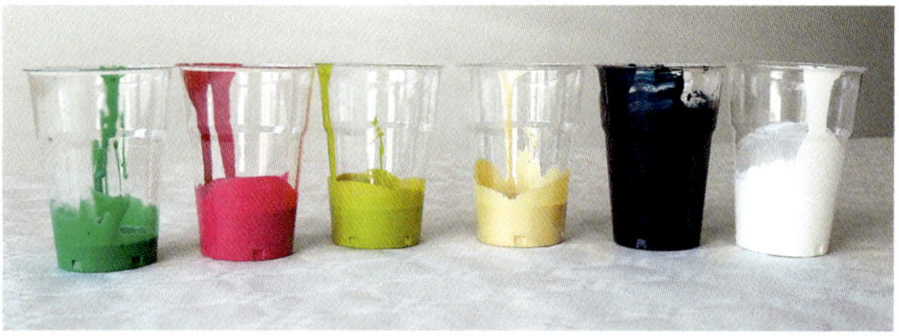

Für dieses Beispiel wurden sechs Farben angerührt. Die Menge und Auswahl der Farben sind Geschmackssache. Mit dunkleren Farben darf man ruhig etwas sparsamer umgehen.

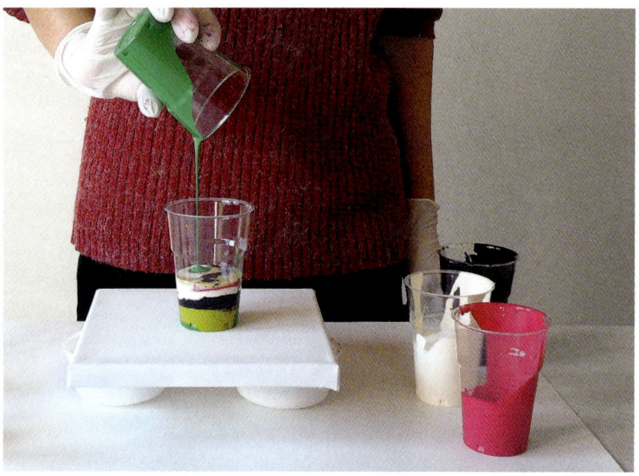

2. Wechsle die Farben ab, wie es dir gefällt. Schluck für Schluck, bis der Becher die gewünschte Füllhöhe erreicht hat (siehe auch *Mengentabelle*). Ein schönes Ergebnis erreicht man beispielsweise, wenn die dunklen mit den hellen Farben abwechseln.

TIPP
Wenn du vor dem Schichten erst etwas Silikon in den Becher sprühst, löst sich die Farbe später besser vom Becherboden.

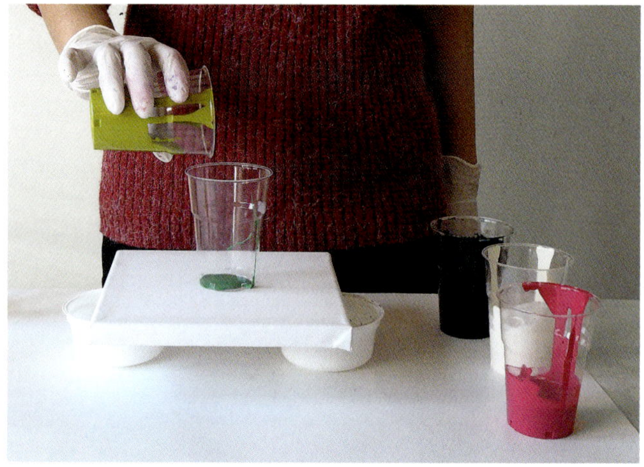

1. Zuerst werden die Farben nach und nach in einen leeren Becher geschichtet.

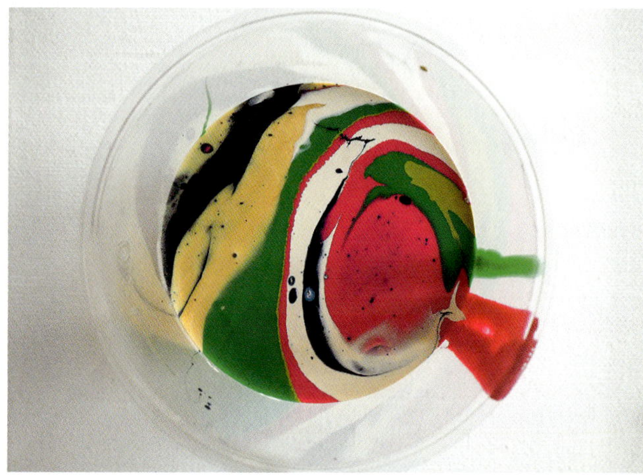

3. Dies ist ein Dirty Cup mit ca. 18 Schichten. Jede Farbe wurde drei Mal eingefüllt. Sieht doch lecker aus, oder?

Mit diesem Becher gehen wir jetzt in die erste Technik: den Flip Cup!

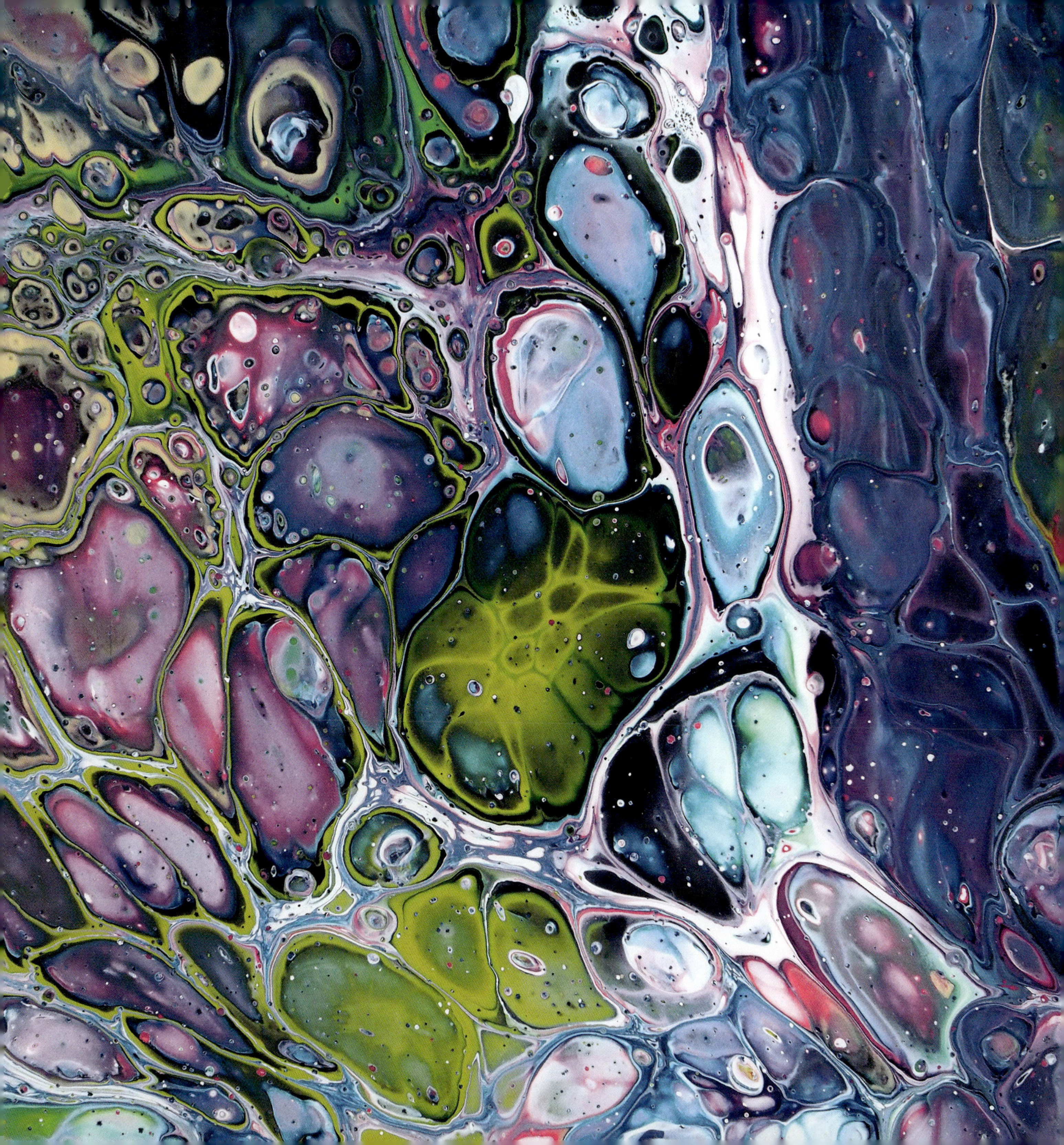

Techniken und

FLIP CUP – IM HANDUMDREHEN!

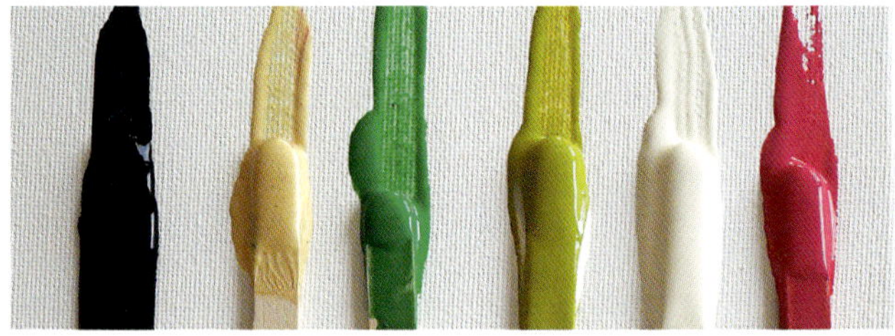

Die Flip-Cup-Technik ist eine beliebte Variante des Acrylic-Pourings. Hierfür wird ein Dirty Cup vorbereitet, wie im vorherigen Kapitel beschrieben, und auf die Leinwand gestülpt. Ein Garant für den Wow-Effekt!

Material:
Küchenpapier, Einmalhandschuhe, Holzspatel, Plastikbecher, Torch

Farben:
* Preußischblau von Amsterdam
* Gold von Schmincke
* Grün von Schmincke
* Olive von Boesner
* Creme von Philipps
* Magenta von Boesner

Für dieses Beispiel wurde eine Leinwand 25 x 25 cm mithilfe von Keilen gespannt und auf zwei flache Becher gestellt. Alle Farben wurden mit Floetrol gemischt. In jeden Becher wurden zwei bis drei Tropfen Silikonöl-Fluid Sculptare von Boesner untergehoben.

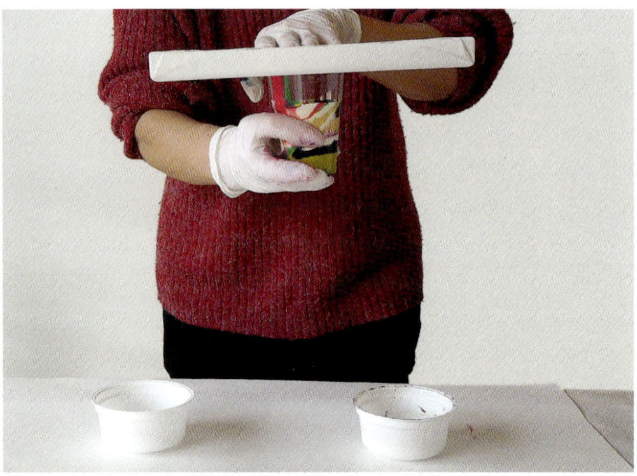

1. Der Dirty Cup wird nun in die Hand genommen. Die Leinwand wird daraufgelegt.

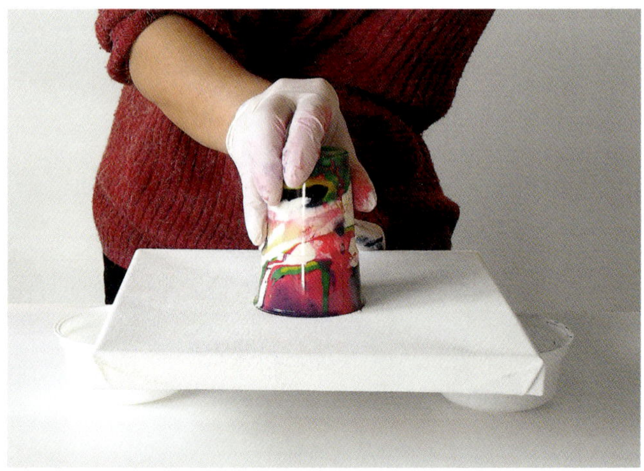

2. Den Becher gut gegen die Leinwand drücken und schwungvoll zusammen mit der Leinwand drehen, wie auf dem Foto zu sehen ist.

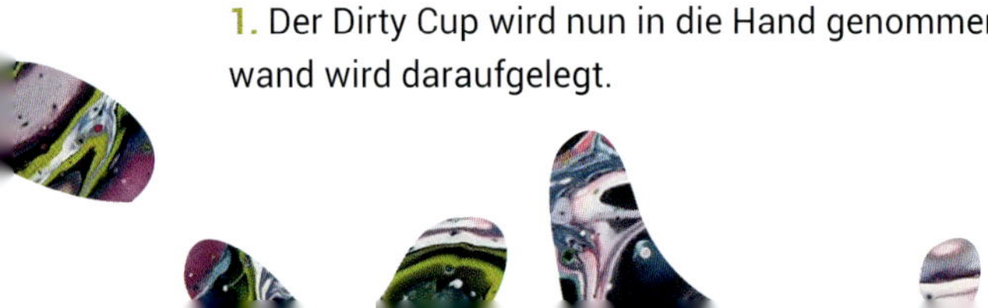

ihre Varianten

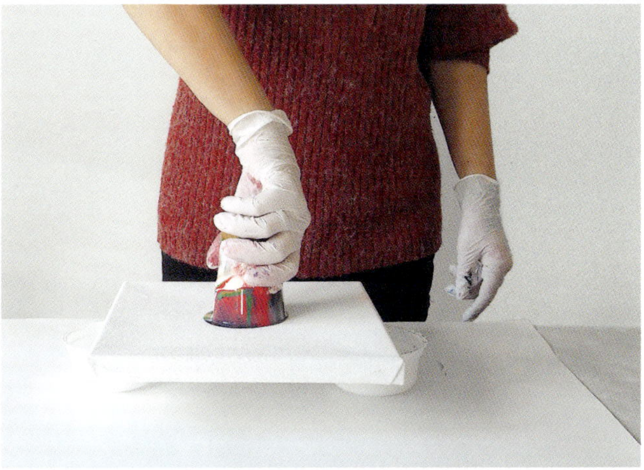

3. Wir warten einen Moment, bis sich die Farbe auf der Leinwand gesetzt hat. Und die Spannung steigt! Das ist immer ein aufregender Moment.

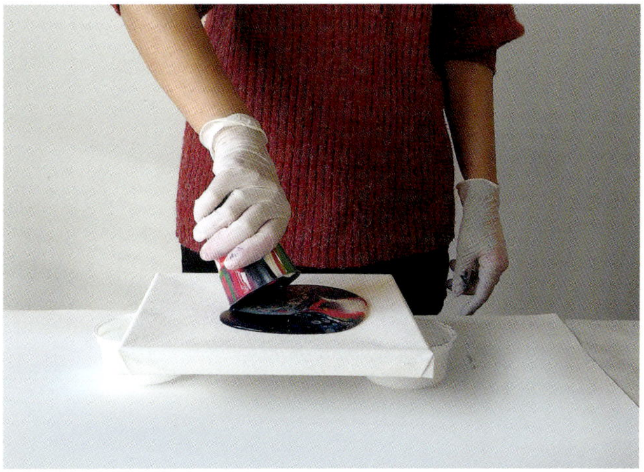

4. Dann wird der Becher mit einer leichten Drehung von der Leinwand gehoben.

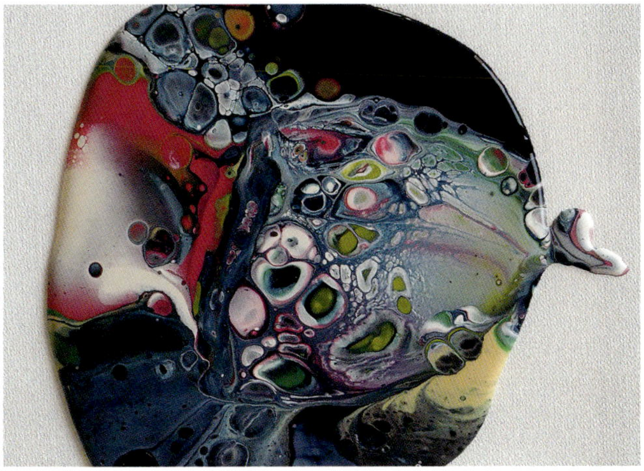

5. Und WOW! Jetzt sieht man die ersten Zellen, wie sie sich durch die Farbschichten arbeiten und nach und nach sichtbar werden.

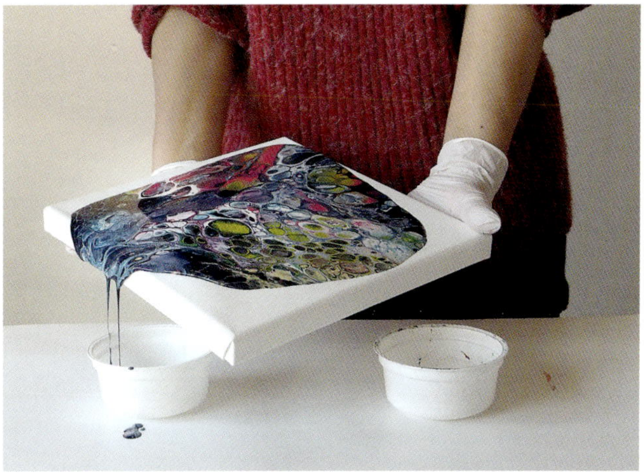

6. Ziel ist es nun, die Farbe so über die Leinwand fließen zu lassen, dass alles gut bedeckt ist und gleichzeitig die entstandenen Zellen erhalten bleiben.

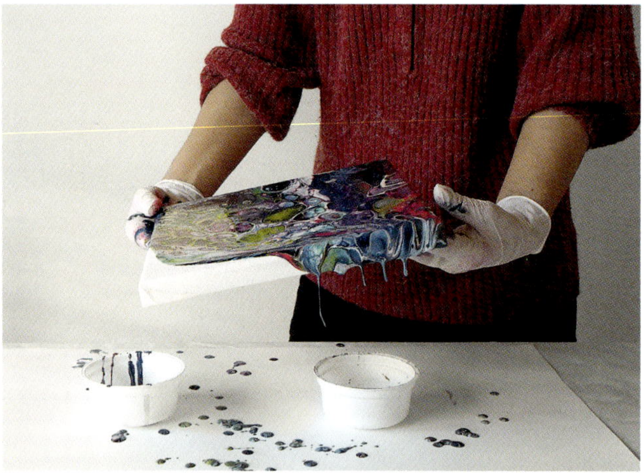

7. Die Leinwand wird sehr vorsichtig hin- und herbewegt. Das braucht etwas Übung und ein bisschen Geduld.

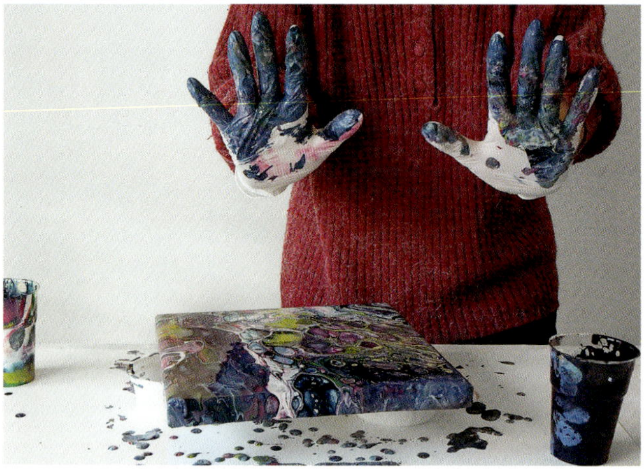

8. Die heruntergetropfte Farbe wird in Bechern oder auf der Unterlage aufgefangen. Diese wird genutzt, um die freien Ecken und Ränder der Leinwand zu bedecken.

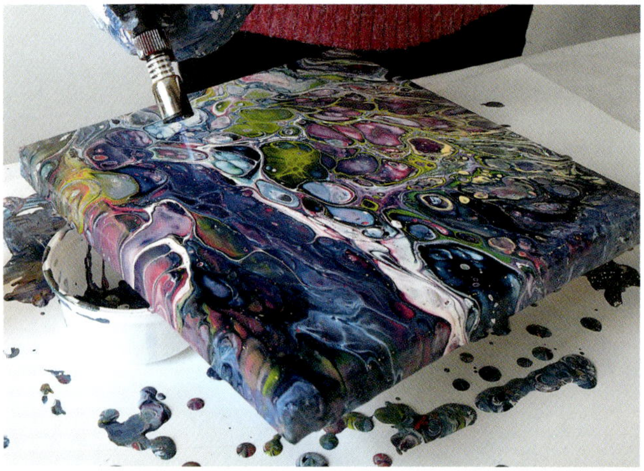

Hast du an das Küchenpapier gedacht? Das brauchst du jetzt!

9. Nachdem die Hände gesäubert sind, kommt der Torch zum Einsatz. Er wird vorsichtig mit einem Abstand von ca. 15 cm über das Bild bewegt. Durch die Hitze öffnen sich weitere Luftblasen, und noch mehr Zellen werden sichtbar.

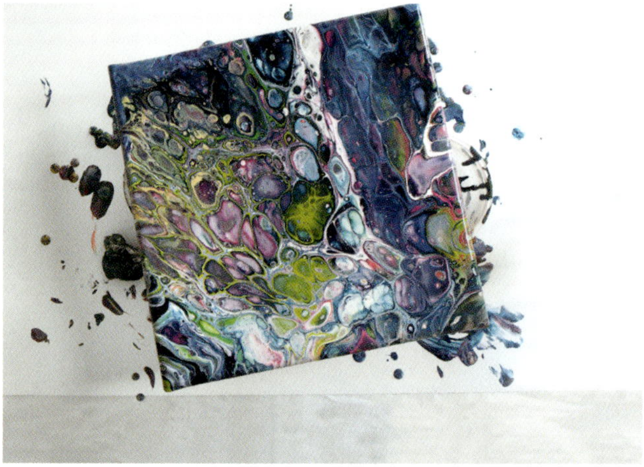

10. Das Ergebnis kann sich wirklich sehen lassen!

Nun wird das Bild zum Trocknen auf eine mit Folie ausgelegte Stelle gelegt. Der Platz sollte sehr gerade sein, damit nichts nachtropft und sich das Bild nicht weiter verändert. Nach ein bis zwei Tagen ist die Bildoberfläche getrocknet, und nach zwei Wochen kann man das Bild versiegeln.

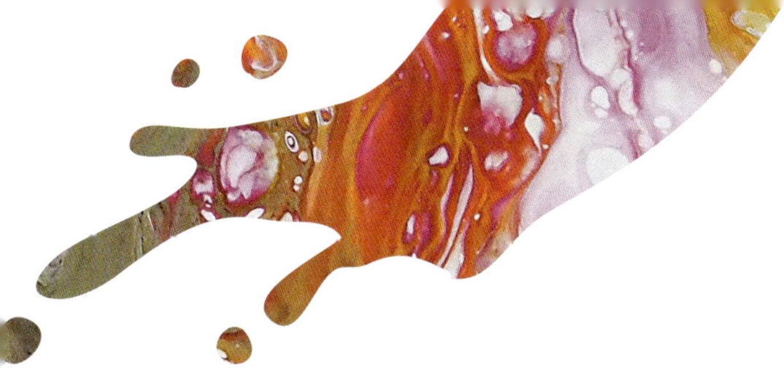

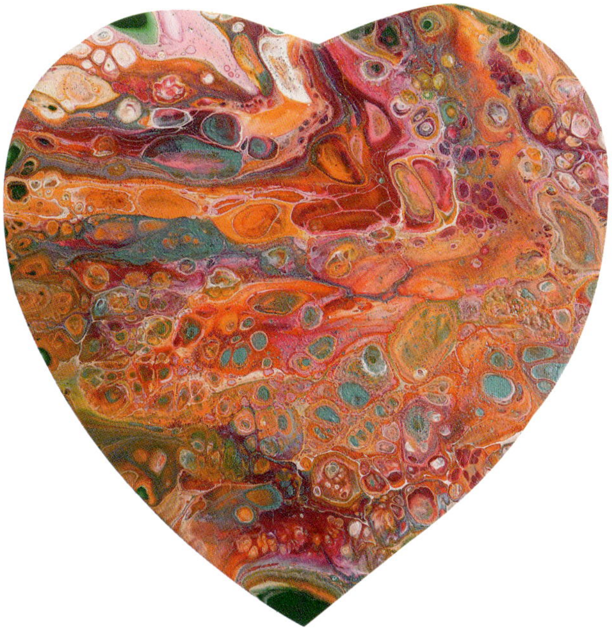

TIPP

Farbe, die von der Leinwand läuft, kann man auf Folie auffangen, ebenso in flachen Plastikschalen. Wenn die Reste getrocknet sind, können die entstandenen Acrylhäute weiterverwendet werden, z. B. um Schmuck daraus zu machen (siehe Kapitel *Schmuck*).

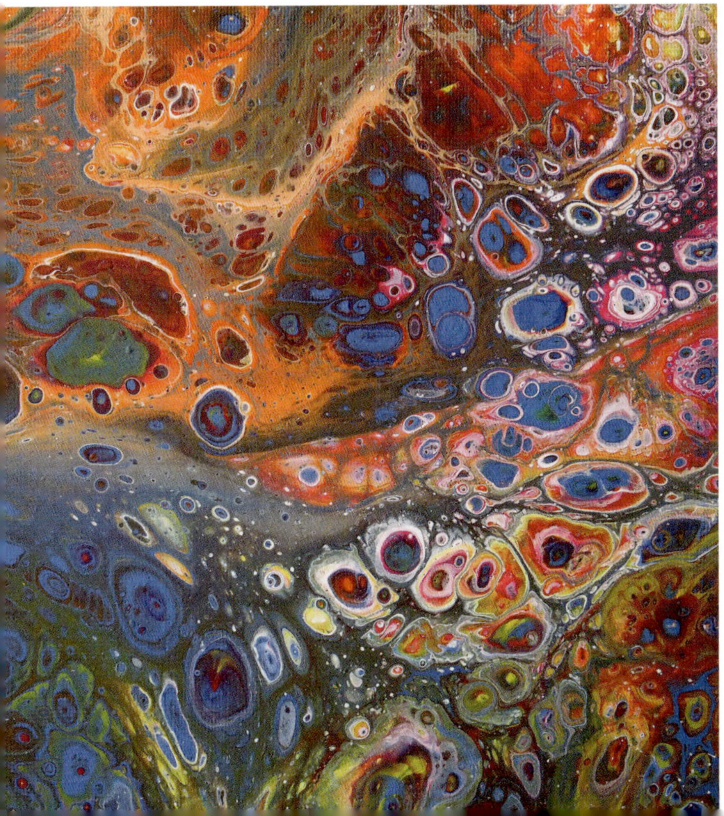

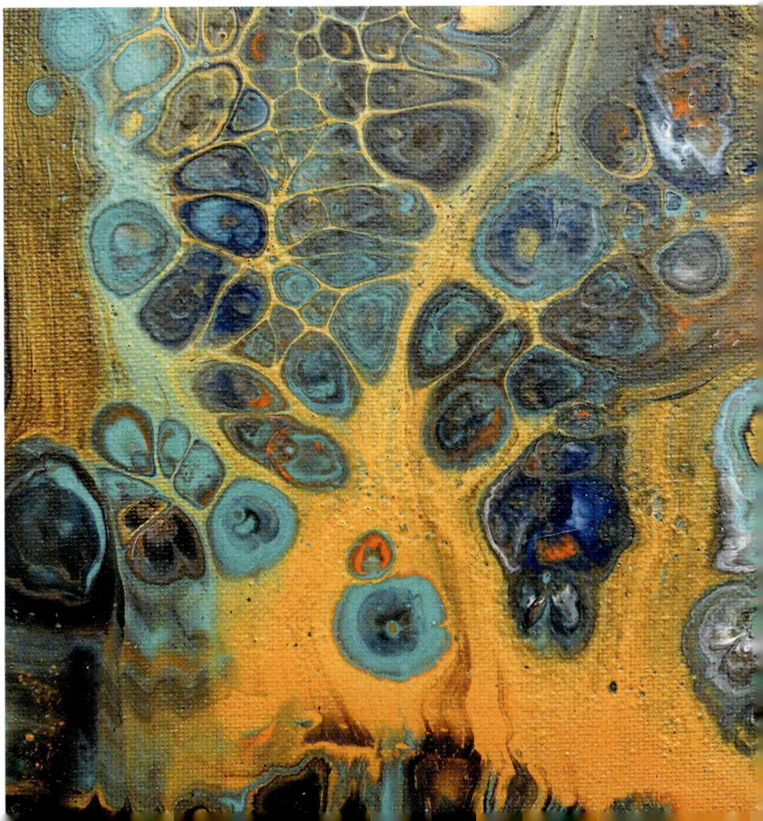

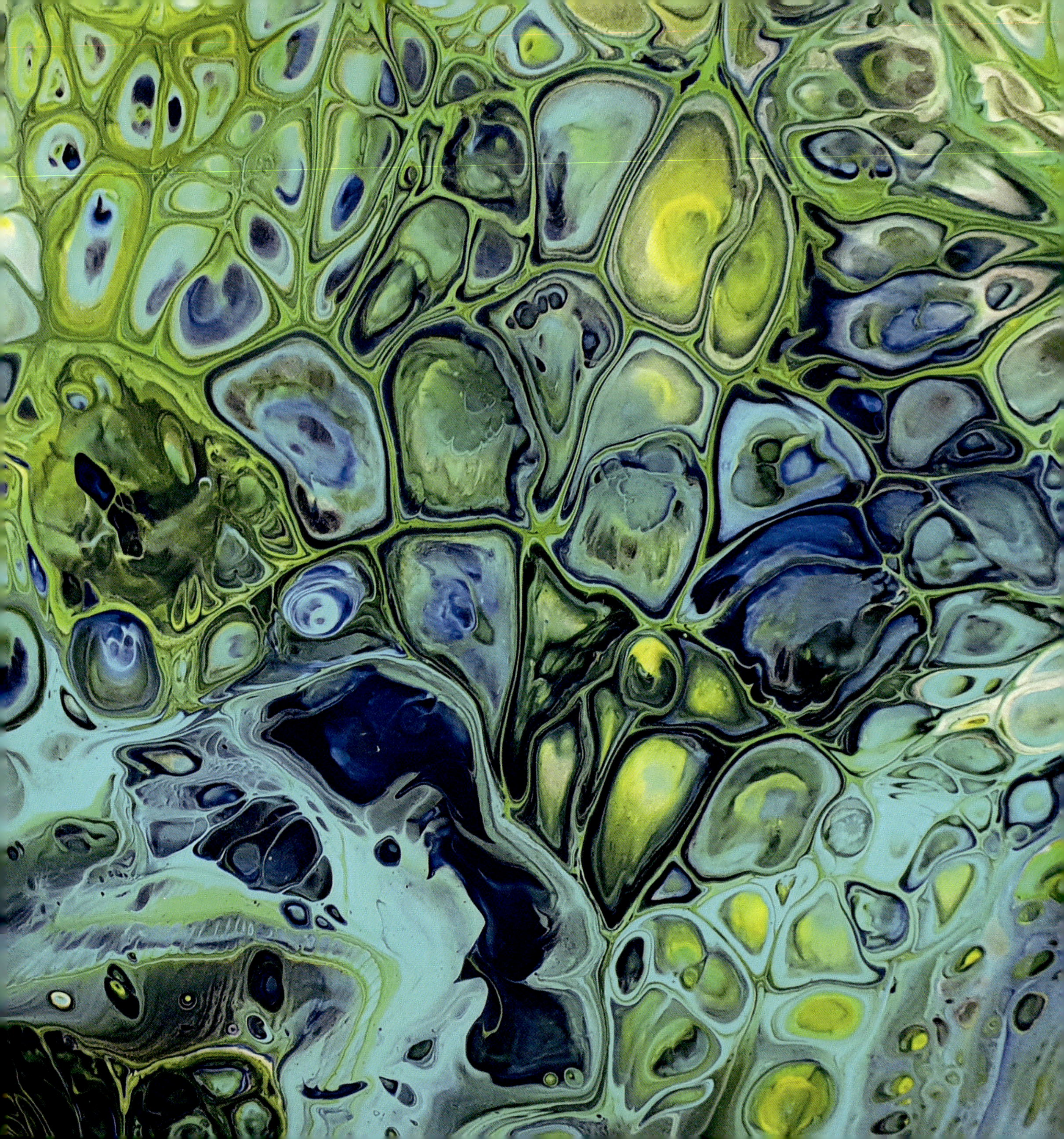

Auf einen Keilrahmen 50 x 70 cm wurde eine Fluid-Technik ohne Silikon aufgebracht. Dieser wurde mit einem Flip Cup auf einer runden Malpappe verziert.

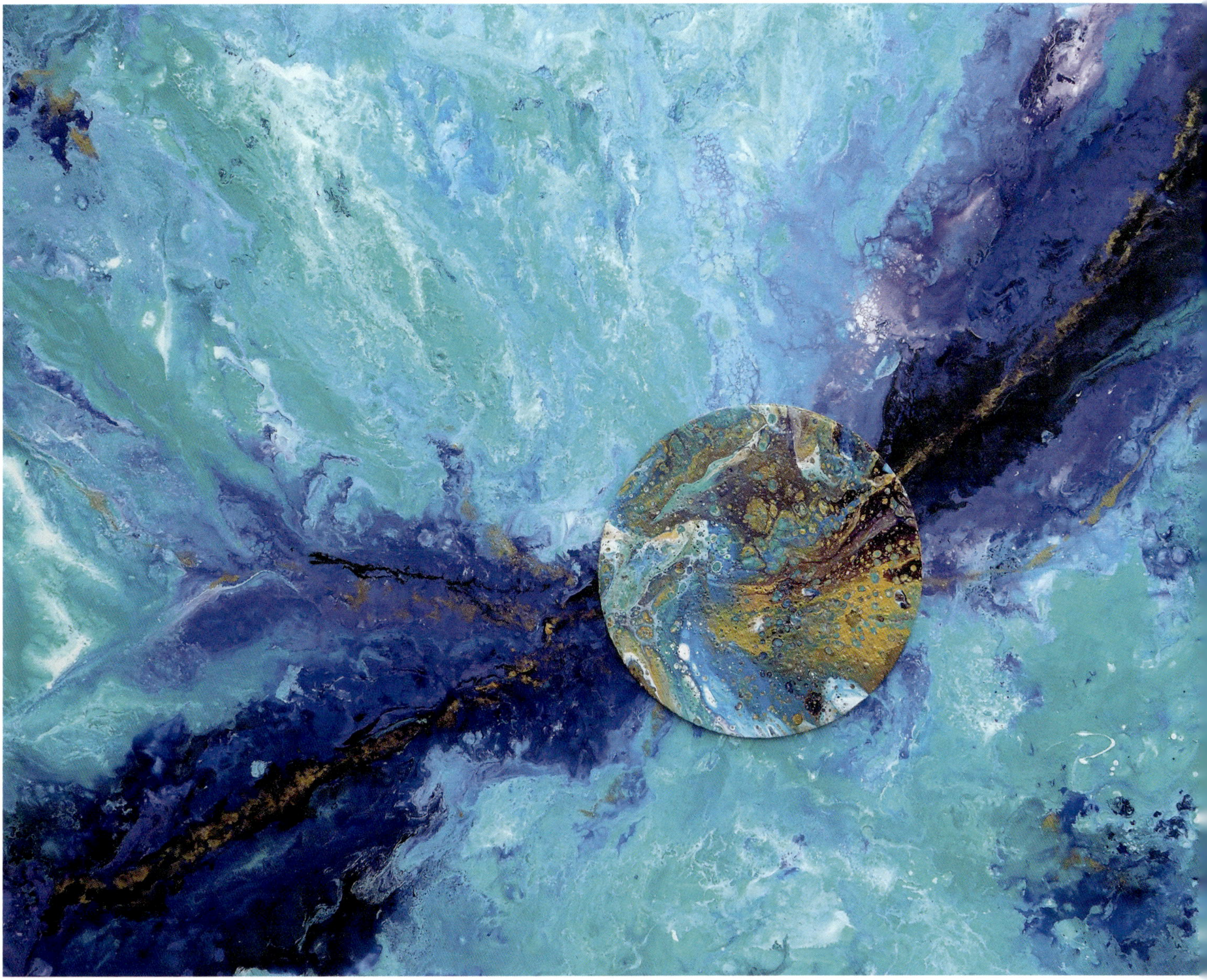

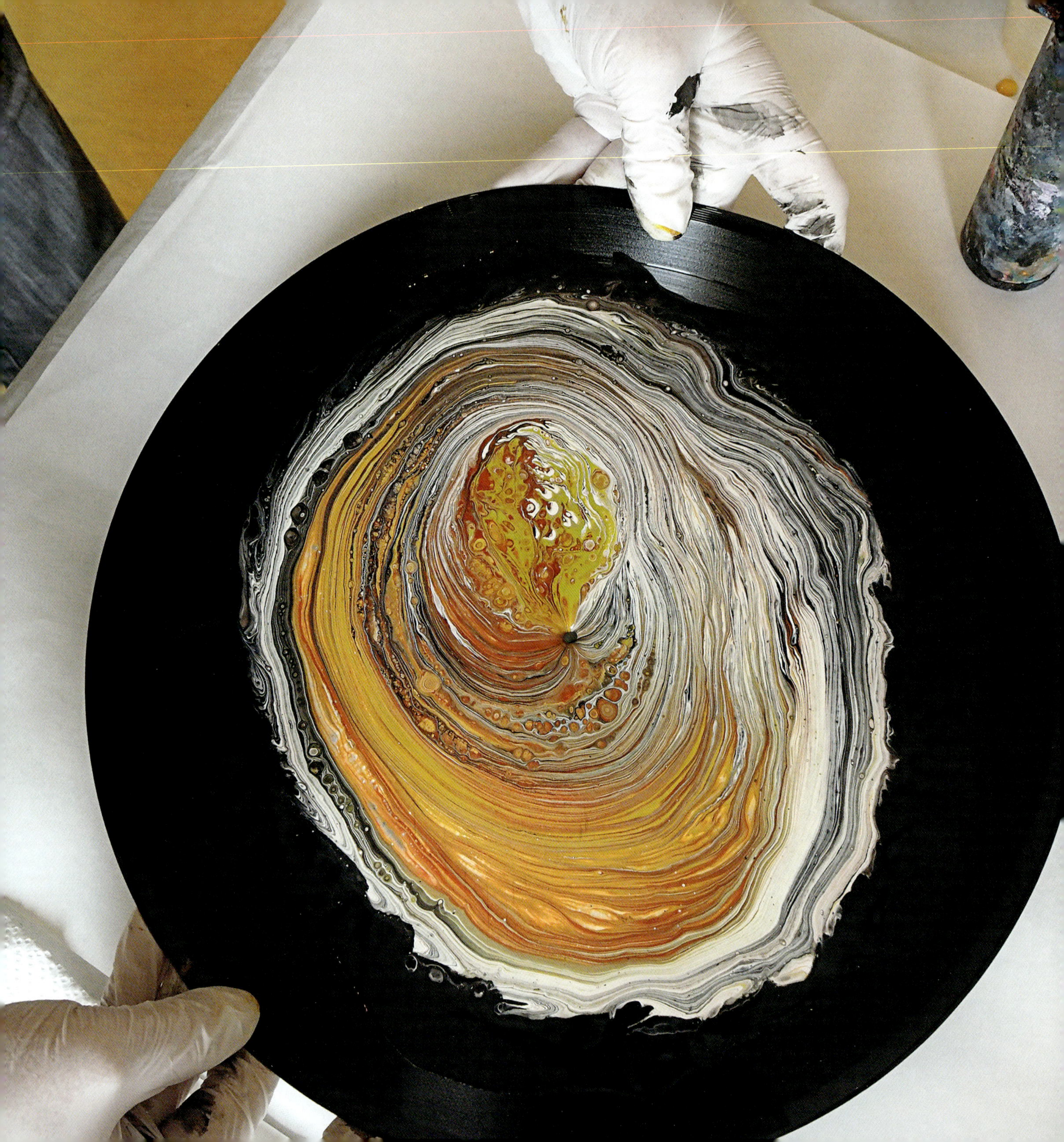

SWIRL – JETZT GEHT'S RUND!

Der Swirl fördert erstaunliche Effekte zutage. Dabei entstehen baumringartige Muster, die in die Tiefe gehen. Bei dieser Technik kommt es nicht so sehr auf die Zellbildung an, daher kann man, wenn man möchte, mit dem Silikon sparsam umgehen oder es auch ganz weglassen.

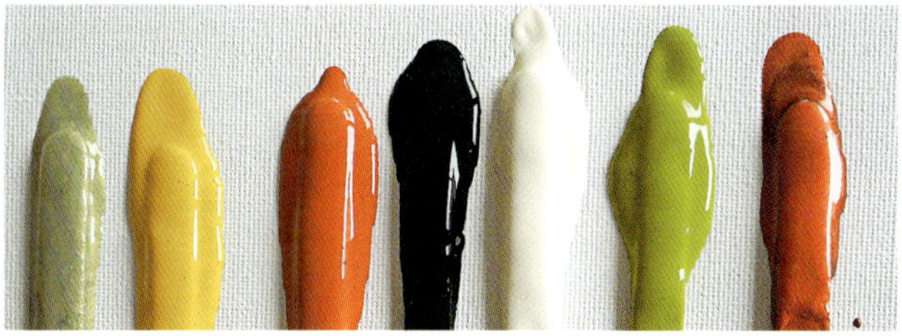

Material:
1 LP (Langspielplatte), 1 Pappbecher,
1 kleiner Spachtel, eventuell ein Drehteller, Torch

Farben:
* Grüngold von Golden
* Lichter Ocker von Schmincke
* Sienna von Boesner
* Schwarz von Schmincke
* Creme von Philipps
* Olive von Boesner
* Kupfer von Boesner

Das Kupfer wird mit Liquitex angerührt, alle anderen Farben mit Floetrol. Alle Farben enthalten zwei Tropfen Silikon Sculptare, außer Creme und Schwarz. Bei diesen wird auf Silikon verzichtet. In einem Pappbecher wird ein Dirty Cup vorbereitet. Ein Pappbecher ist für die Swirl-Technik sehr praktisch, da man eine kleine Schütttülle knicken kann. Das erleichtert das gezielte Schütten auf eine Stelle.

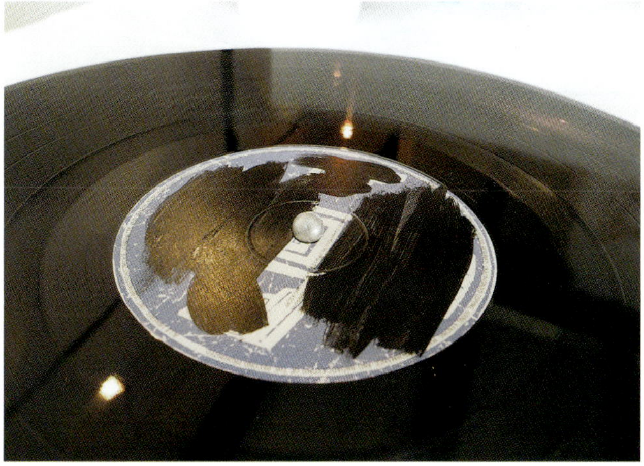

1. In diesem Beispiel wird eine alte Langspielplatte als Malgrund gewählt. In die Mitte der LP wird eine kleine Perle auf das Loch gelegt, damit später die Farbe dort nicht durchläuft. Sie hilft auch beim Justieren des Mittelpunkts beim Schütten.

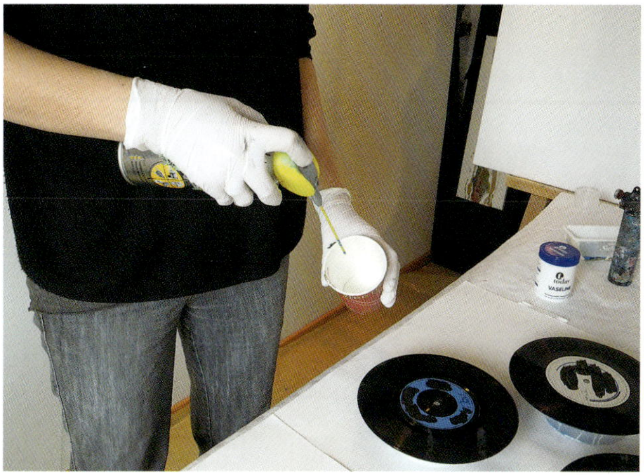

2. In den Pappbecher gibt man etwas Sprühsilikon, damit nicht so viel Farbe im Becher haften bleibt.

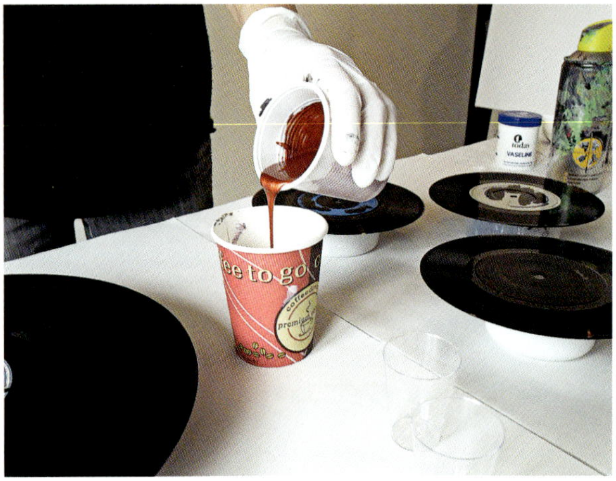

3. Nun werden nacheinander die Farben in den Becher gegossen. Die Farbe, die als Erstes eingefüllt wird, wird später in der Mitte des Swirls zu sehen sein.

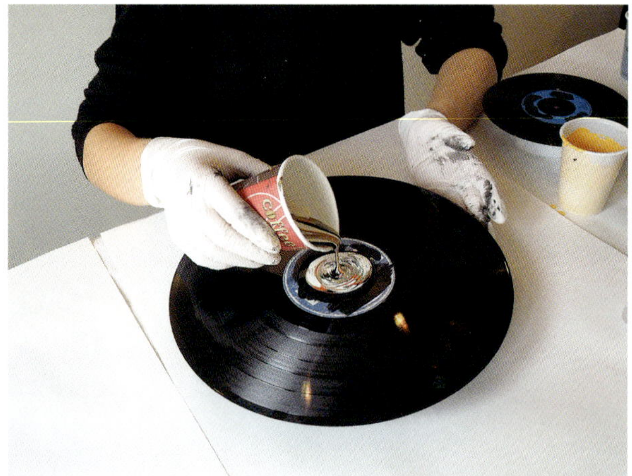

4. Eine ruhige Hand ist hier von Vorteil. In diesem Fall wird sehr langsam genau auf einen Punkt in die Mitte geschüttet.

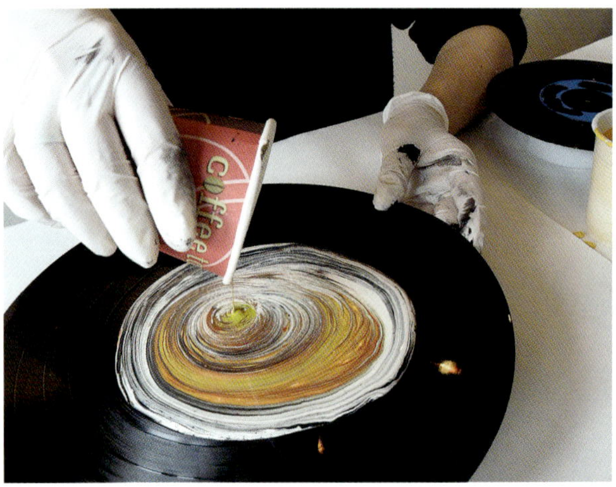

5. Baumringartig verteilt sich so die Farbe über den Malgrund.

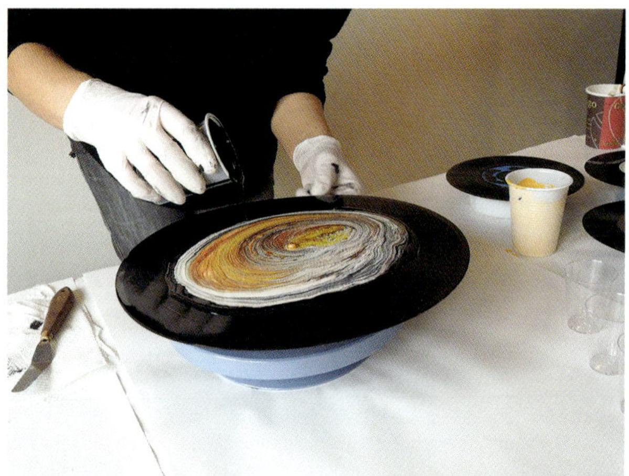

6. Die Größe des Swirls ist letzten Endes abhängig von der Farbmenge, die geschüttet wird.

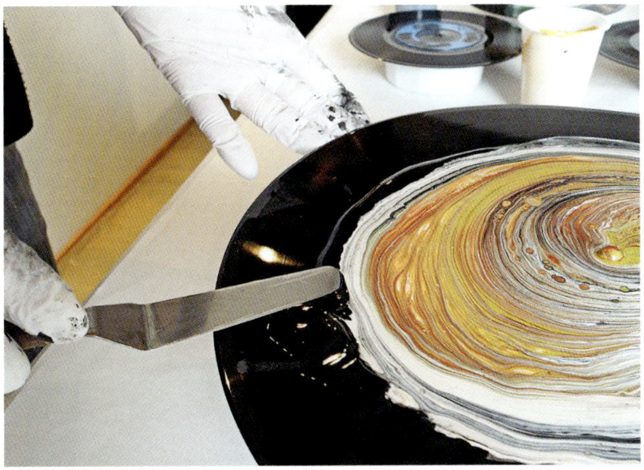

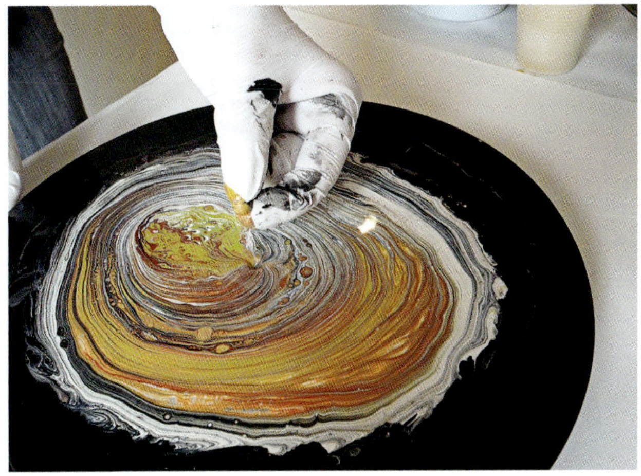

7. Manchmal ist es schöner, nicht den gesamten Malgrund mit dem Swirl zu beschütten, sondern noch etwas Farbe, in diesem Fall Schwarz, an den Rand zu legen. Die angelegte Farbe wird nun mithilfe eines Spachtels und der Drehscheibe gleichmäßig verteilt und leicht in den Rand des Swirls geschoben. Das gibt einen schönen Übergang am Rand.

8. Nun wird die Perle entfernt. Sollte sich das Loch in der Mitte nicht öffnen, kann man mit einem Zahnstocher ganz einfach nachhelfen.

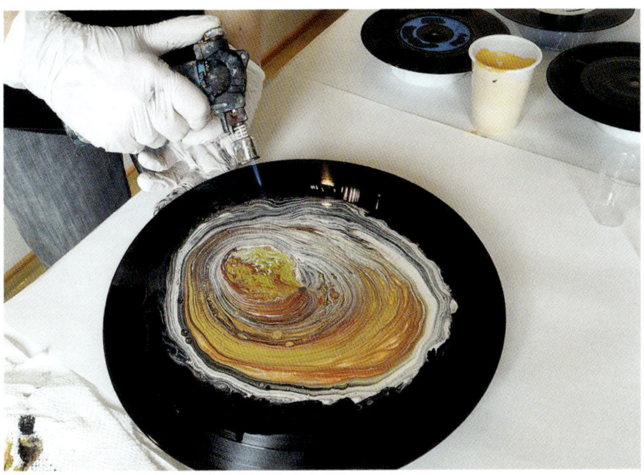

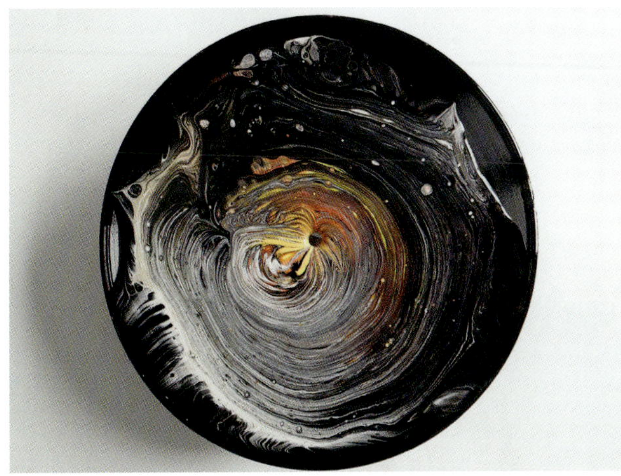

9. Zum Schluss wird getorcht. Und FERTIG!

Und weil es so viel Spaß gemacht hat, gibt es die Single direkt hinterher.

Später werden noch drei weitere Singles mit anderen Techniken beschüttet und zu einer Uhr zusammengesetzt (siehe Seite 105).

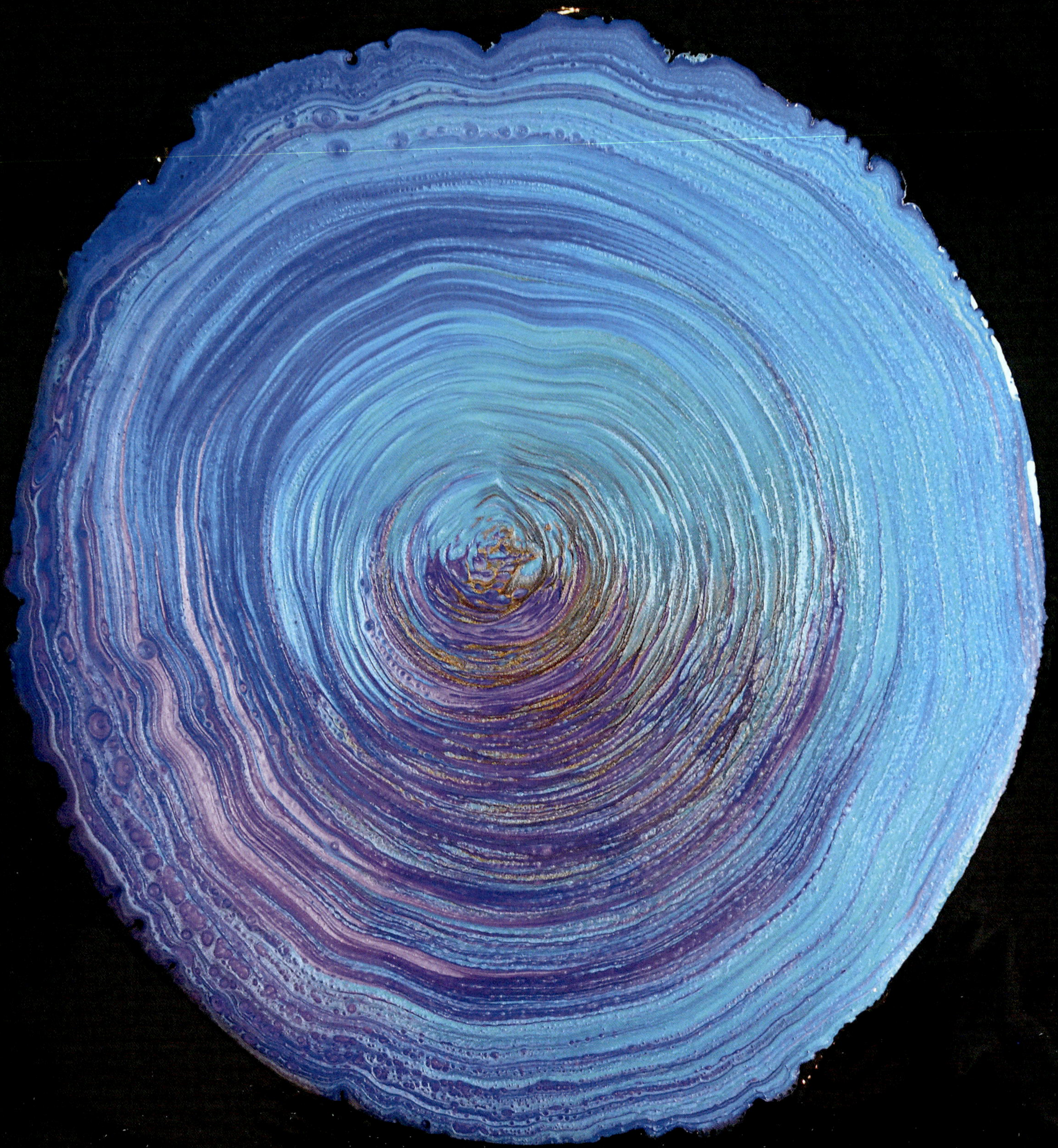

SWIRL UND SWIPE IM FREESTYLE

Eine runde Holzplatte wird auf einen Drehteller gelegt. Bei diesem Swirl wird Metallicfarbe verwendet, und damit diese gut zur Geltung kommt, wird die Holzplatte vorher schwarz grundiert. Bei dieser Becherfüllung werden die Farbe Lila auf die rechte und die türkisen und blauen Töne auf die linke Seite eingefüllt. Bronze wird einfach zwischendurch in die Mitte geschüttet.

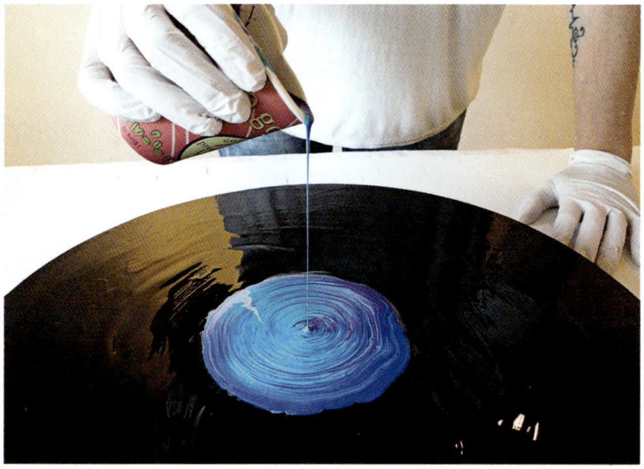

1. Nun lässt man die Farbe langsam aus dem Becher in die Mitte der Holzplatte fließen. Hier braucht man eine ruhige Hand, also vorher noch mal kurz tief durchatmen.

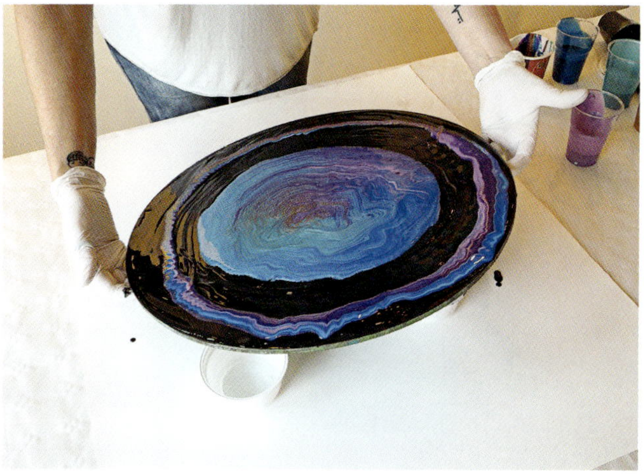

2. Jetzt wird der Swirl leicht rund geschwenkt.

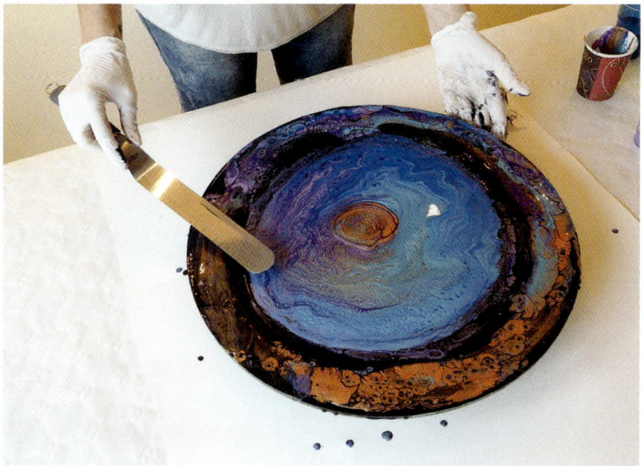

3. Um den Swirl noch ein wenig in Szene zu setzen, wird ein Swipe am Rand und ein Mini-Swirl in Bronze und Schwarz in die Mitte gesetzt.

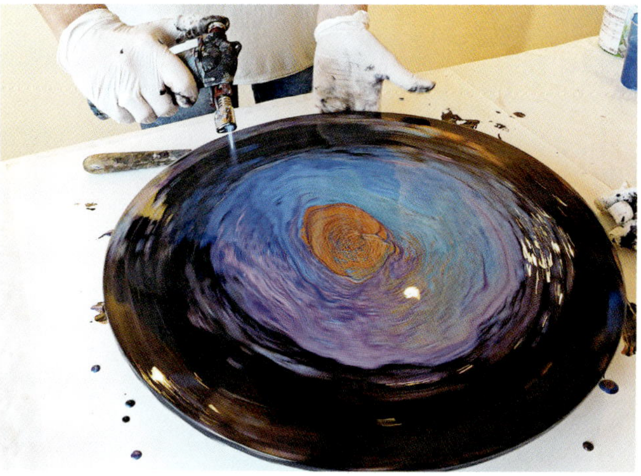

4. Der Drehteller wird jetzt etwas angeschubst, um eine schnellere Drehung zu erzielen, und dabei das gesamte Bild in einem Abstand von ca. 15 cm getorcht.

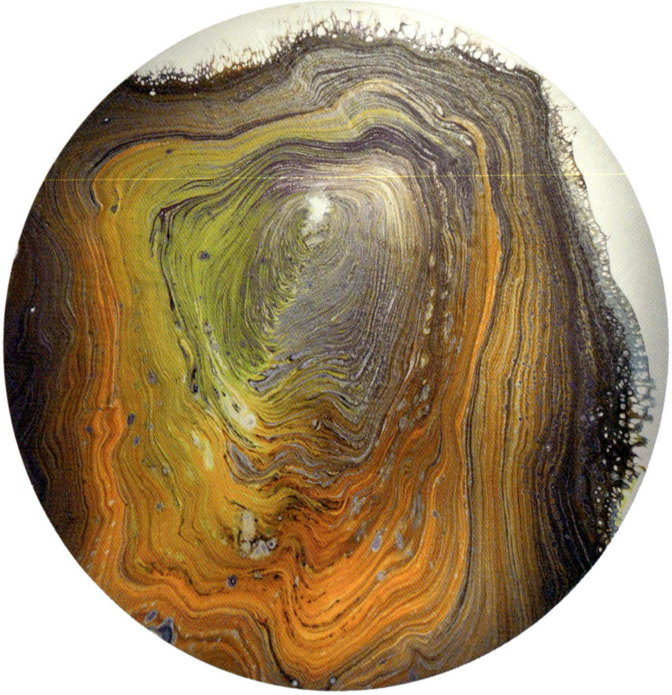
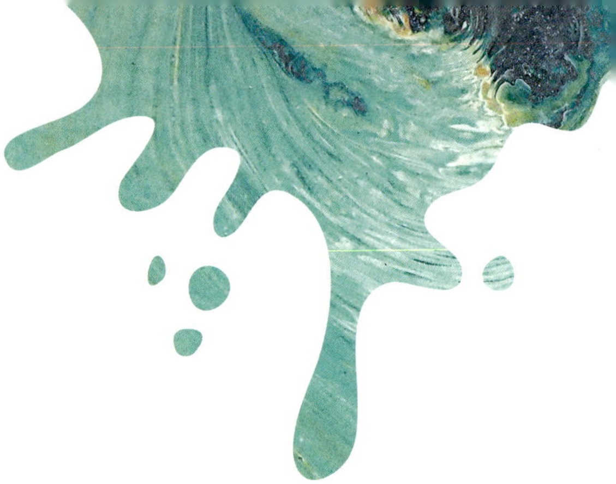
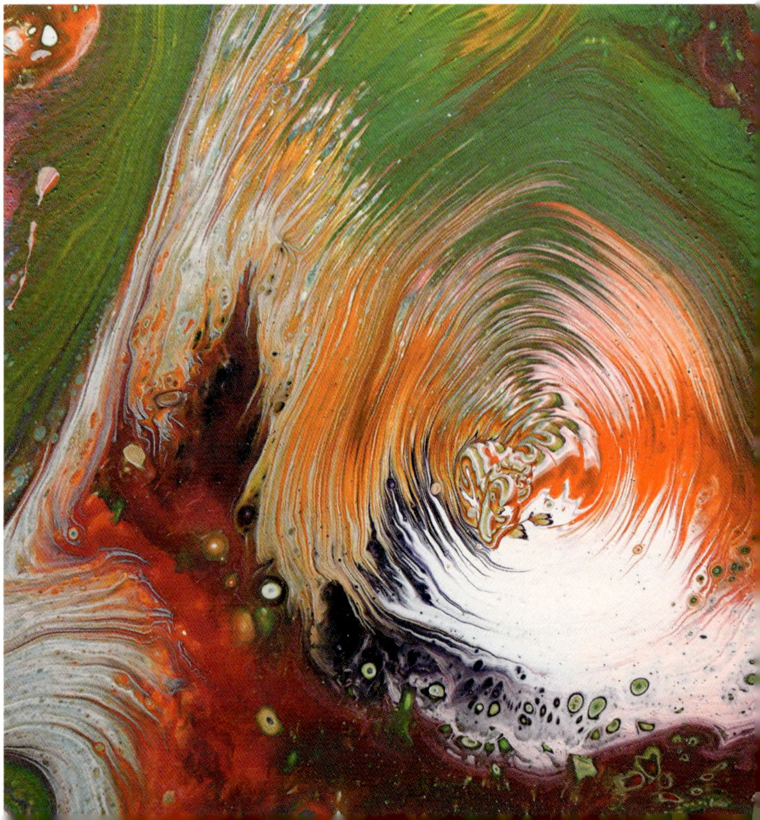
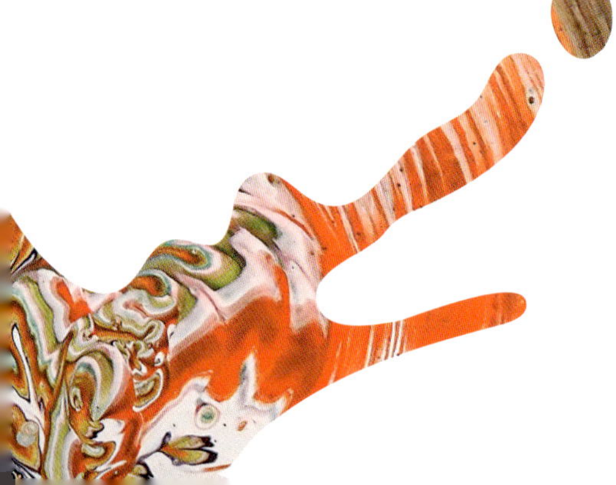

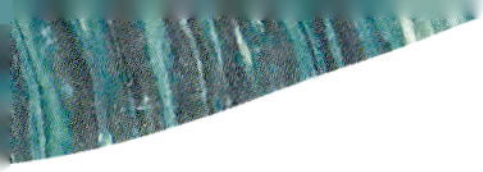

Ich sehe was, was du nicht siehst: ein schwimmender Swirl auf dem Weg an Land.

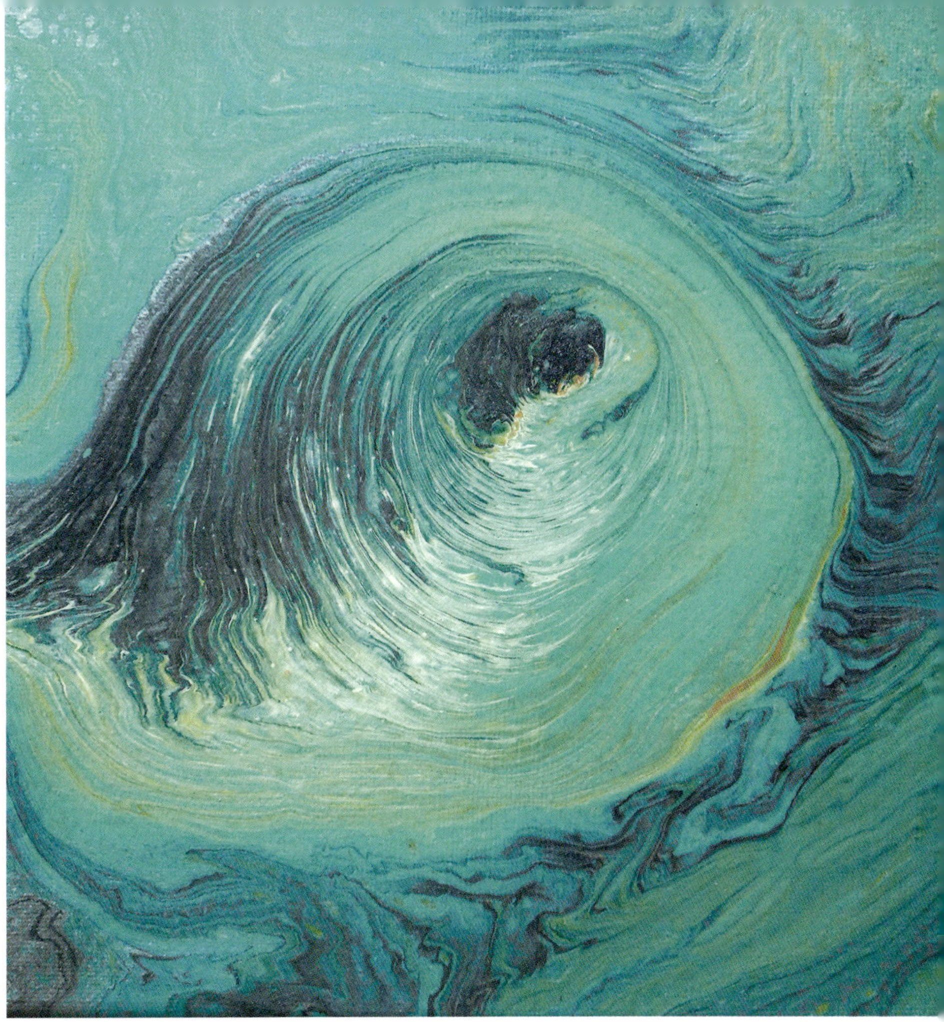

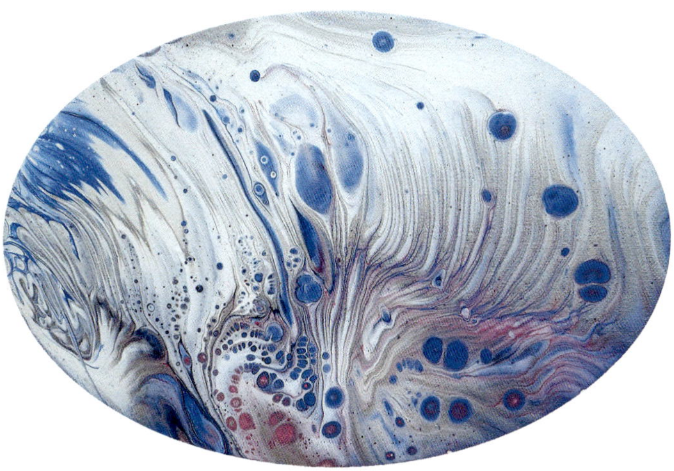

Swirl-Variante auf ovaler Leinwand. Den Farben Blau und Rot wird Silikon zugefügt. Nach dem Schütten wird die Leinwand leicht zur Seite geschwenkt.

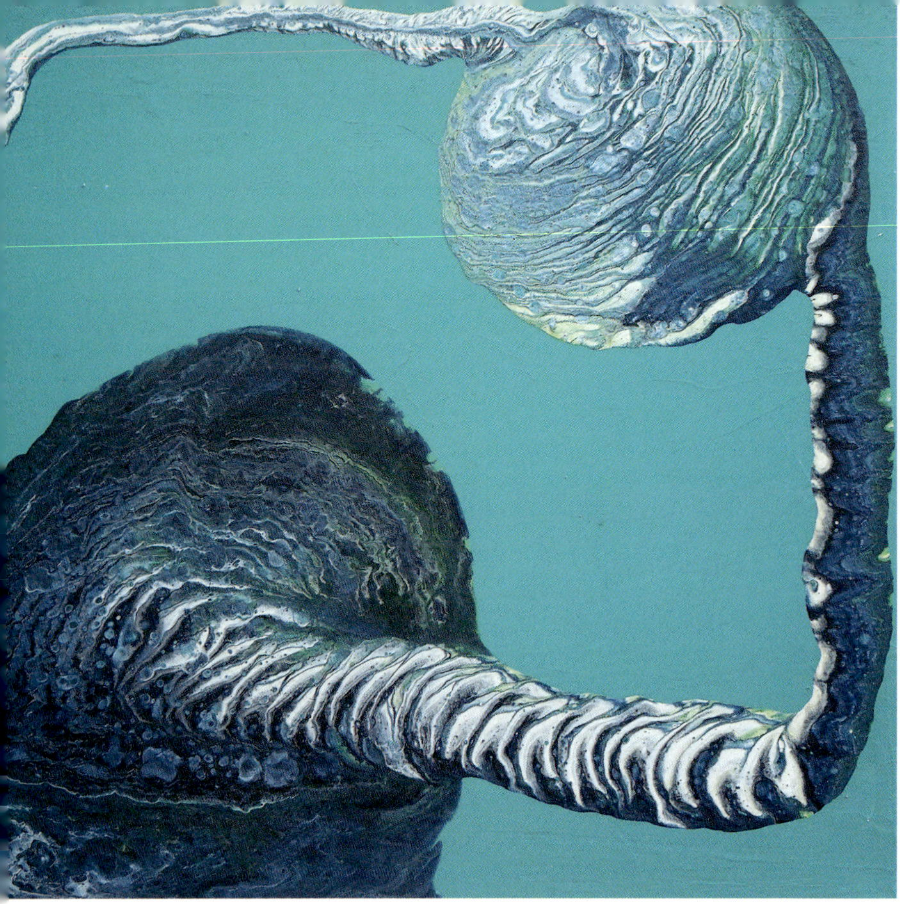

Multicolor-Swirl

Bei dieser Variante des Swirls wird der Schüttbecher willkürlich, allerdings sehr langsam über die Leinwand geführt. Das gibt tolle 3-D-Effekte.

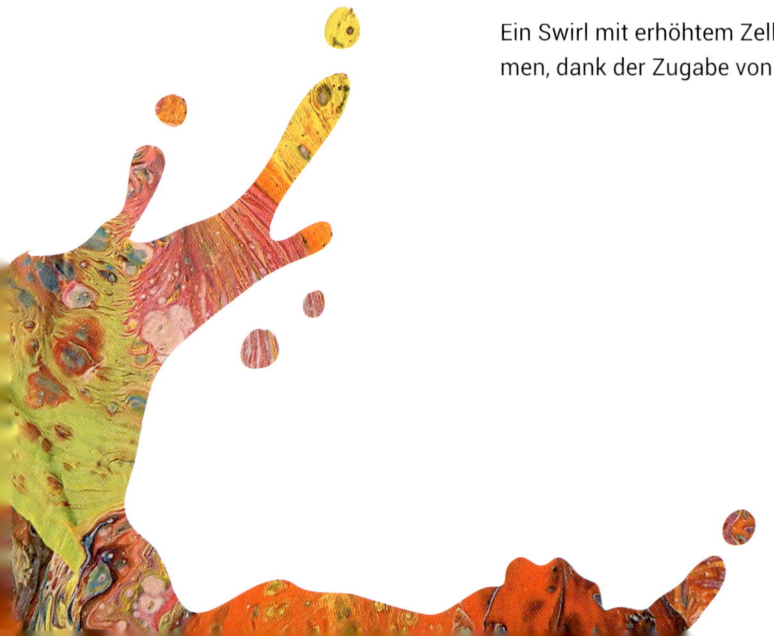

Ein Swirl mit erhöhtem Zellaufkommen, dank der Zugabe von Silikon

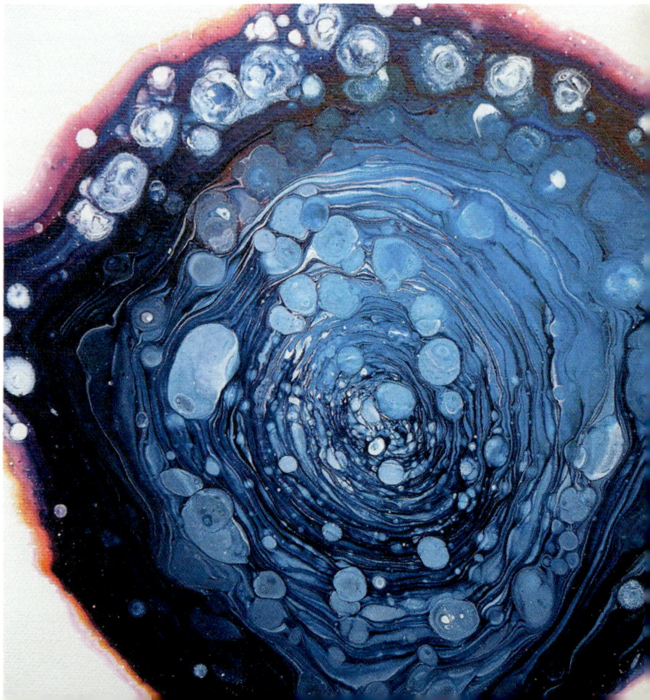

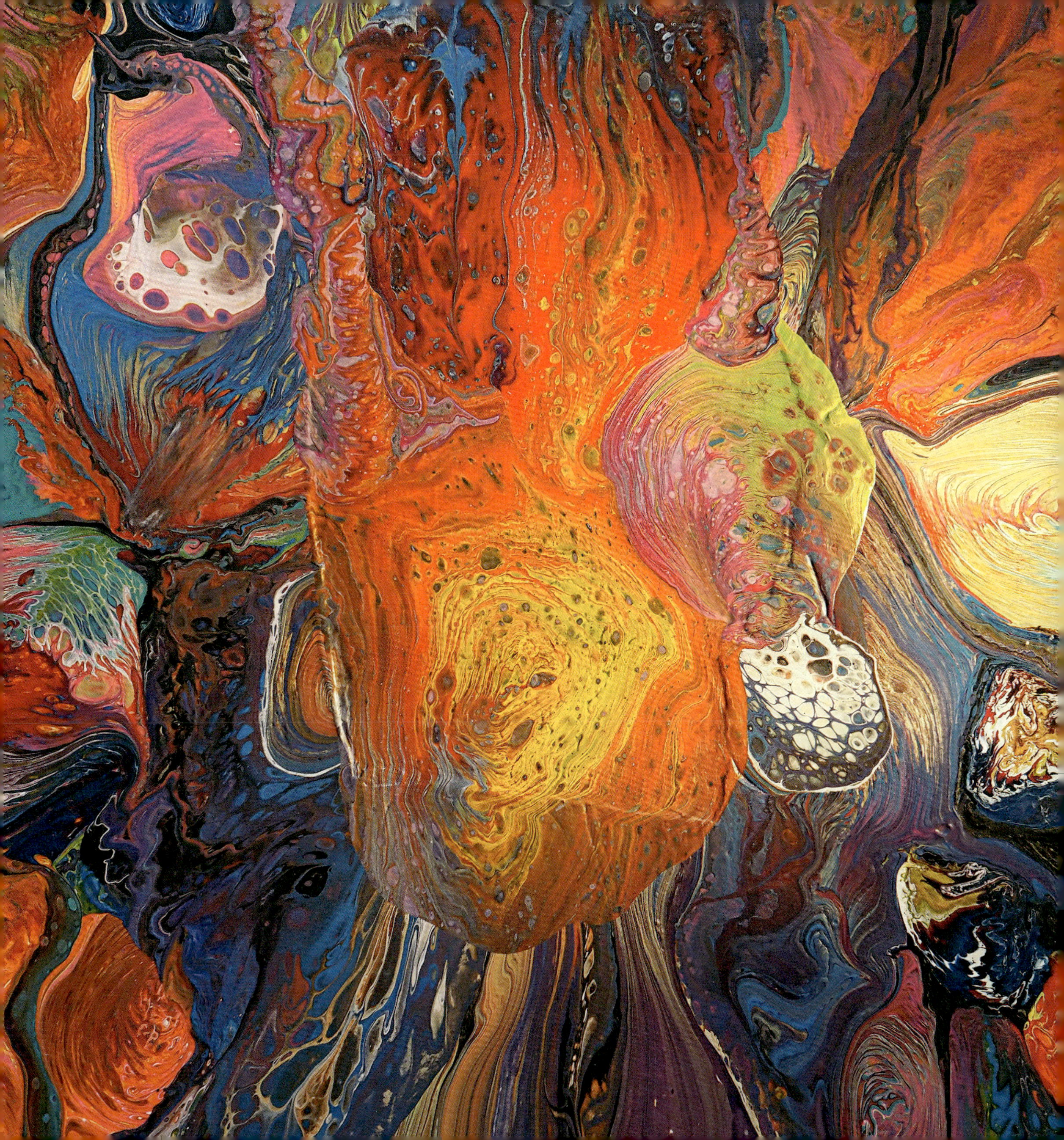

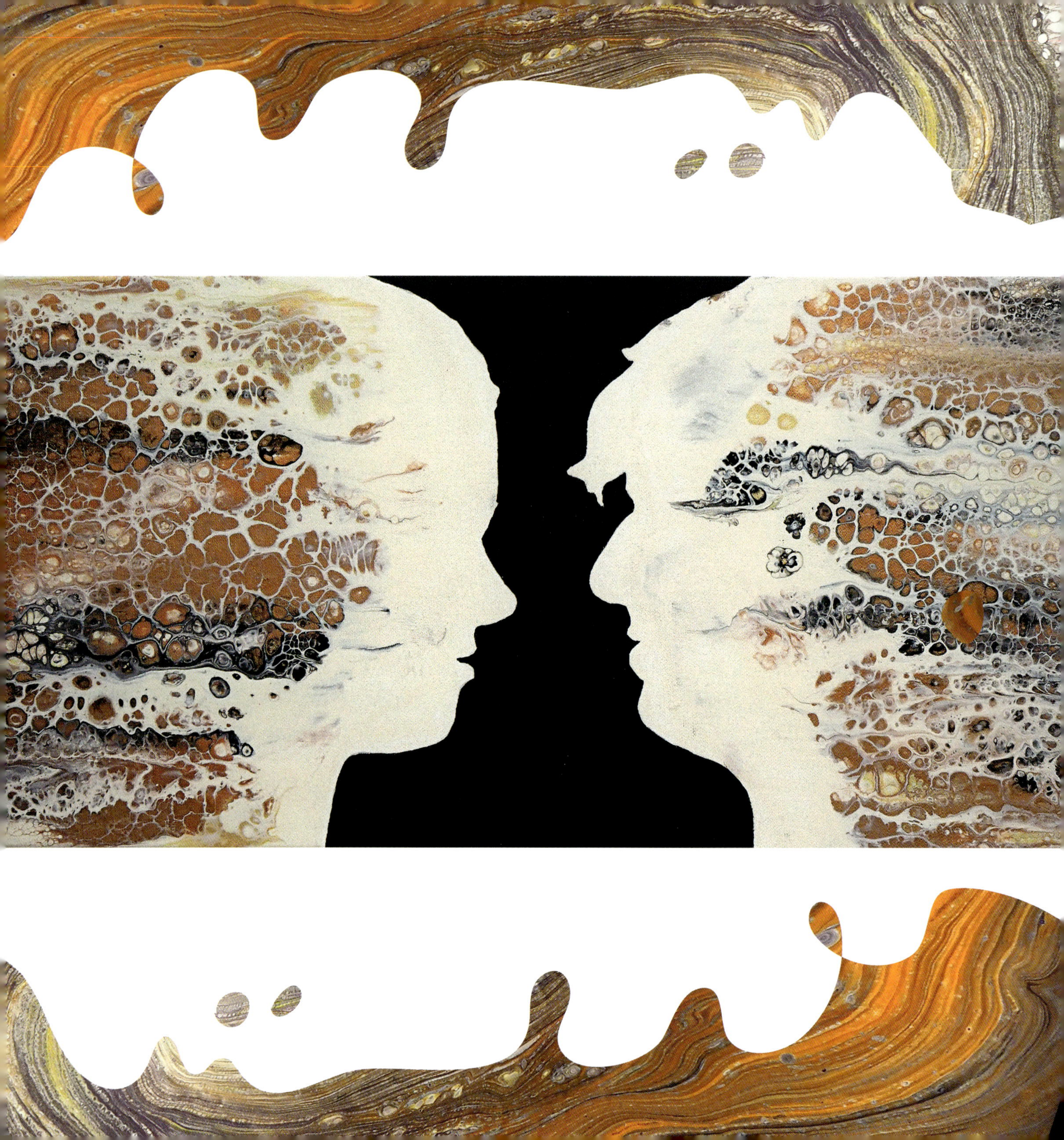

SWIPE – »MIT EINEM WISCH SIND ZELLEN DA!«

Die Swipe-Technik bietet die höchste Zellgarantie! Zum Swipen (= wischen) kann man z. B. ein feuchtes Küchenpapier, Fotopapier, dünne Folie oder Backpapier verwenden; mit einem Spachtel geht es auch.

Material:
Leinwand (30 x 60 cm), 1 dünner Pinsel, 1 Zerstäuber, Küchenpapier, Torch

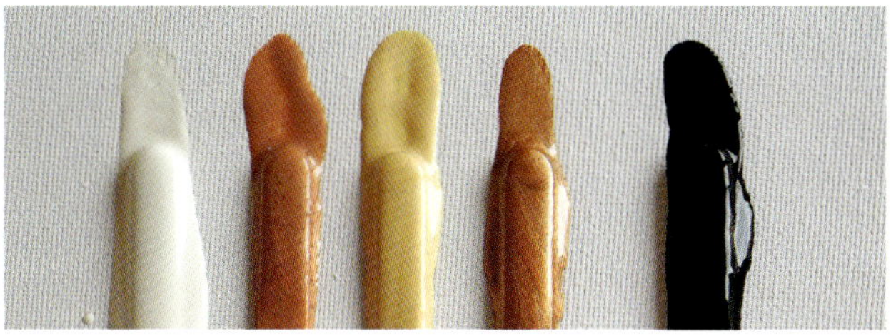

Farben:

* Creme von Philipps
* Bronze von Boesner
* Gold von Schmincke
* Kupfer von Liquitex
* Schwarz von Schmincke

Alle Farben werden mit Pouring-Medium von Golden GAC 800 angerührt. Das 100 Prozent reine Silikon wird nur in die Metallicfarben Bronze, Gold und Kupfer getropft.
Dieses Doppelporträt ist ein sehr beliebtes Motiv und eignet sich hervorragend für die Swipe-Technik. Beim Swipen wird eine Farbe (Swipe-Farbe) über andere Farben gezogen. Schau mal, wie das hier gemacht wird.

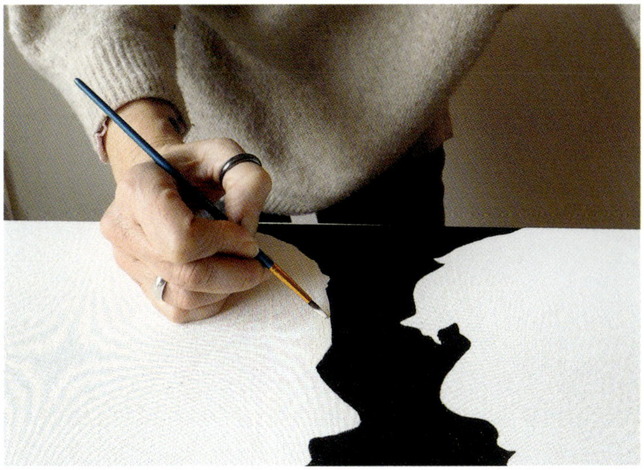

1. Auf einer weißen Leinwand werden die Konturen vorgezeichnet. Die Gesichter werden durch die schwarze Farbe getrennt und damit sichtbar. Nachdem die schwarze Farbe getrocknet ist, wird an den Konturen entlang mit einem Pinsel die Farbe aufgetragen, die später auch als Swipe-Farbe genommen wird. In diesem Fall ist das Creme.

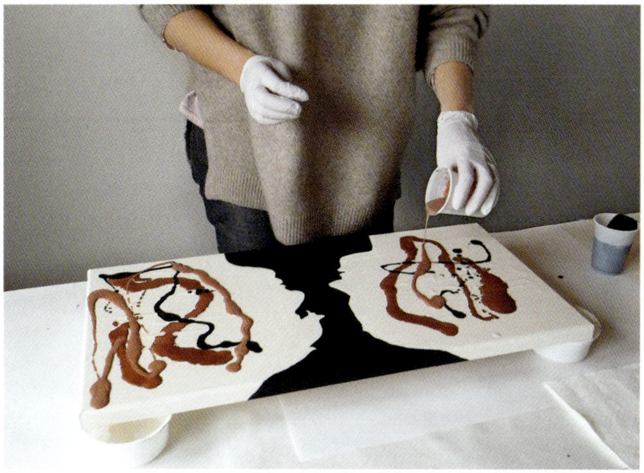

2. Anschließend werden die angerührten Farben willkürlich auf die Leinwand aufgetragen. Hier empfiehlt es sich, nicht zu viel Farbe zu verwenden.

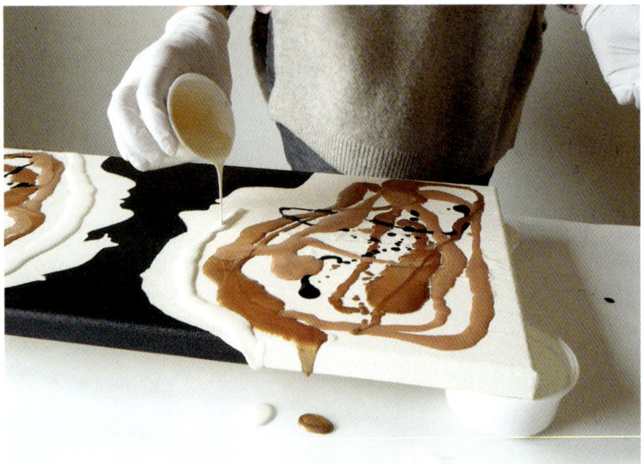

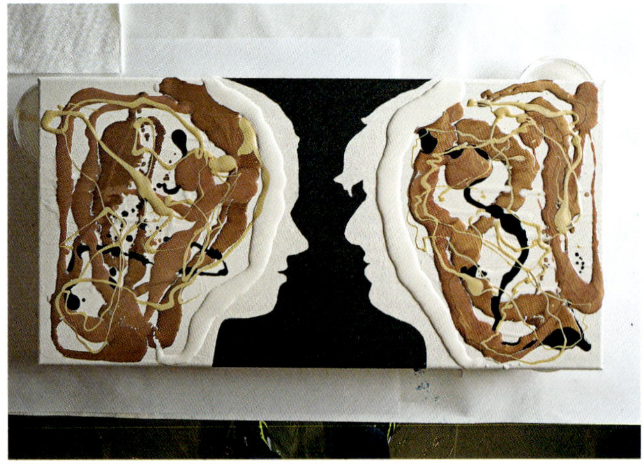

3. Entlang der Konturen des Porträts wird in einem Abstand die Farbe aufgetragen, mit der geswipt wird.

4. So etwa sollte das Bild aussehen, bevor man mit dem Swipen beginnt.

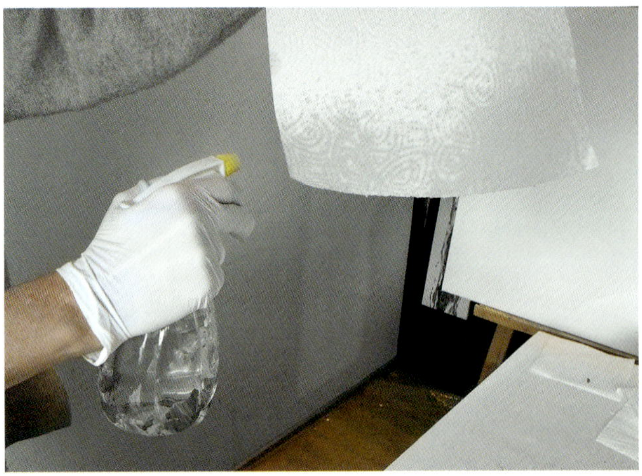

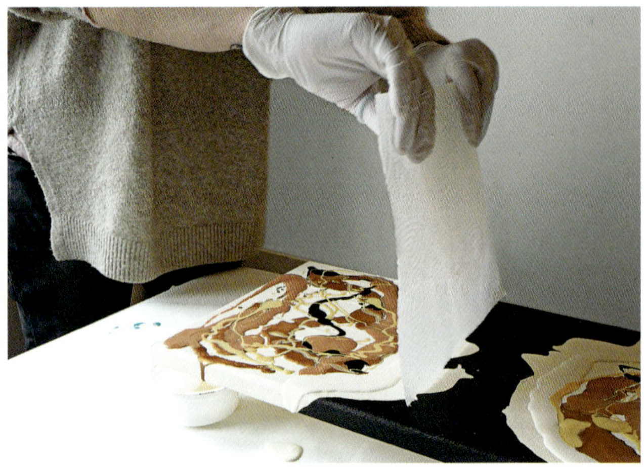

5. In diesem Beispiel wird mit einem Küchenpapier geswipt, das vorher leicht angefeuchtet wird.

6. Das Tuch wird vorsichtig mit der unteren Kante auf die Swipe-Farbe gelegt und ganz leicht über die anderen Farben gezogen, inklusive der Leinwandkante.

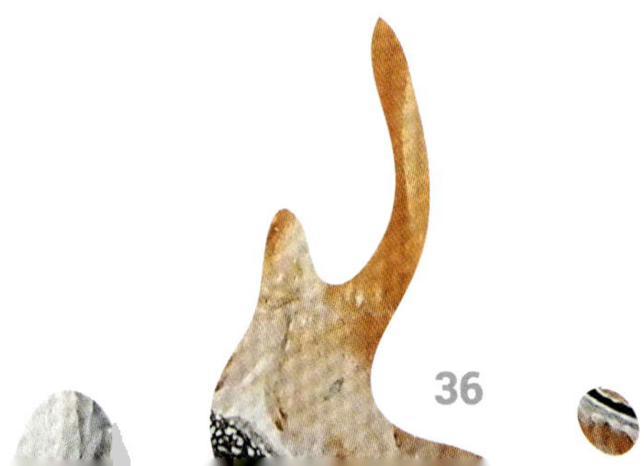

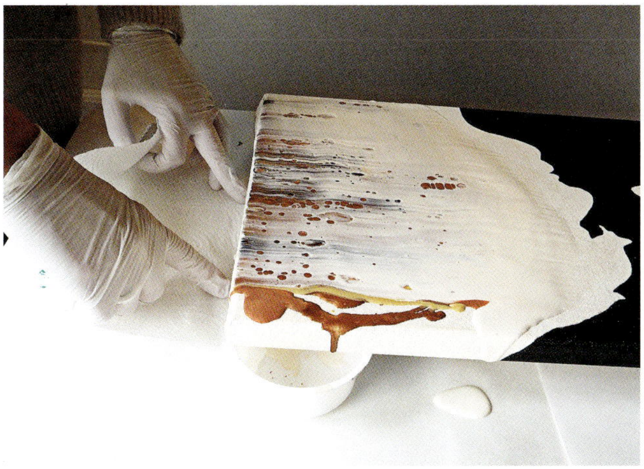

7. Trara! Die ersten Zellen ploppen auf.

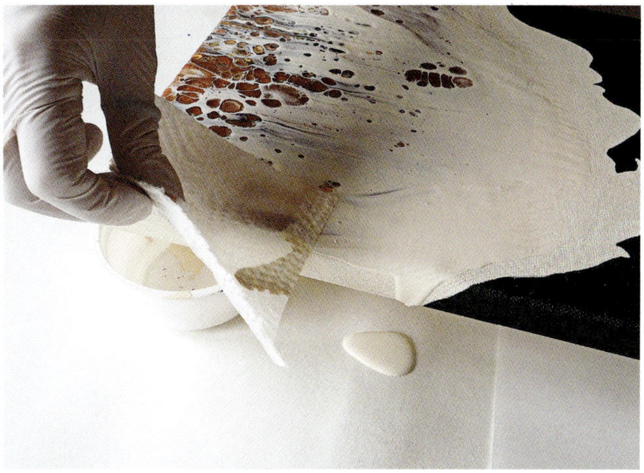

8. Mit einem kleineren Stück Papier werden die Ränder bearbeitet.

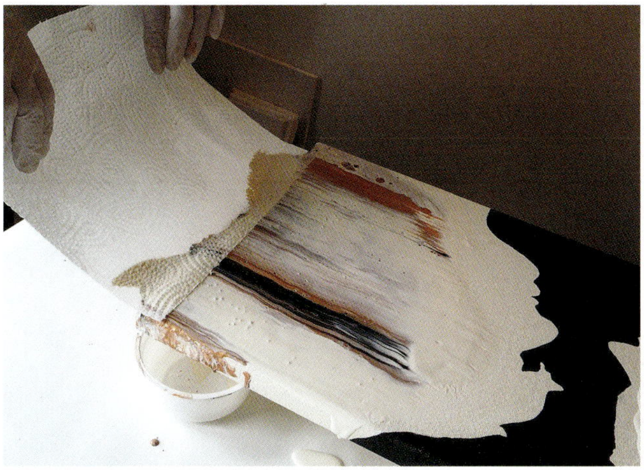

9. Den gesamten Vorgang kann man wiederholen, bis einem die Farbgestaltung und das Muster gefallen.

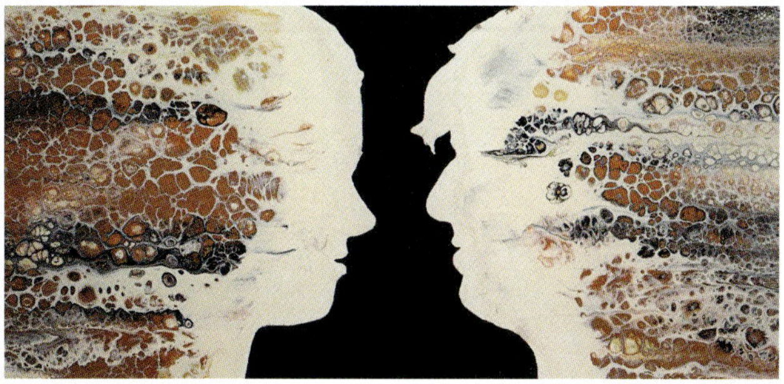

10. Das fertige Ergebnis!

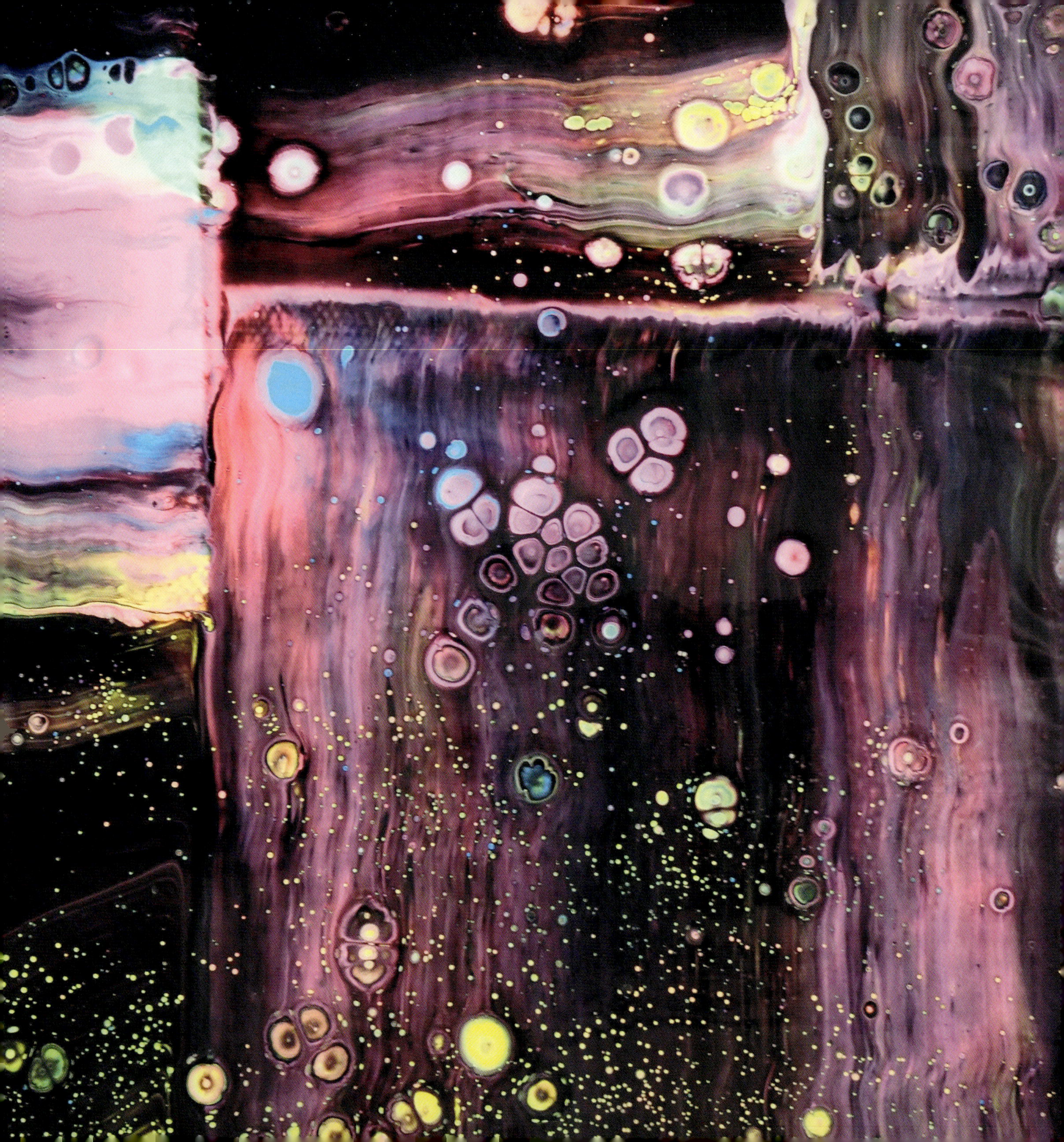

SWIPE – EINE VARIANTE IN SCHWARZ MIT NEON

Jetzt wird es schön bunt. Zusammen mit dem Schwarzton als Swipe-Farbe entstehen hier tolle Kontraste.

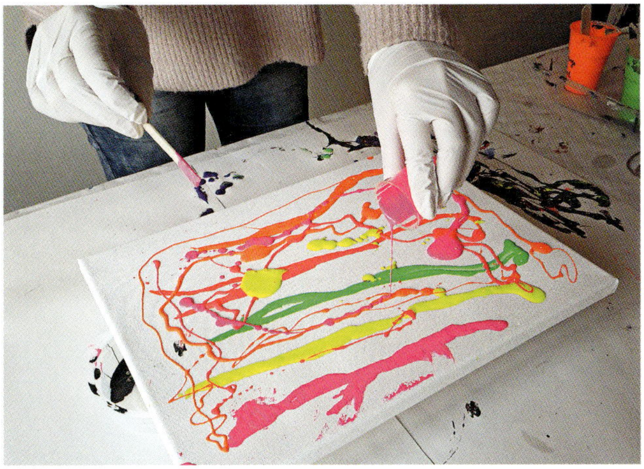

1. Jetzt wird's wild! Mehrere Neonfarben werden kreuz und quer über die Leinwand geschüttet.

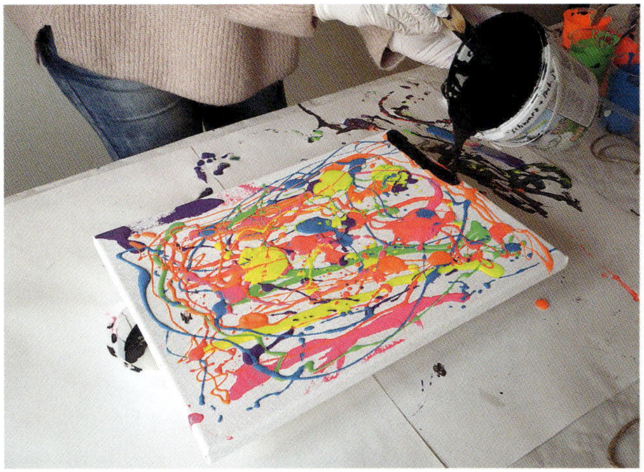

2. Die schwarze Farbe ist die Swipe-Farbe und wird an den Rand der Leinwand gelegt.

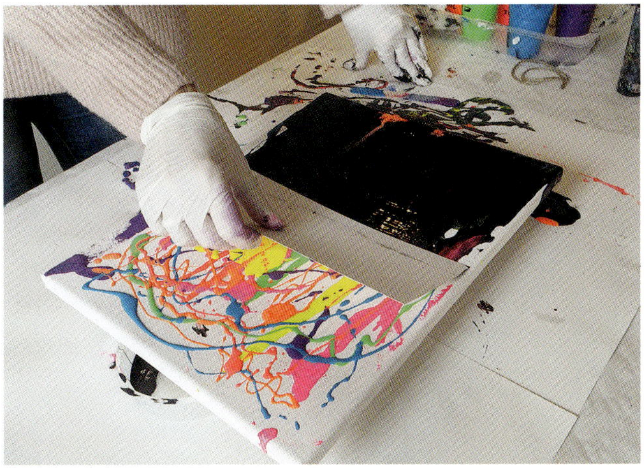

3. Mit einer Folie wird die schwarze Farbe ganz leicht über die anderen Farben gezogen.
Das Torchen bringt selbst die kleinsten Zellen nach oben.

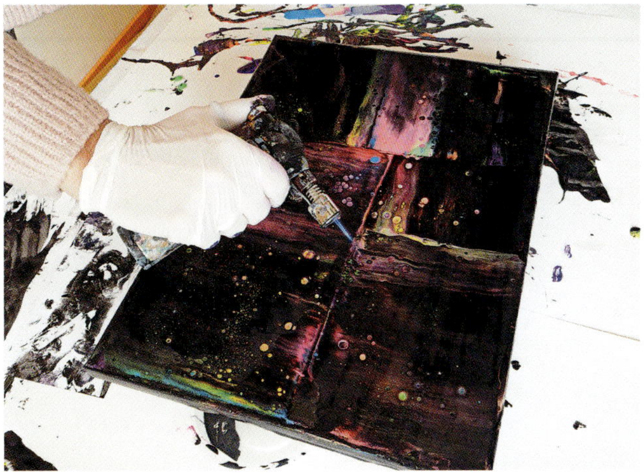

4. Ein paarmal hin und her swipen, und schon ist ein farbgewaltiges Bild mit vielen größeren und kleineren Zellen entstanden.

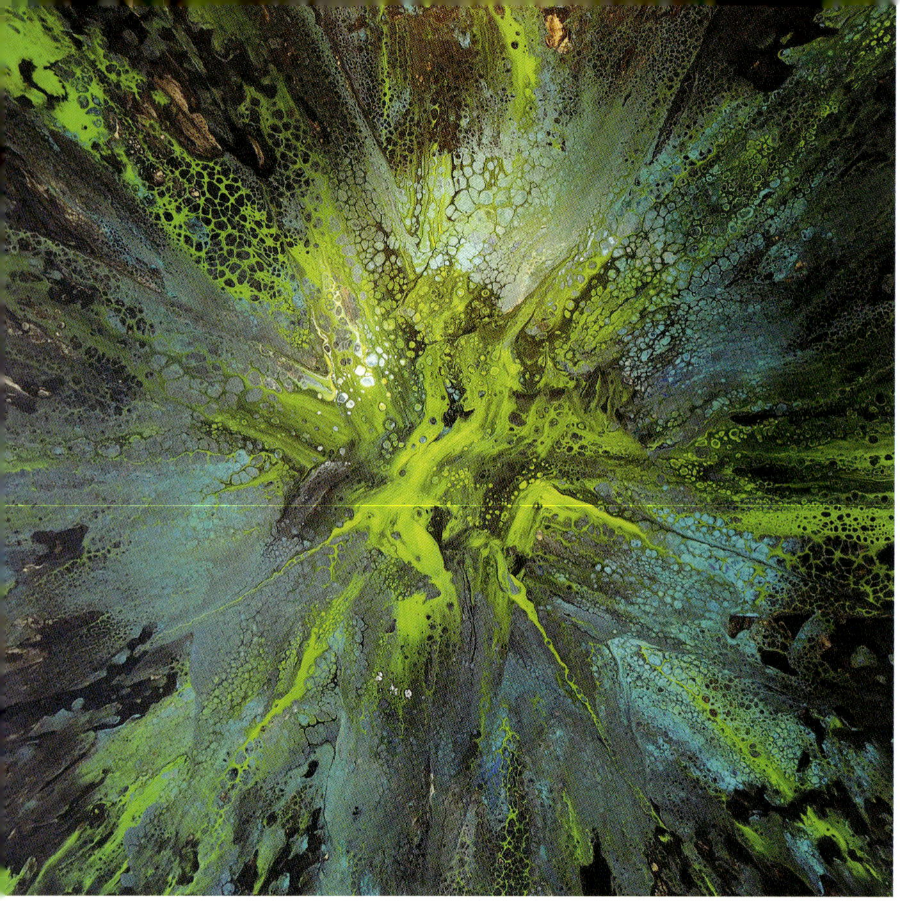

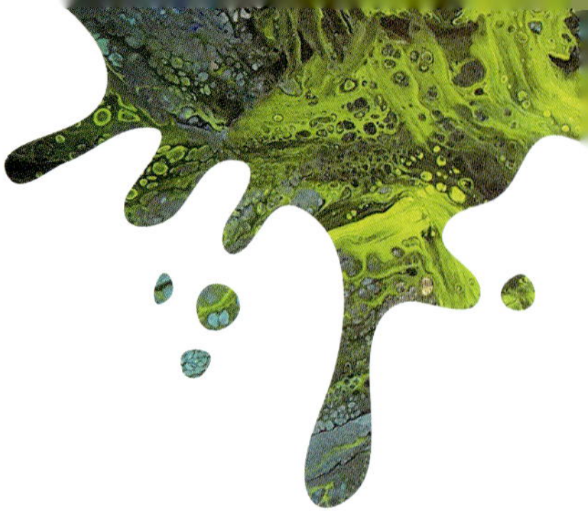

Sternförmig von innen nach außen geswipt

Schwarz und Weiß mit Silikon

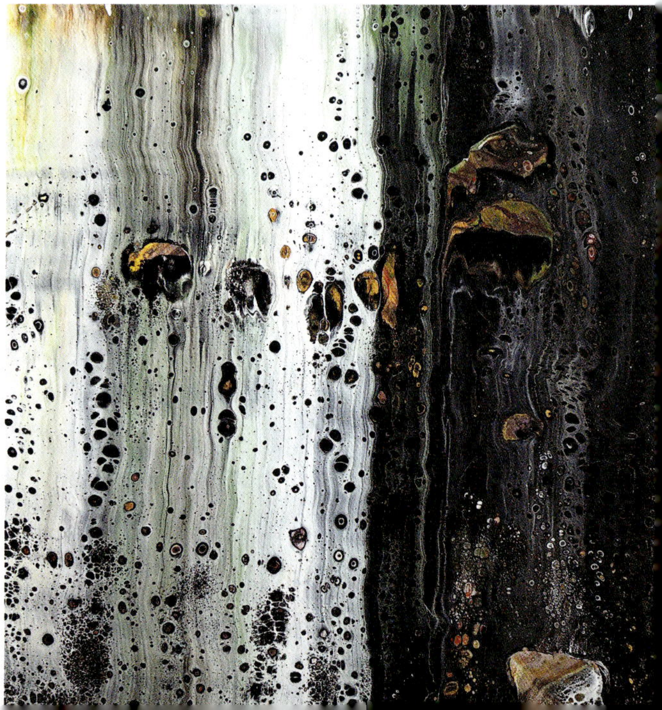

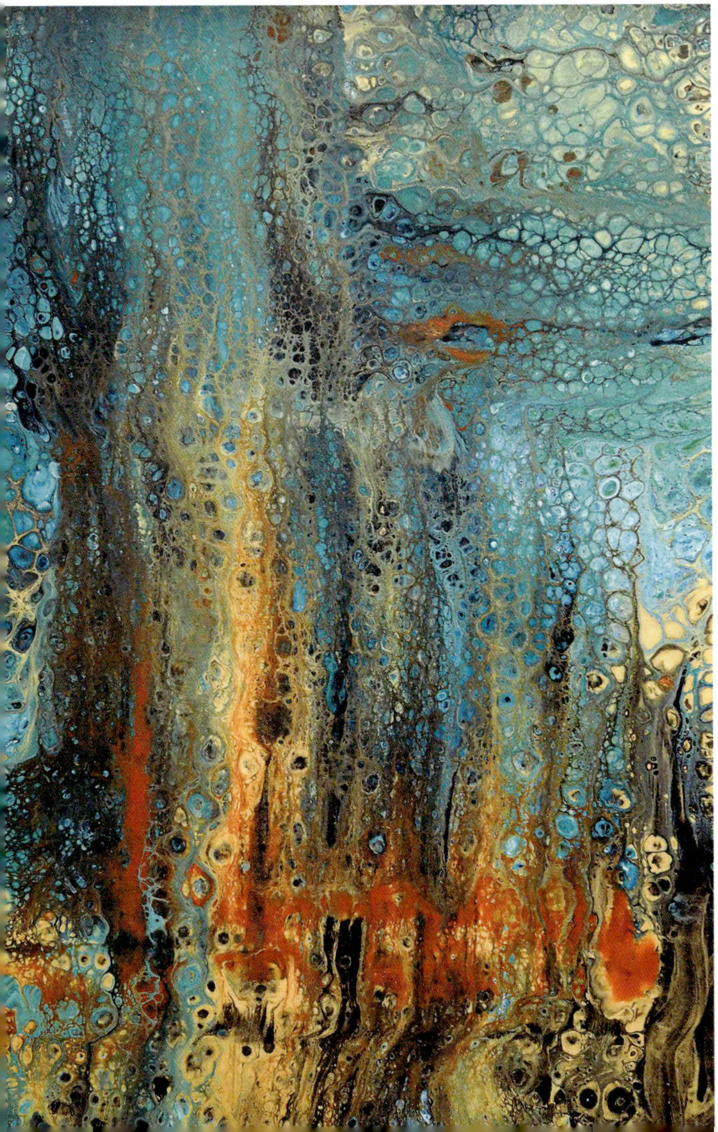

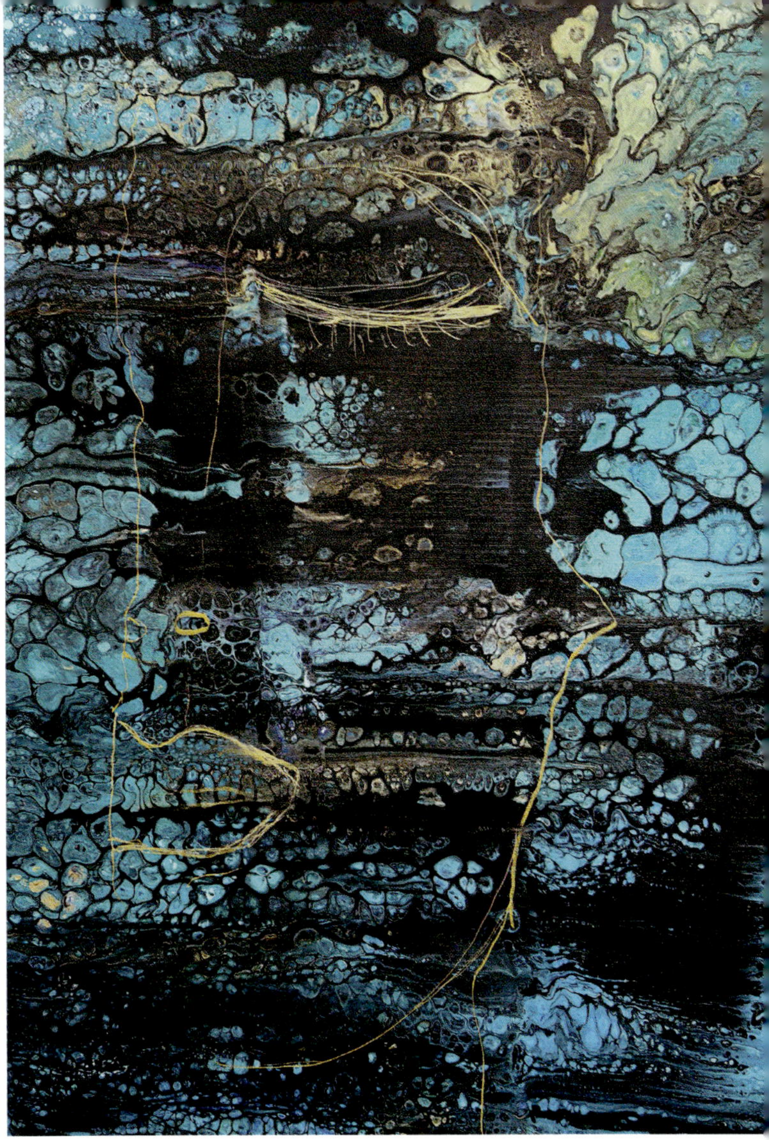

Diesem Bild entspringt die Idee für ein
Porträt, das auf Vollendung wartet.

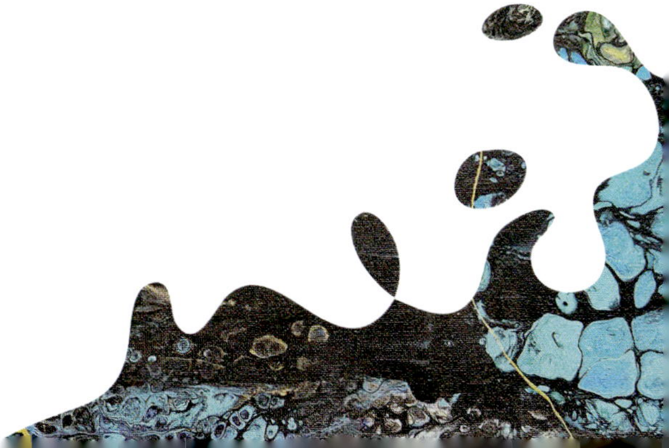

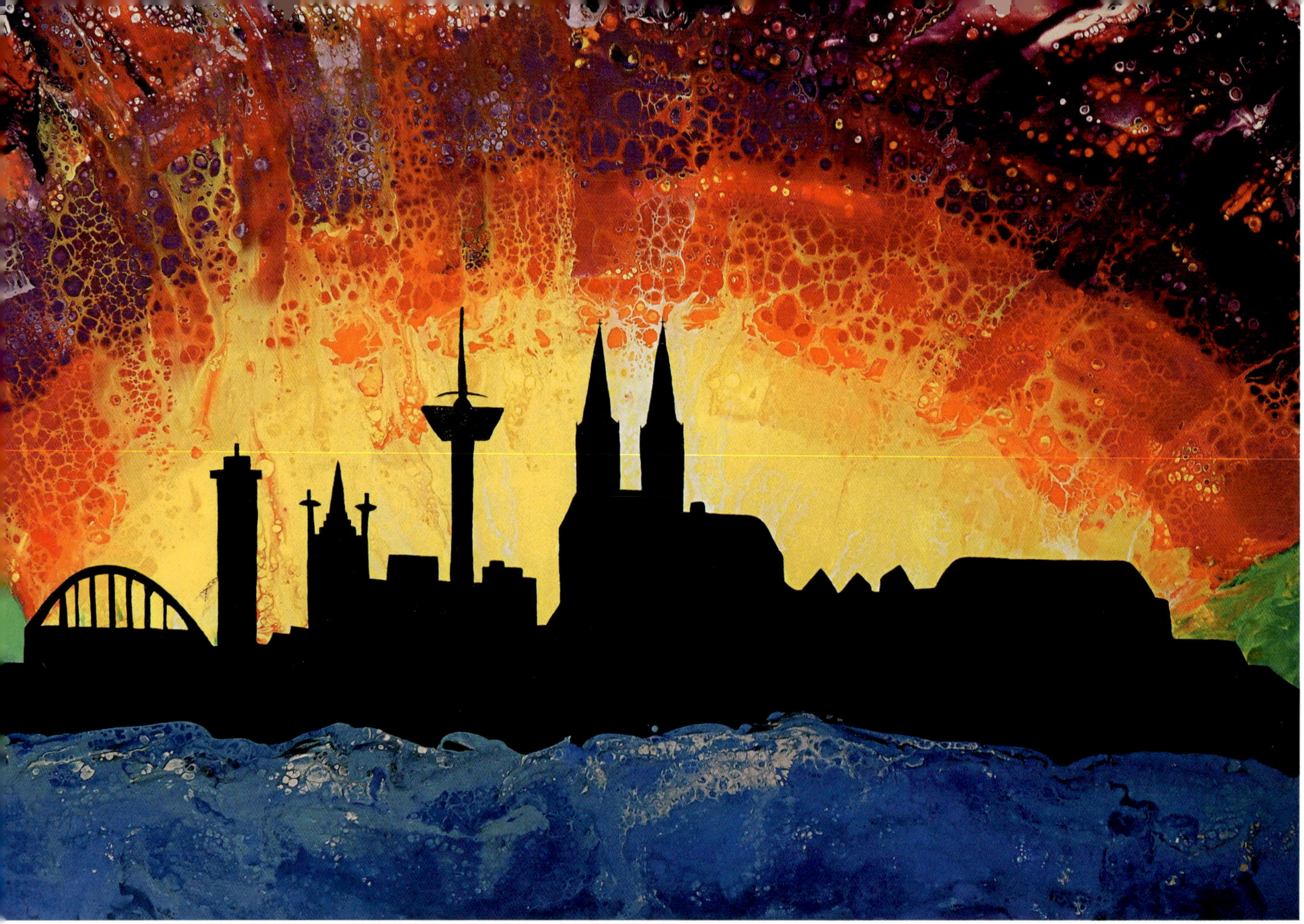

Die Skyline von Köln, 1,20 x 1,50 cm

Für dieses Format haben wir zwei große Tische zusammengeschoben. Zum Swipen haben wir große Palettmesser benutzt.

Die Farben haben wir in 0,5-l-Bechern angerührt, die wir bei einem Irish-Folk-Festival eingesammelt haben.

So haben wir z. B. auch alle unsere Joghurt-, Sahne- oder Puddingbecher wiederverwendet. Inzwischen spülen unsere Familien, Nachbarn und Freunde ihre Joghurtbecher für uns – das freut uns und die Umwelt.

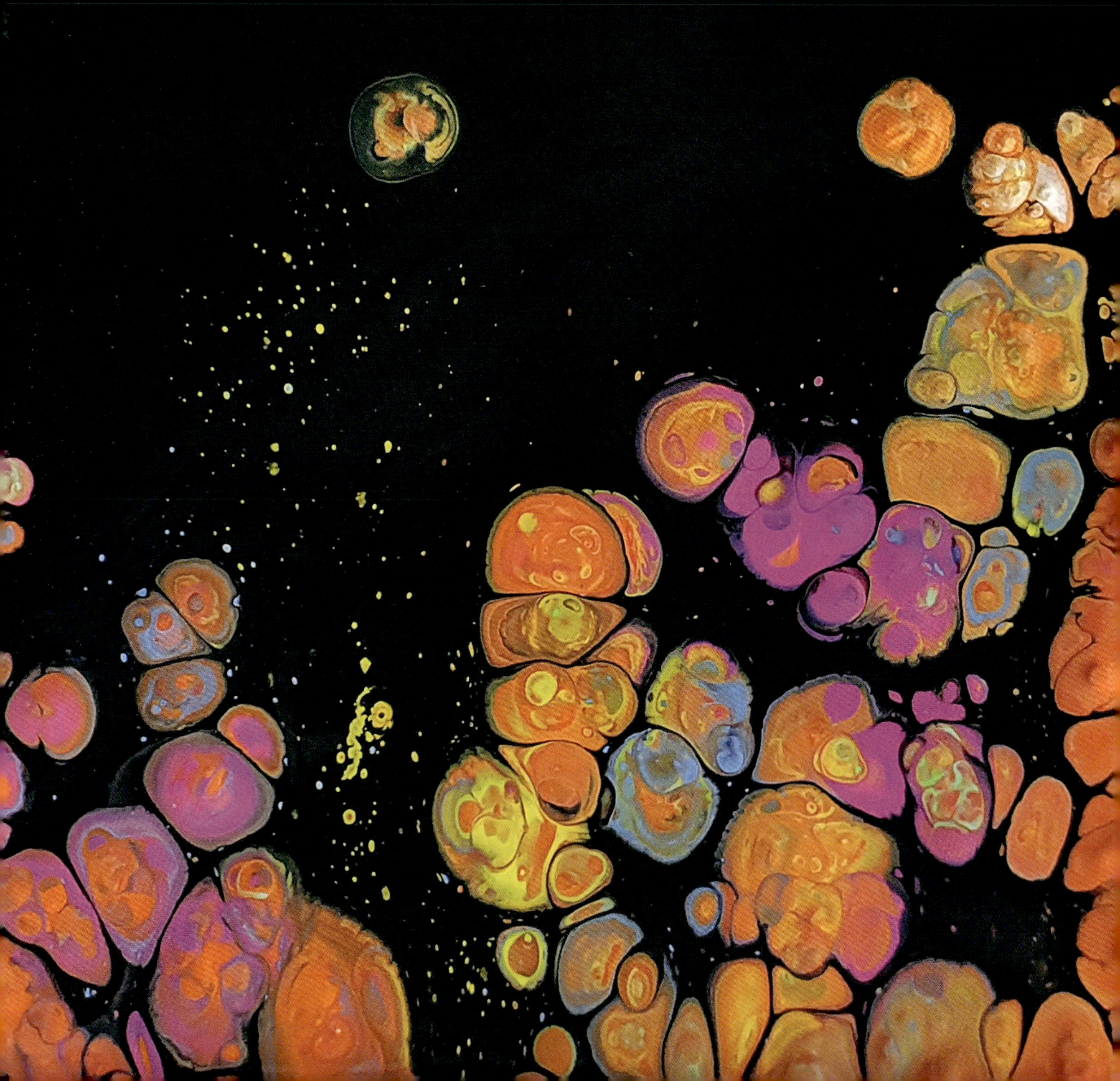

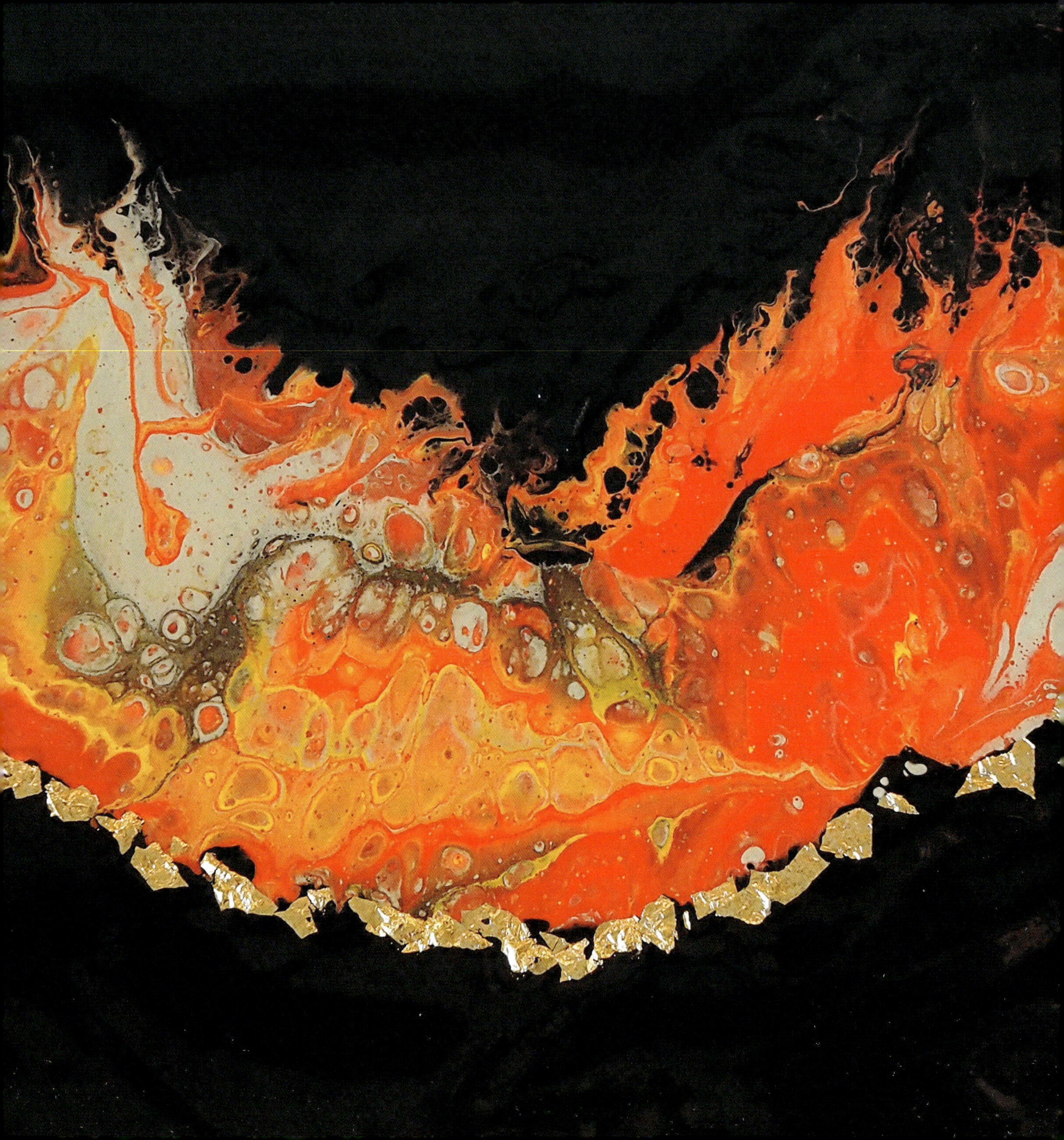

DIRTY POUR MIT BLATTGOLD – EINE EDLE VARIANTE

Dieses Werk ist eine feurige Angelegenheit. Das Blattgold verleiht dem Bild zusätzlich einen edlen Touch.

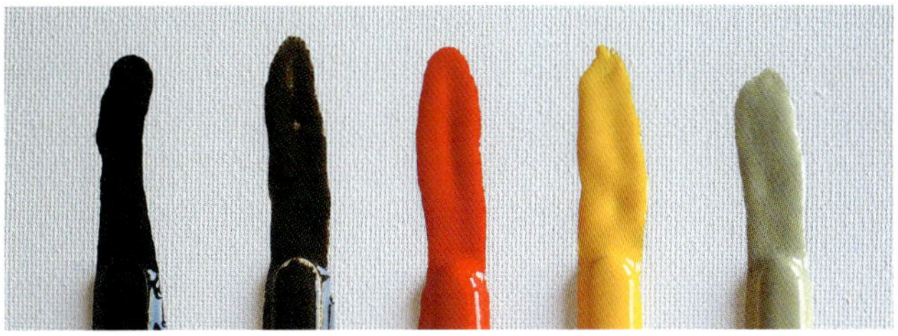

Material:
runde Leinwand (30 cm Ø), Plastikbecher und Holzspatel, Blattgold, Torch

Außerdem:
1 Strohhalm, 1 Pinzette sowie Einmalhandschuhe und Küchenpapier!

Farben:
* Preußischblau von Amsterdam extra fein mit Liquitex
* Schwarz von Schmincke
* Kadmiumrot von Schmincke
* Kadmiumgelb von Schmincke
* Grüngold von Golden

Alle Farben werden mit dem Pouring-Medium S von Schmincke verrührt, bis auf das Grüngold von Golden, das wird mit GAC 800 von Golden gemischt. Das Silikonöl von Ballistol wird in die Farben Rot und Gelb untergehoben.

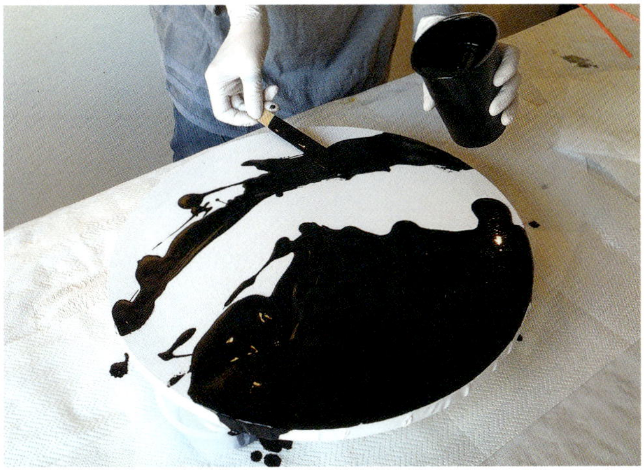

1. Auf einem runden Keilrahmen wird das Schwarz verteilt. Der Dirty Pour soll in der Mitte angelegt werden, deshalb wird in der Mitte die Leinwand weiß gelassen.

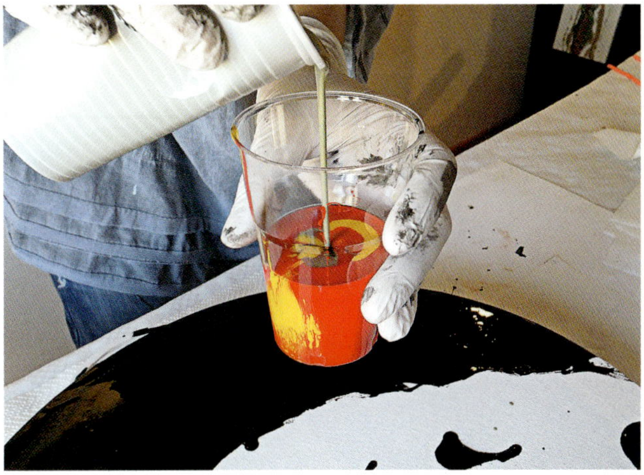

2. Für den Dirty Pour brauchen wir einen Dirty Cup. Das heißt, es werden alle Farben bis auf Schwarz nacheinander in einen Becher zusammengeschüttet.

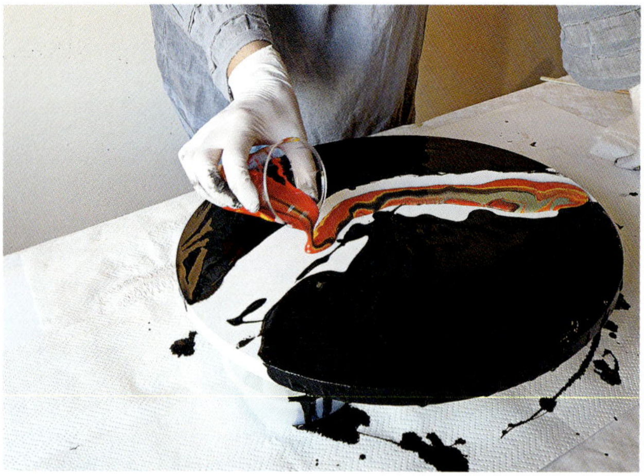

3. Die Farben werden nun über die freie Leinwandfläche geschüttet.

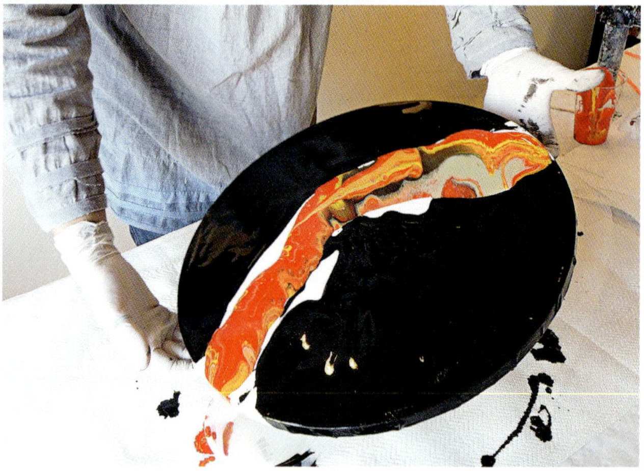

4. Anschließend wird der Keilrahmen geschwenkt, sodass sich die Farbe über die freie Leinwandfläche verteilt.

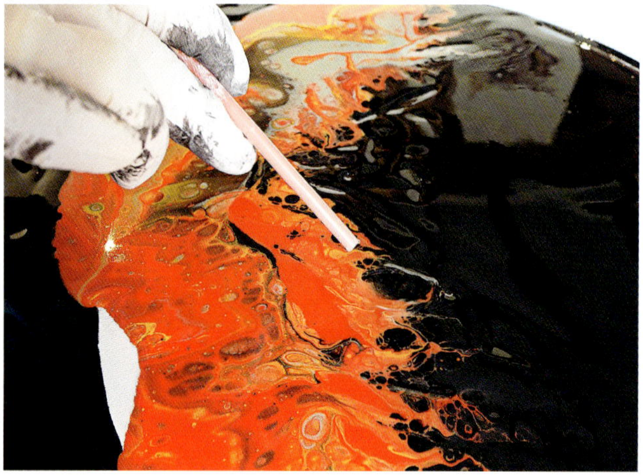

5. Damit am oberen Rand ein Flammenmuster entsteht, wird mit dem Strohhalm die rote Farbe in die schwarze gepustet.

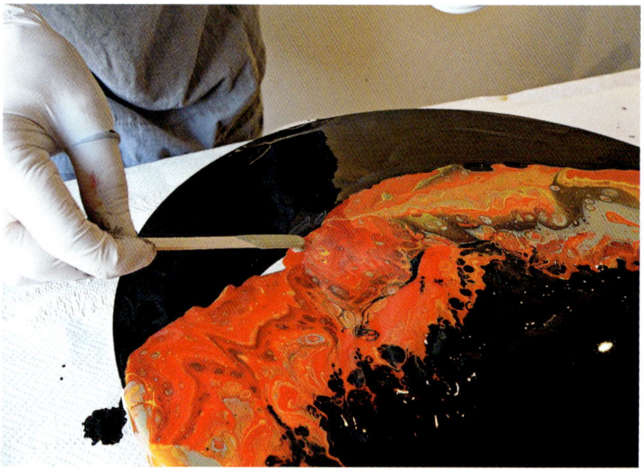

6. Dort, wo die Leinwand noch zu sehen ist, wie hier am unteren Rand, wird mit dem Spatel etwas versäubert.

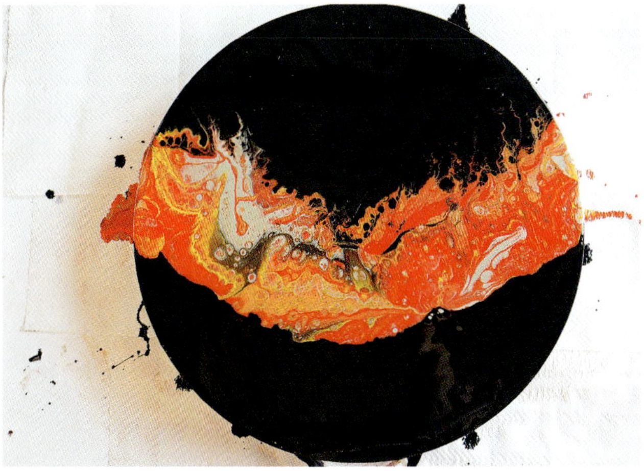

7. Ein flammender Zwischenstand, der für eine Veredelung bereit ist.

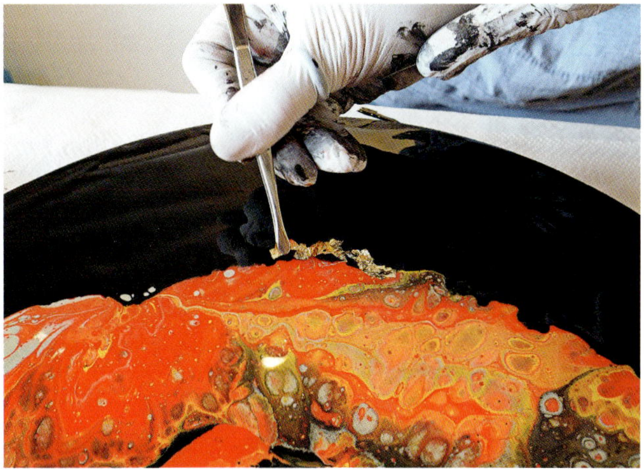

8. Mit einer Pinzette werden kleine Stücke Blattgold gezupft und einfach in die nasse Farbe gelegt. Das Farb-Medium-Gemisch hat eine klebende Wirkung, sodass wir hier keine Anlegemilch, wie sonst bei Blattmetallen üblich, benötigen.

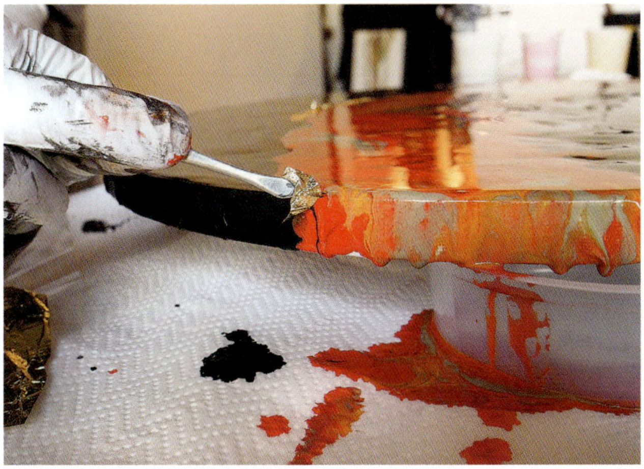

9. Der Rand wird ebenso beklebt.

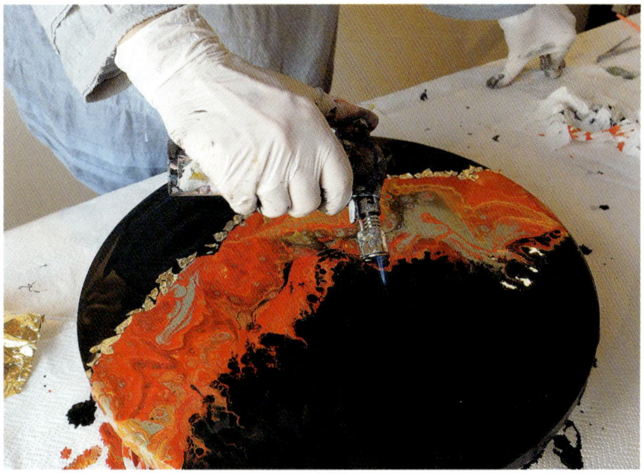

10. Zum Schluss wird das Ganze noch kurz getorcht, um die Luftblasen zu entfernen.

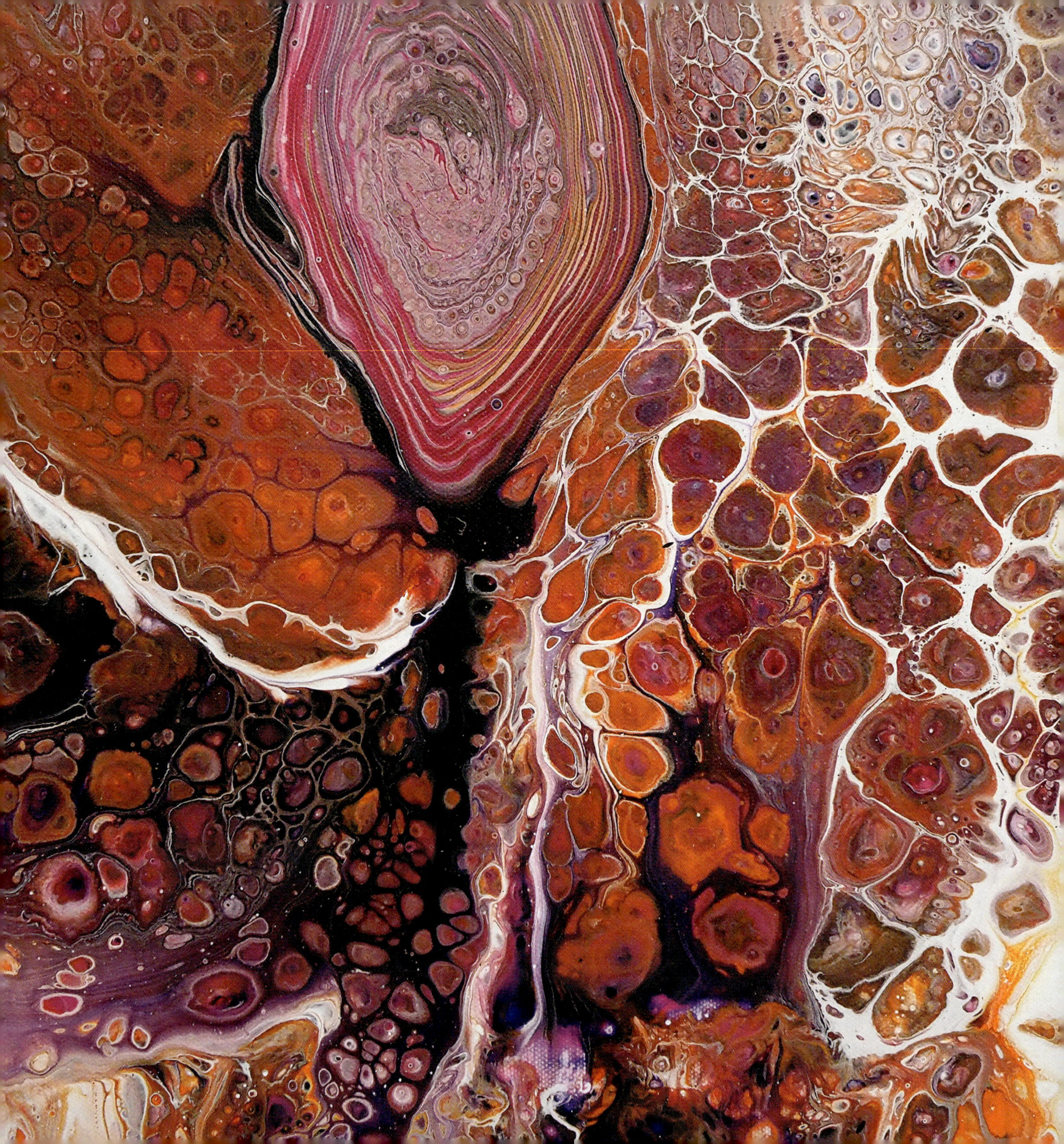

Zellenalarm mit Swirl

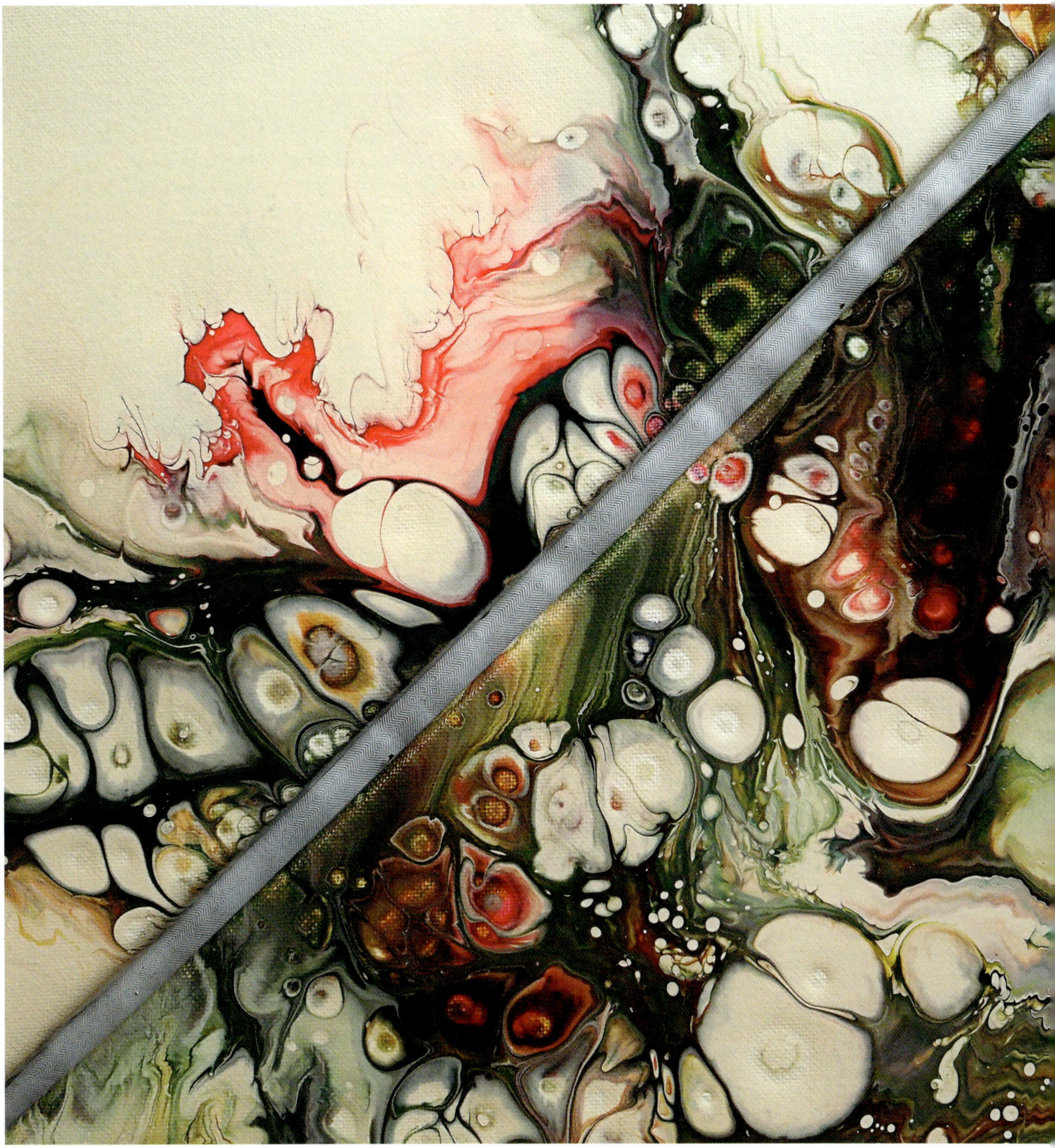

Bei diesem Diptychon wurden Farben und Medium von Golden benutzt.

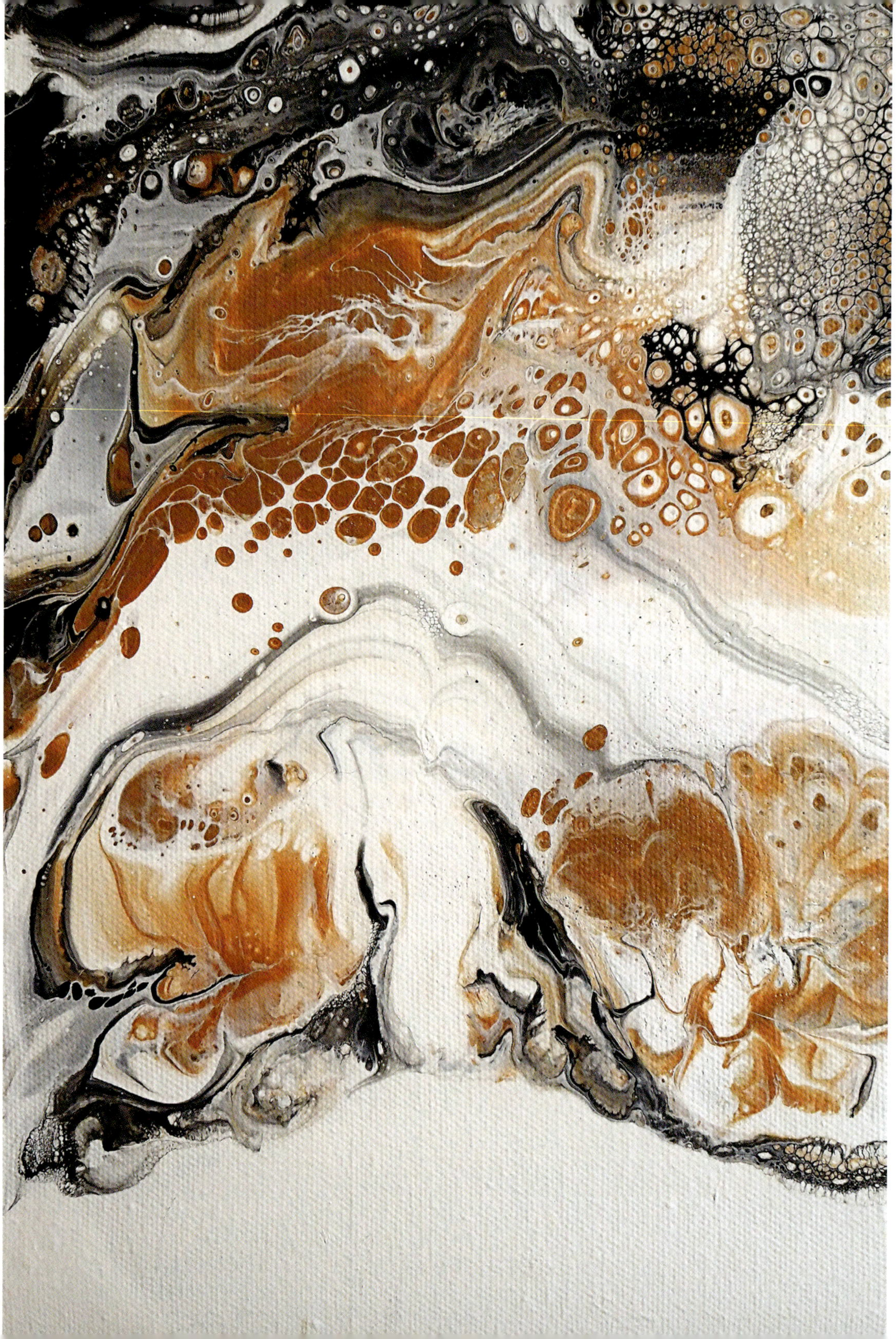

Schwarz-Weiß-Gold

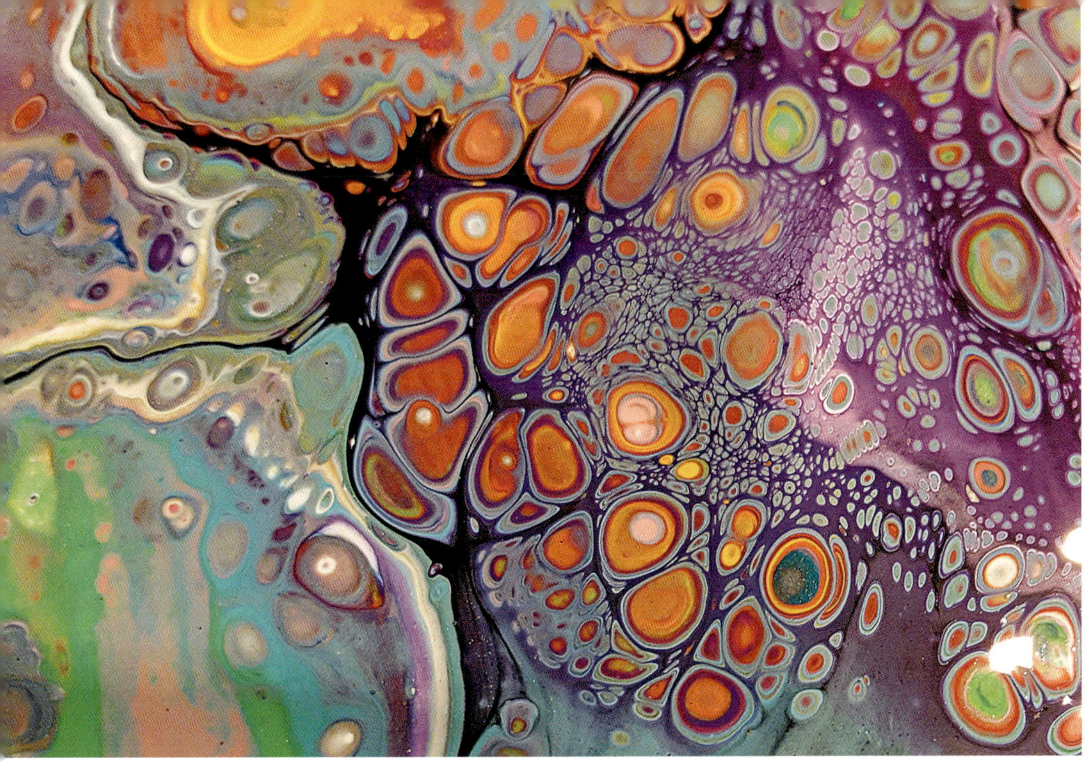

Keilrahmen 80 x 80 cm

Ein runder Holzrahmen wurde auf einen Keilrahmen mit 80 x 80 cm als Begrenzung gestellt. Darin wurde ein Dirty Pour gegossen. In diesem Dirty Pour zeigte sich eine Silhouette, die hervorgehoben wurde.

Nach der Trocknung wurde der Holzrahmen entfernt und der Rest der Leinwand mit Farben und Krackelierlack bearbeitet, um so das Motiv in Szene zu setzen.

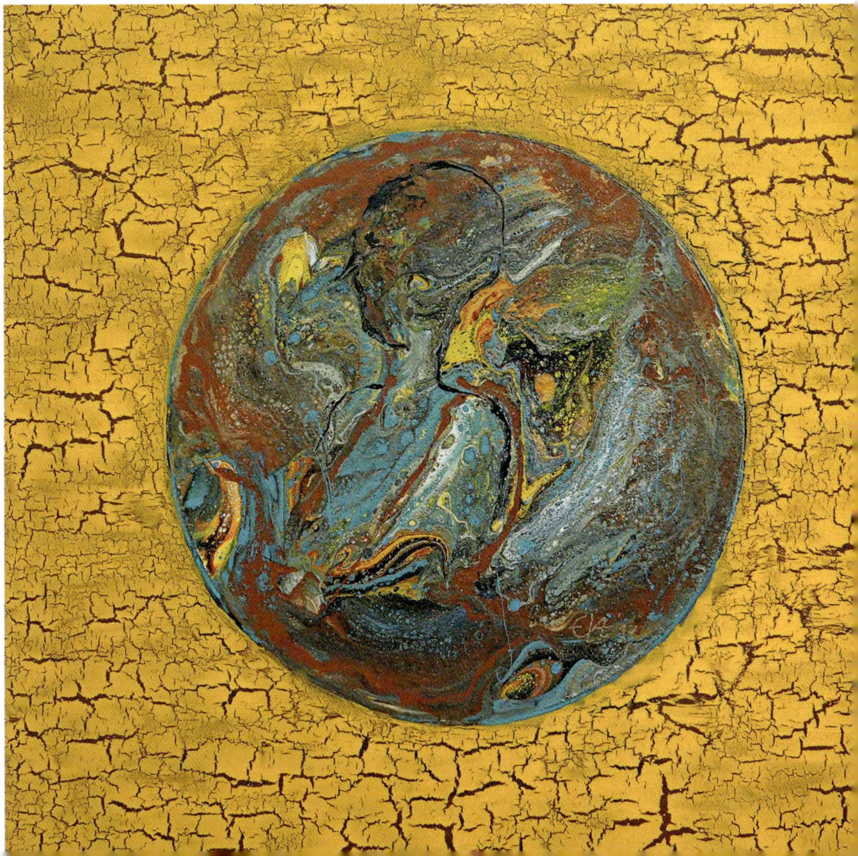

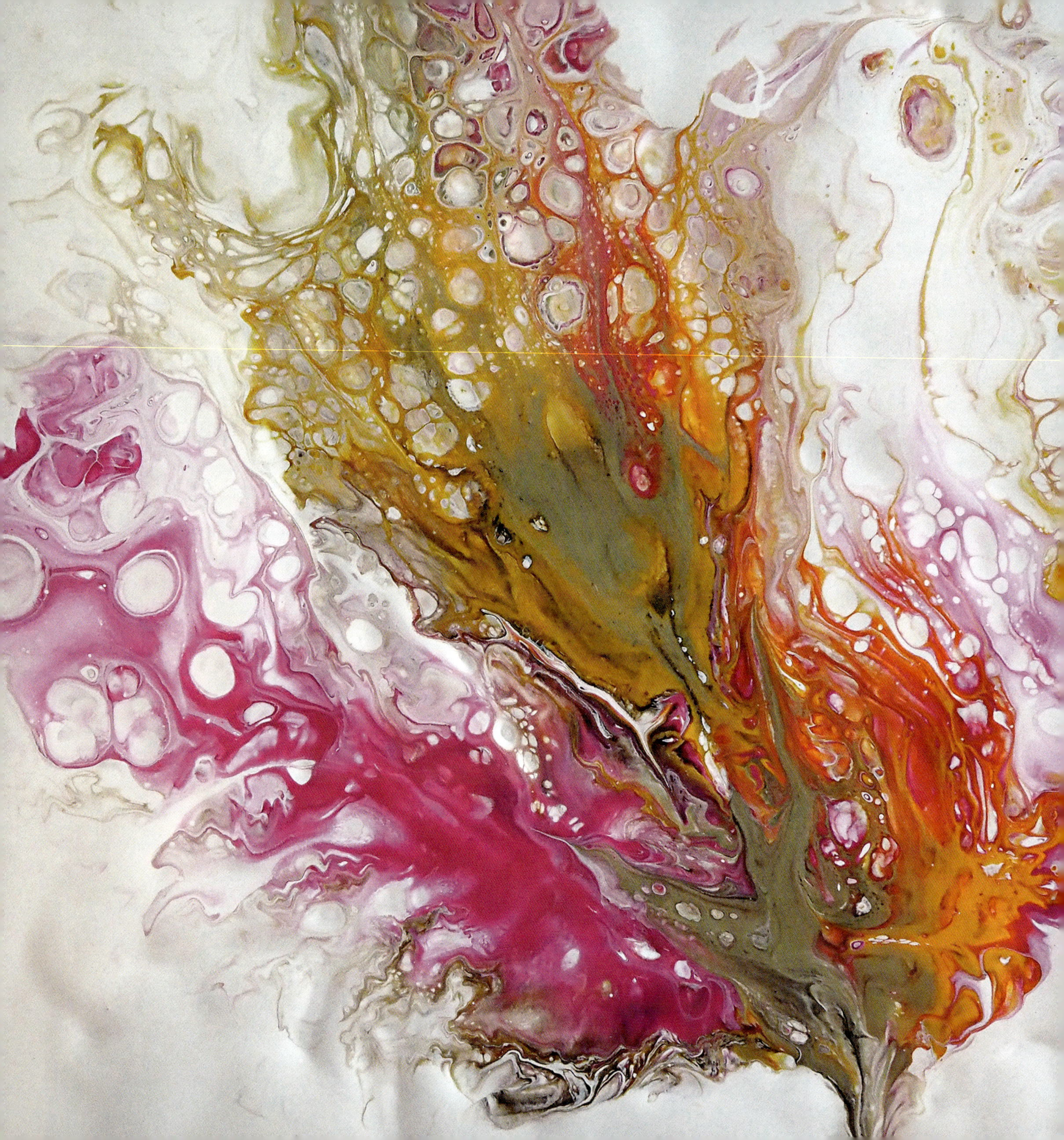

AIR POUR – JETZT WIRD GEFÖHNT!

Der Air Pour ist variabel, es kann beispielsweise mit einem Strohhalm oder mit einem Föhn gearbeitet werden. Spannend wäre sicherlich der Einsatz eines Laubbläsers …

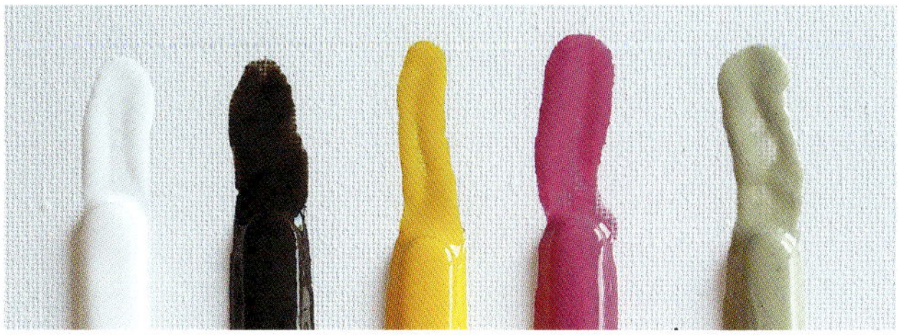

Material:
1 Holzrahmen (30 x 30 x 5 cm), Plastikbecher und Holzspatel, 1 Föhn mit flachem Düsenaufsatz, Strohhalm, Torch

Außerdem: Einmalhandschuhe und Küchenpapier!

Farben:
* Indischgelb von Schmincke
* Magenta von Schmincke
* Vandyckbraun von Amsterdam
* Weiß von Schmincke
* Grüngold von Golden

Alle Farben werden mit Floetrol gemischt. Das Silikon von Caramba wird in die Becher mit den Farben Magenta und Gelb gesprüht und leicht untergehoben.

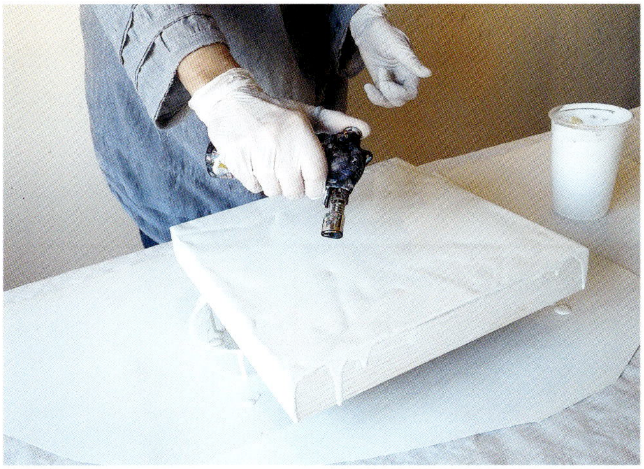

1. Die Holzplatte wird großzügig mit weißer Farbe grundiert und anschließend getorcht, damit die Luftblasen aus der Farbe weichen.

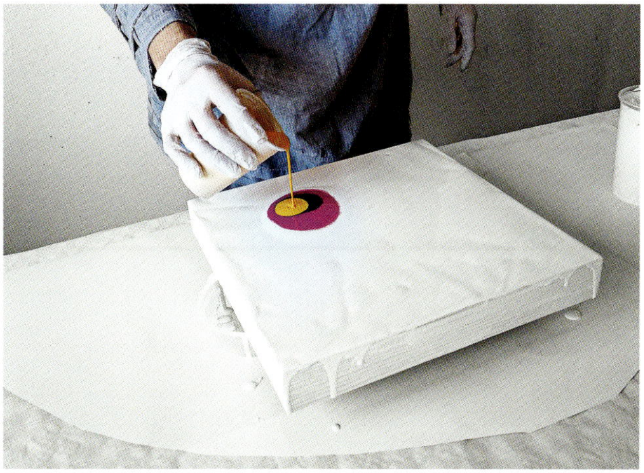

2. Nun werden die Farben aufeinandergeschüttet wie z. B. bei einem Puddle. Es empfiehlt sich, hier nicht zu viel Farbe zu nehmen, sondern bei Bedarf später noch einmal Farbe aufzubringen.

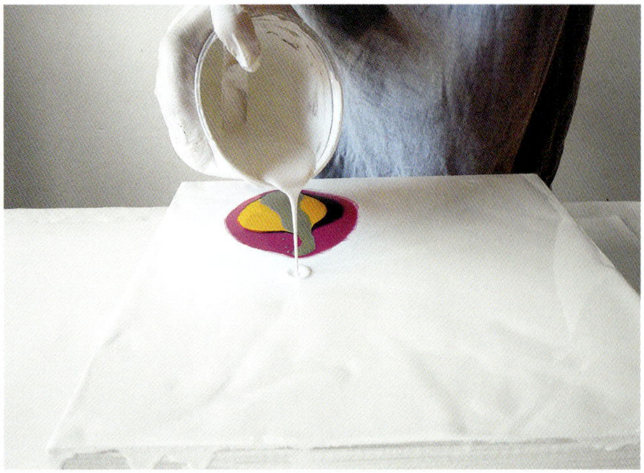

3. Die weiße Farbe wird noch mal rundherum um den Farbkreis geschüttet. Hier darf es ruhig etwas mehr sein.

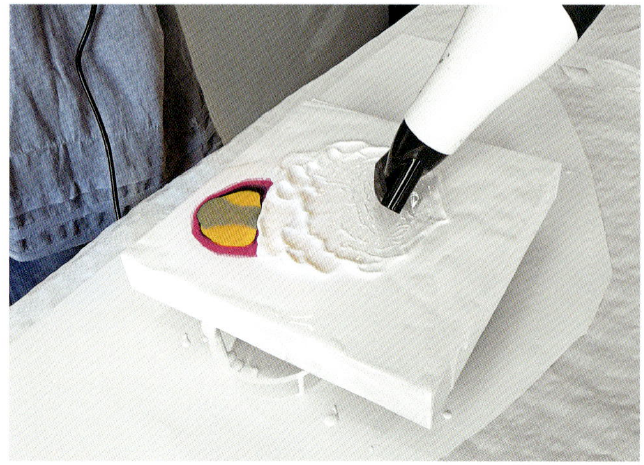

4. Der Föhn wird auf die kalte Stufe gestellt und dann auf Höchstleistung gebracht. Zuerst wird das Weiß auf die Farbe geföhnt.

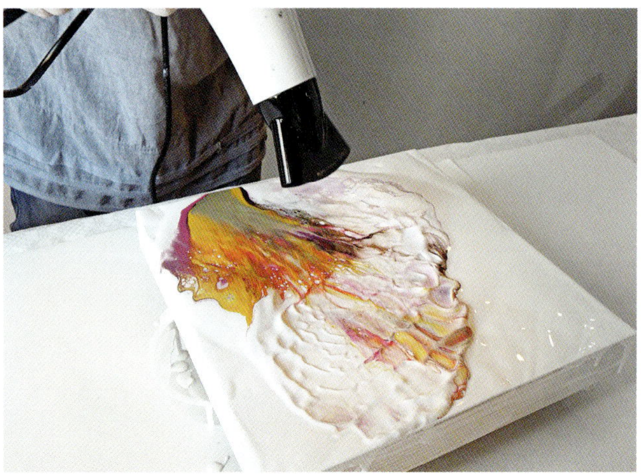

5. Dann wird die Farbe mit Schwung über das Weiß zurückgeföhnt.

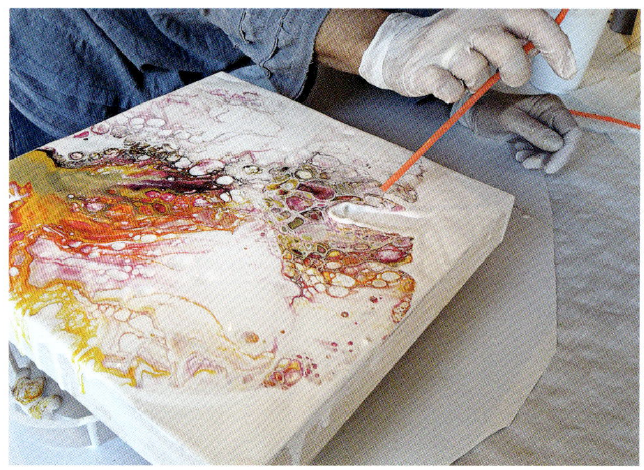

6. Um etwas Form in die wilde Föhnerei zu bekommen, wird mit einem Strohhalm die weiße Farbe partiell wieder zurückgepustet.

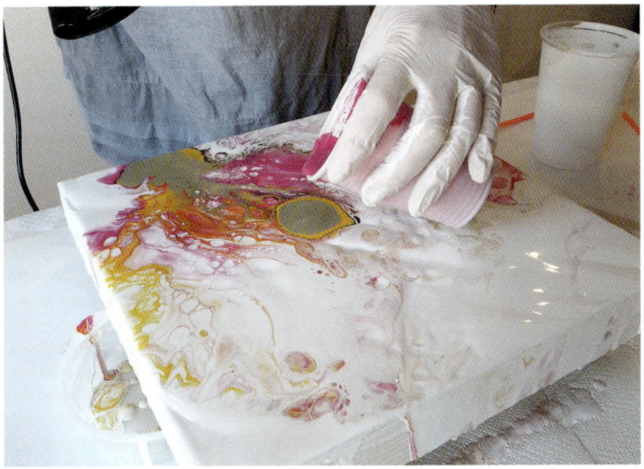

7. Das Bild kann noch etwas Farbe vertragen, deshalb gibt es hier noch einen zweiten Farbauftrag.

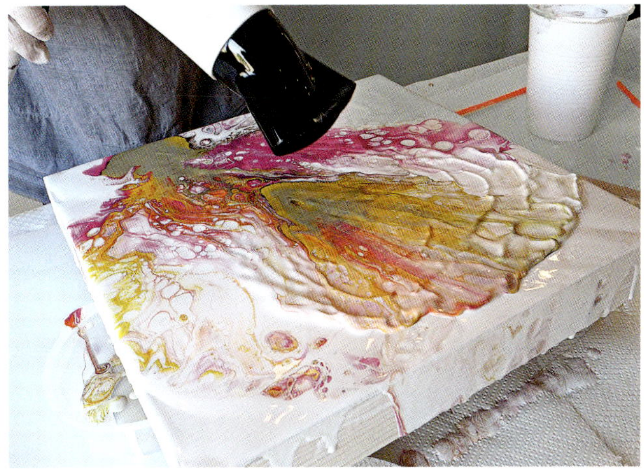

8. Auf höchster Stufe wird die Farbe mit dem Föhn in die richtige Richtung geschubst.

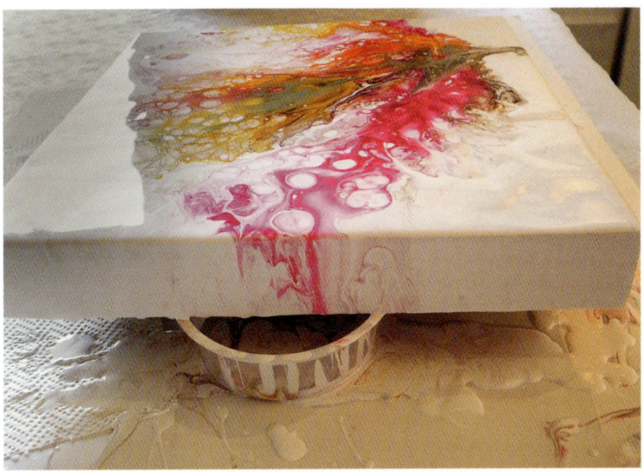

9. Ein wunderbarer Farbverlauf mit kleinen und großen Zellen ist entstanden.

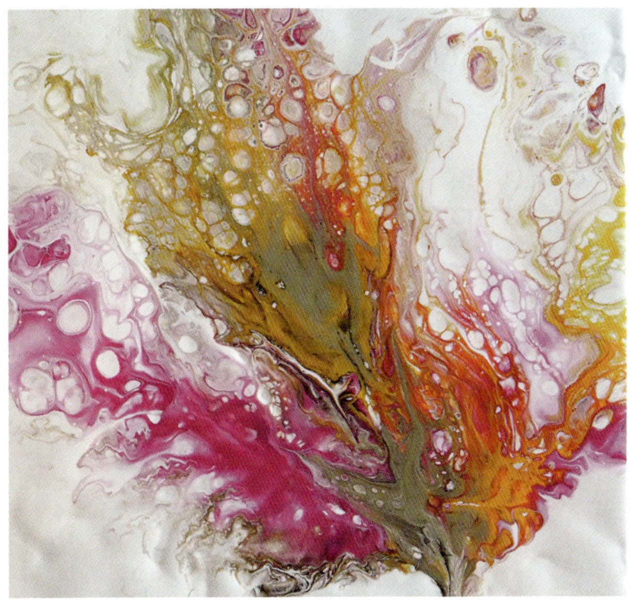

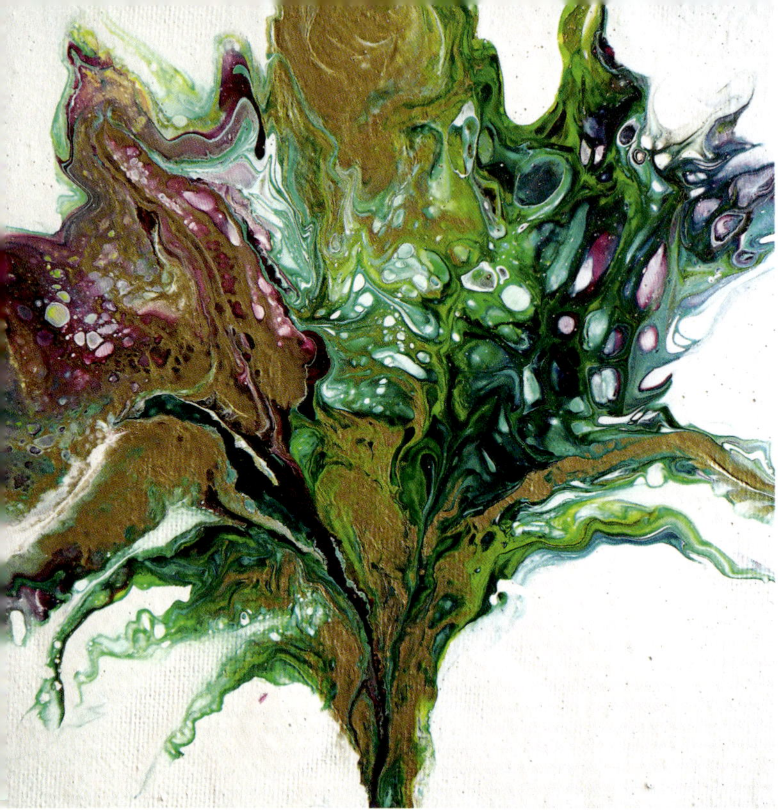
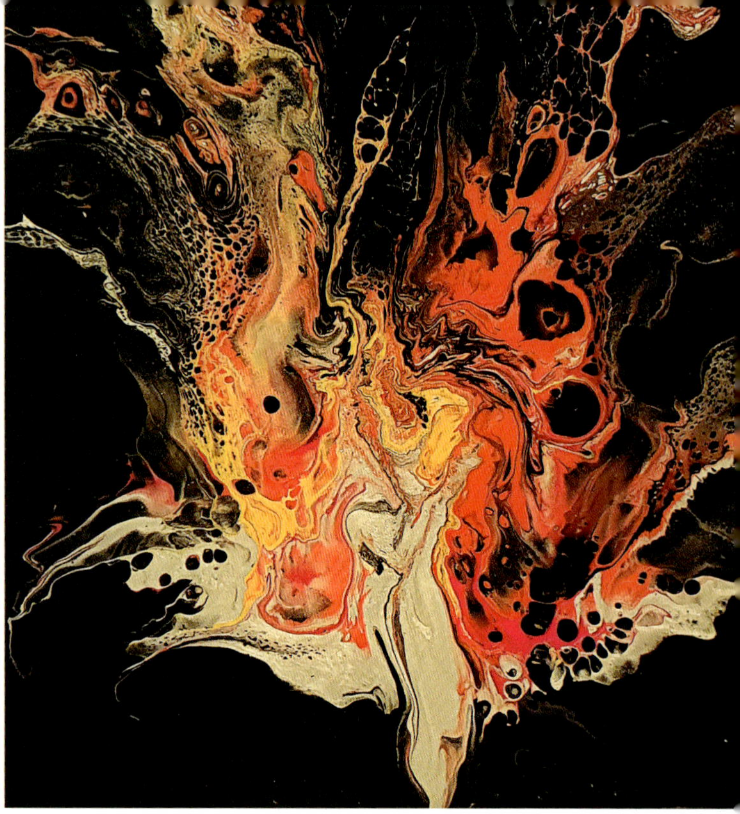
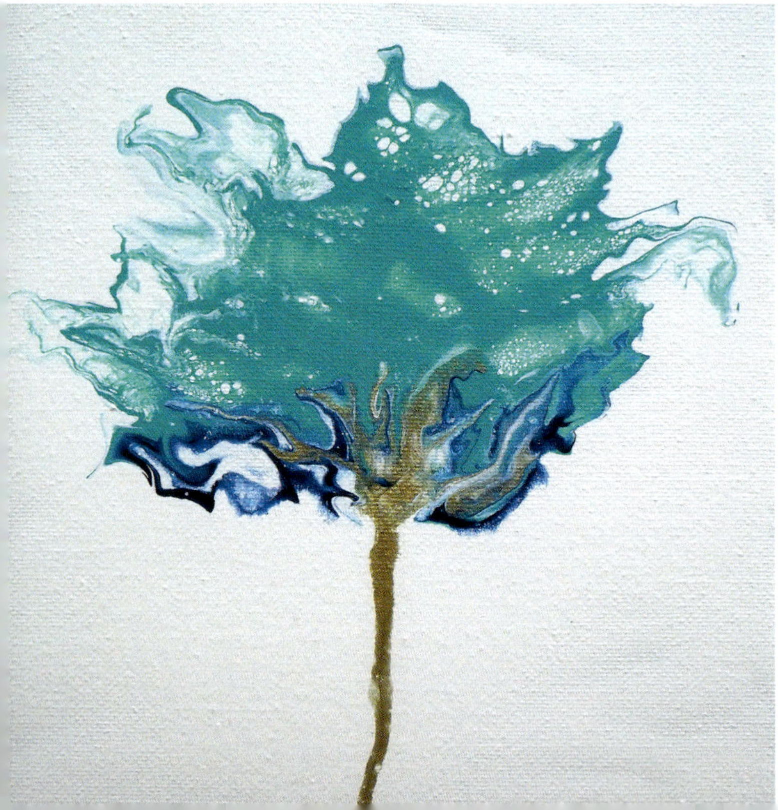
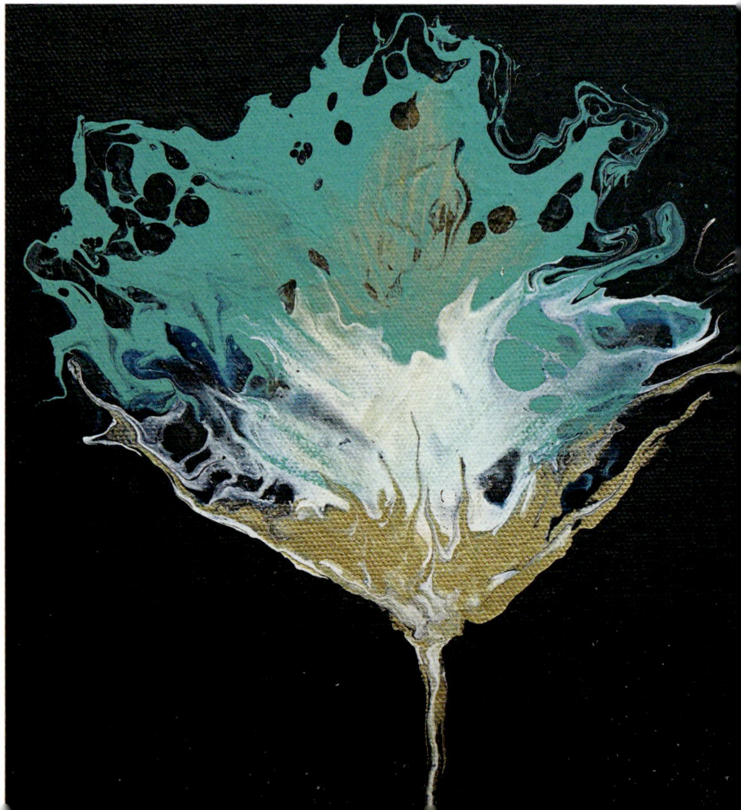

Eine weitere edle
Variante mit Blattgold

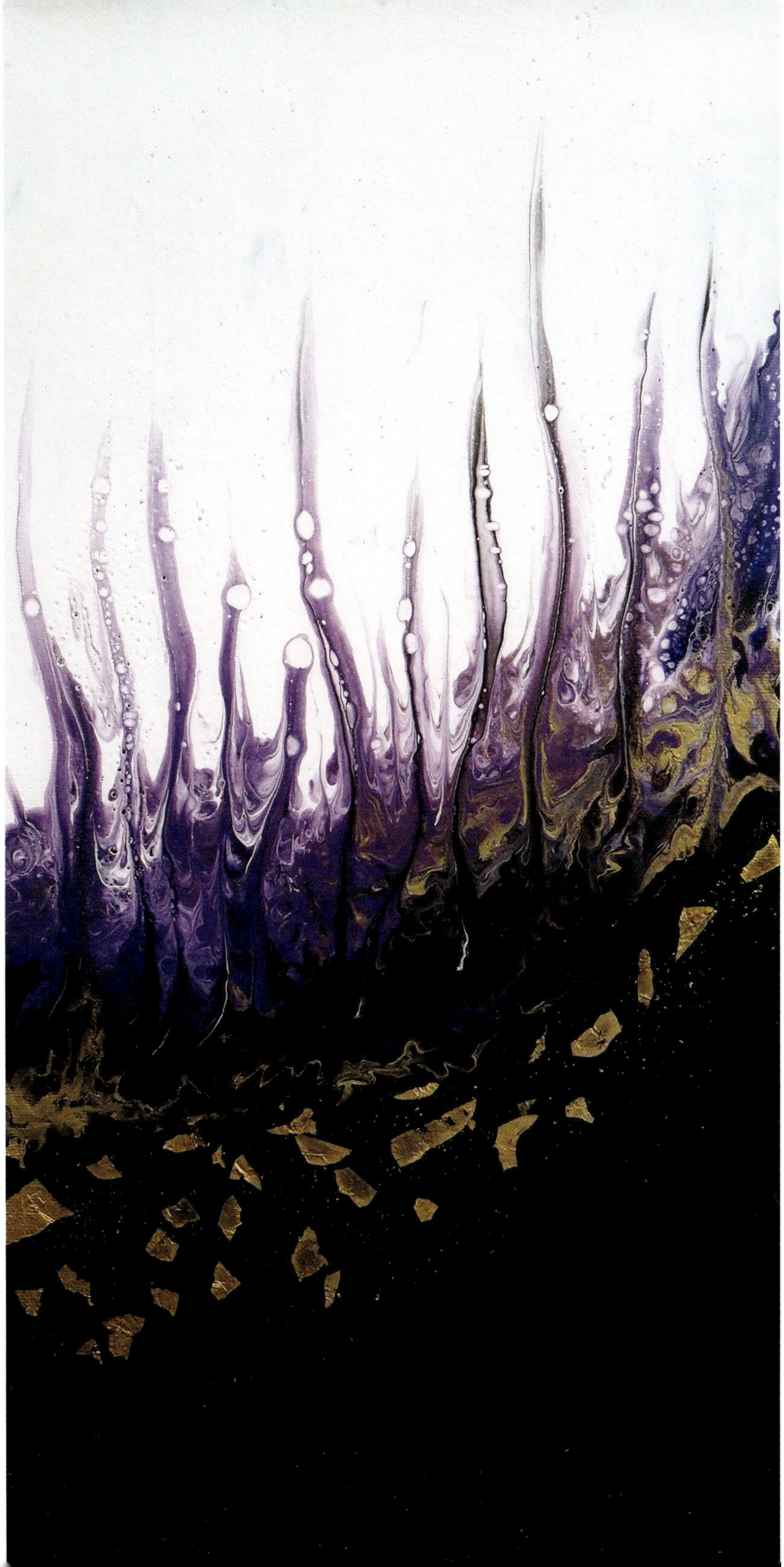

Diese beiden Blumen wurden
nicht mit dem Föhn, sondern
mit dem Strohhalm gepustet.

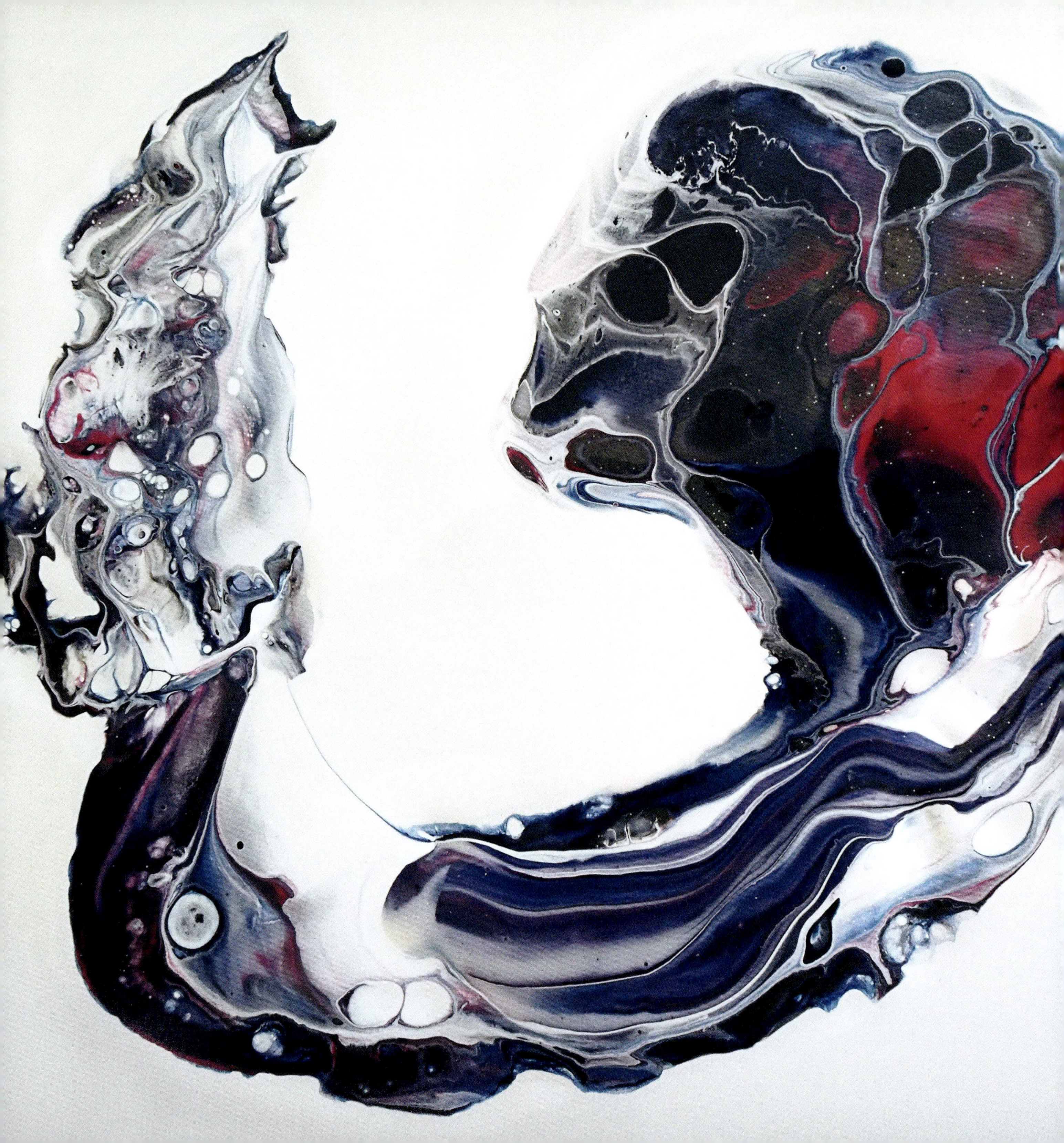

FLIP & DRAG – GEHEIMNISVOLLE MOTIVE

Das Alien ist gelandet – im Handumdrehen lassen sich bei dieser Methode fantastische Motive herausarbeiten.

Material:
1 Leinwand (30 x 50 cm), Plastikbecher und Holzspatel, Plastikschnapsbecher, Torch

Außerdem:
Einmalhandschuhe und Küchenpapier!

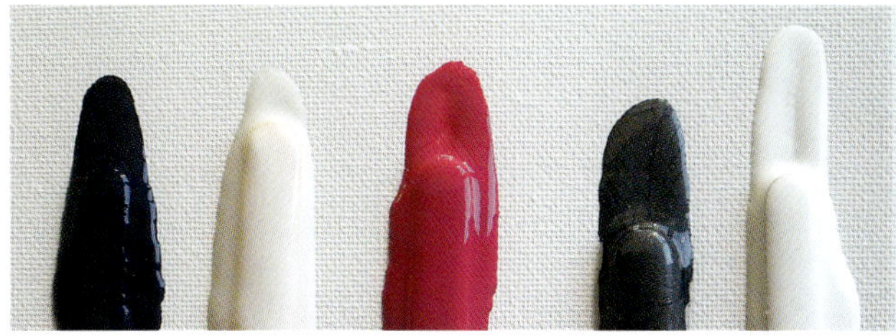

Farben:
* Anthraquinone Blue Fluid Acrylics von Golden
* Perlmutt von Sennelier
* Anthrazit Effekt von Solo Goya
* Quinacridone Red Fluid Acrylics von Golden
* Weiß von Boesner für die Grundierung (ohne Silikon)

Die Fluid Acrylics werden mit dem Pouring-Medium GAC 800 von Golden im Verhältnis 1:9 gemischt, und zwar in kleinen Plastikschnapsbechern. Die Zugabe von Wasser ist in diesem Fall nicht nötig. Alle weiteren Farben werden mit dem Pouring-Medium S von Schmincke im Verhältnis 1:1 gemischt. In alle Farben, außer Weiß, wird je ein Tropfen Silikon 100 Prozent untergehoben. Beim Flip & Drag wird ein kleiner Becher mit wenig Farbe zu einem Dirty Cup geschichtet, auf die Grundierung geflippt und durch die Farbe, die als Grundierung dient, durchgeschoben.

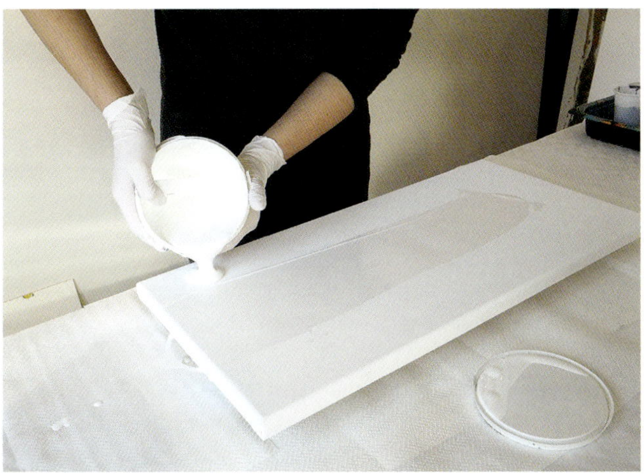

1. Zunächst wird die Leinwand in Weiß grundiert.

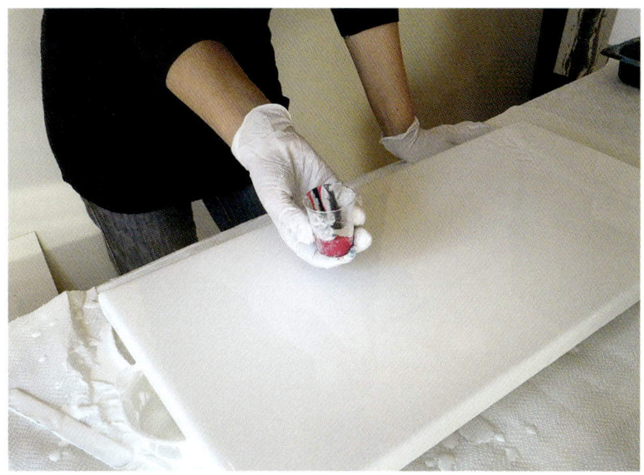

2. In einen Schnapsbecher wird von jeder Farbe nur sehr wenig eingefüllt. Abwechselnd Rot, Anthrazit, Perlmutt, Blau, immer nur wenige Tropfen. Die Menge richtet sich natürlich auch nach der Größe der Leinwand.

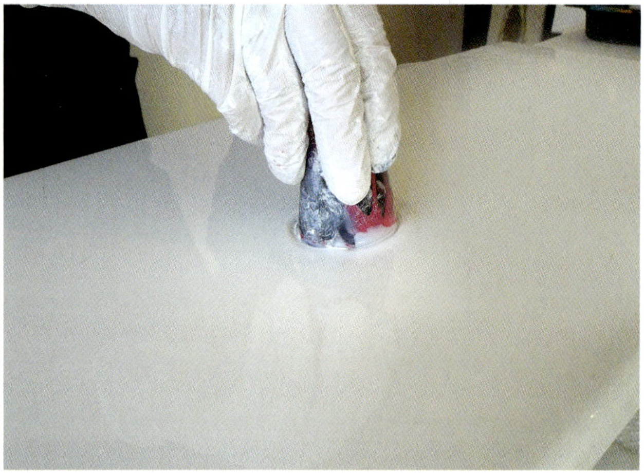

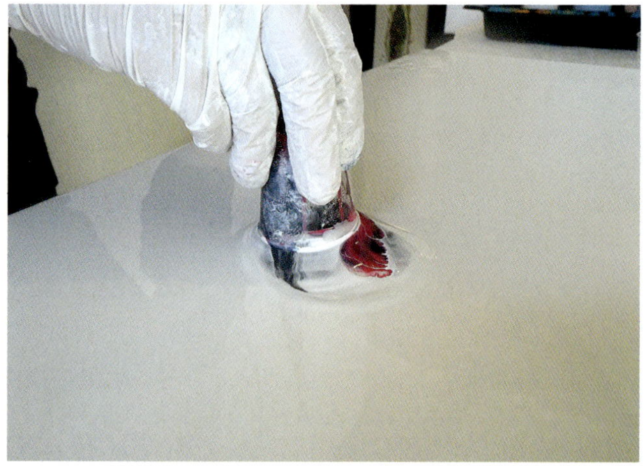

3. Der Becher wird auf eine beliebige Stelle auf die Leinwand gestürzt.
Dann wartet man ein paar Sekunden ab, bis sich die Farbe aus dem Becher etwas auf die Grundierung setzt.

4. Der Becher wird nun ganz leicht angehoben, sodass die Farbe noch im Becher bleibt.

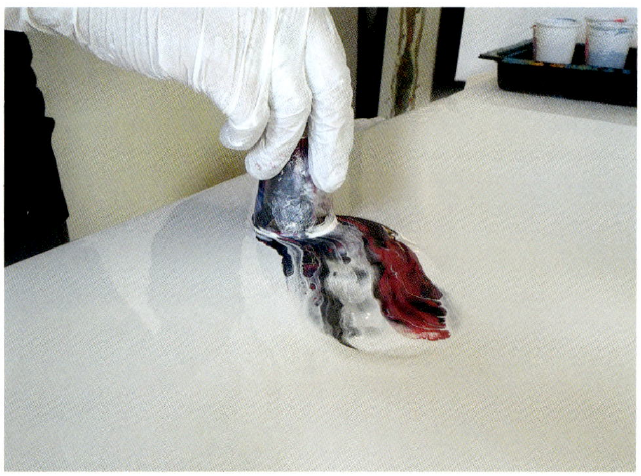

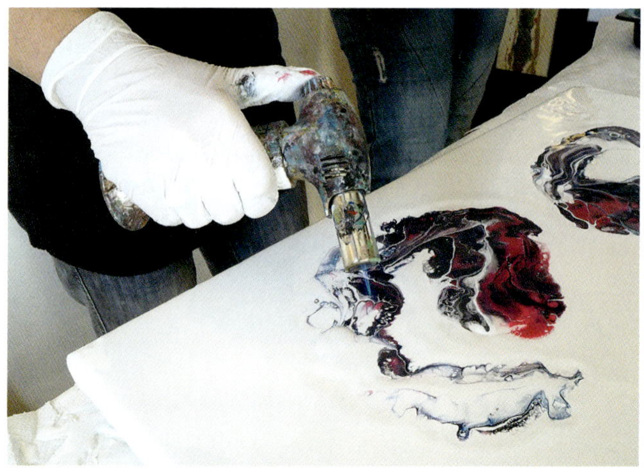

5. Mit dem Becher wird die Farbe durch die Grundierung geschoben und verteilt. Dabei achtet man darauf, dass der kleine Schnapsbecher nicht zu fest auf die Leinwand gedrückt wird. Er sollte über der Grundierung schweben.

6. Beim Flip & Drag erzielt man das beste Ergebnis, wenn man mit eher wenig Farbe arbeitet. Nach dem Torchen ist eine wunderschöne Farbkomposition mit tollen Zellen entstanden.

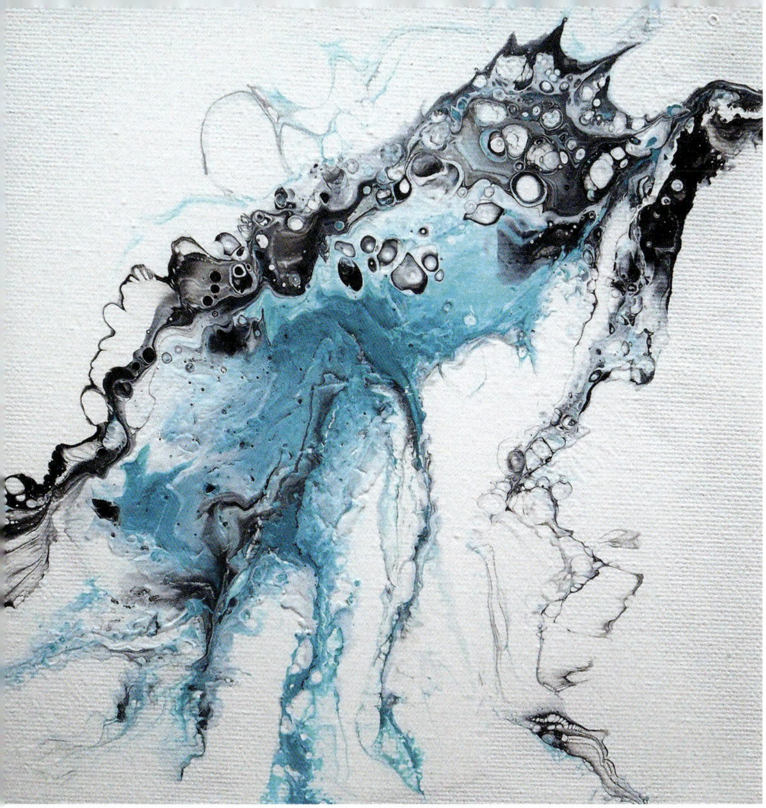

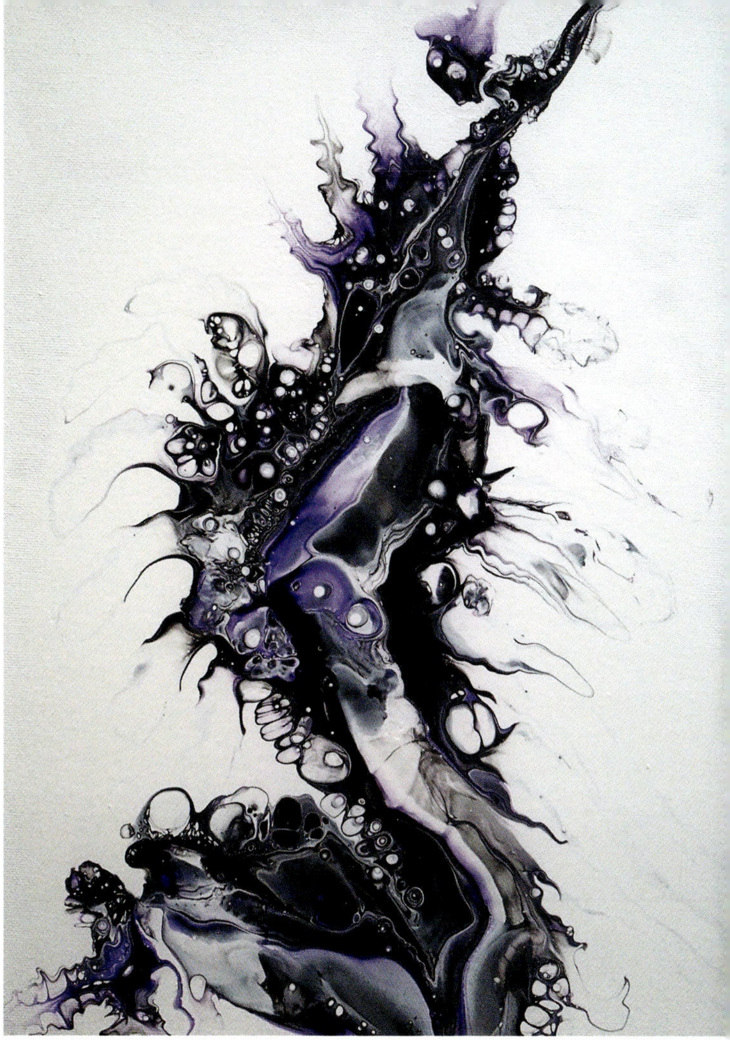

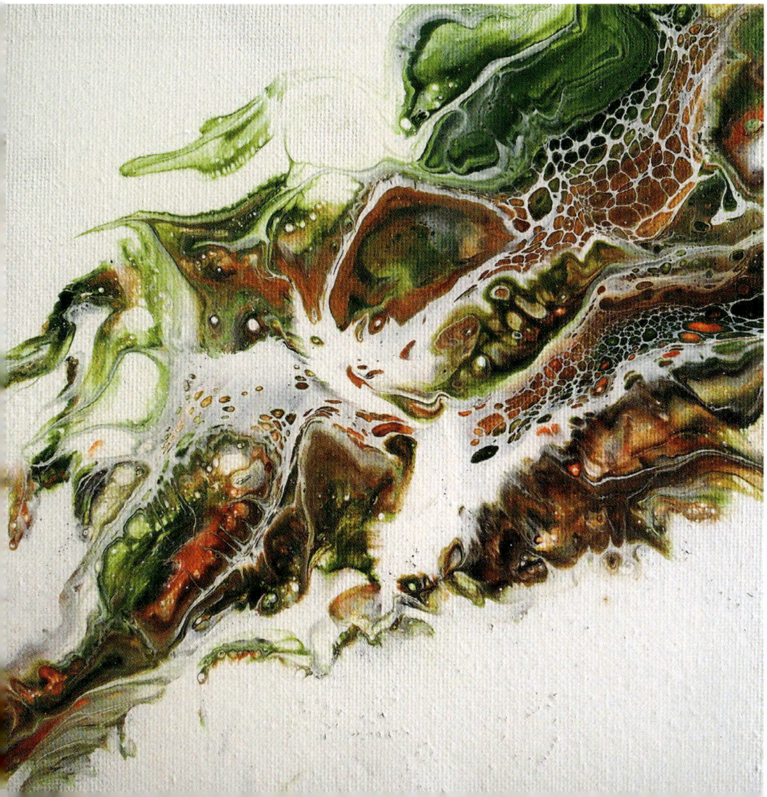

Bei diesem Flip Drag wurde mit den Materialien von Golden gepourt.

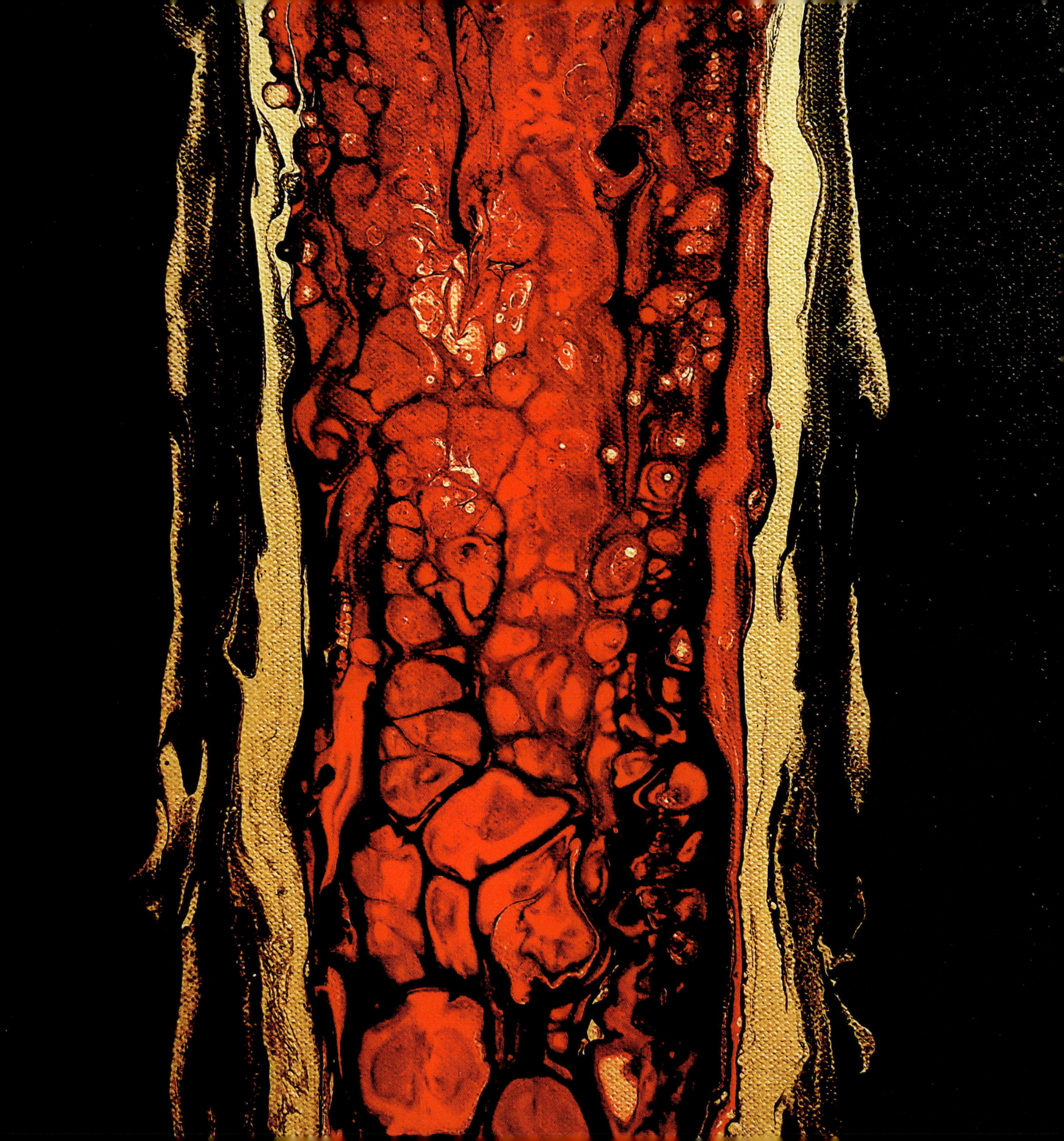

TUNNEL DRAG – HIER LÄUFT WAS!

Ab durch die Mitte. Mit dem Tunnel Drag schaffen wir mit relativ wenig Aufwand einen tollen Effekt.

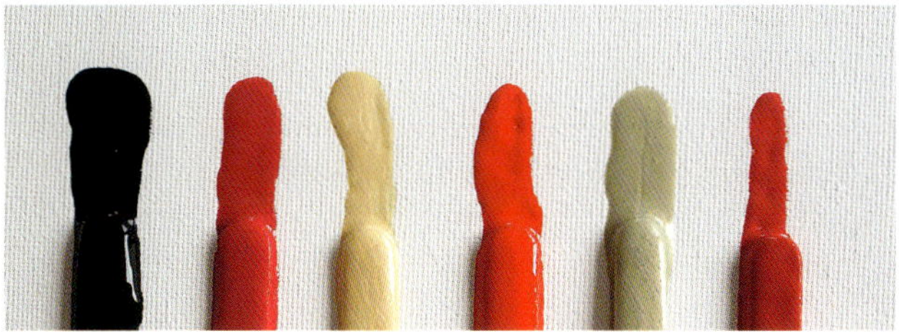

Material:
Leinwand (30 x 60 x 5 cm), 1 breiter Pinsel, 1 aufgeschnittener Becher oder eine feste Papprolle, Plastikbecher und Holzspatel, Torch

Außerdem:
Einmalhandschuhe und Küchenpapier!

Farben:

* Schwarz von Schmincke
* Quinacridone Red Fluid Acrylics von Golden
* Gold von Schmincke
* Scharlachrot von Golden
* Grüngold Fluid Acrylics von Golden
* Karmesinrot von Lukas Cryl liquid

Alle Farben werden mit GAC 800 von Golden vermischt. Das Silikon ist 100 Prozent rein und wird in alle Farben außer Schwarz getropft.

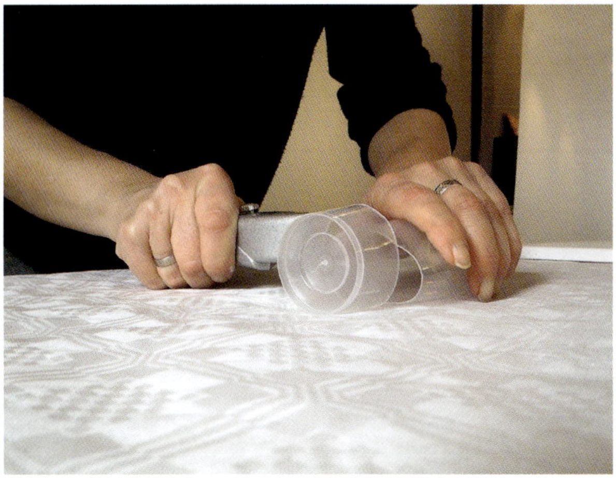

1. Für die Tunneltechnik wird ein tunnelähnliches Instrument benötigt. Dazu wird aus einem Kunststoffbecher der Boden entfernt. Alternativ kann man auch eine stabile Papprröhre benutzen.

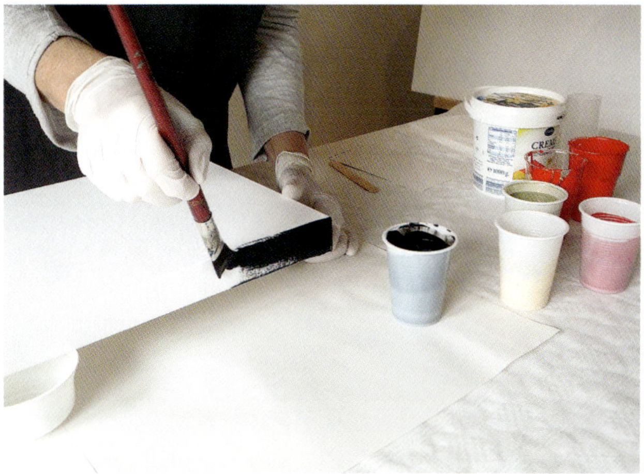

2. Mit einem Pinsel werden zuerst die Rahmenseiten schwarz bemalt.

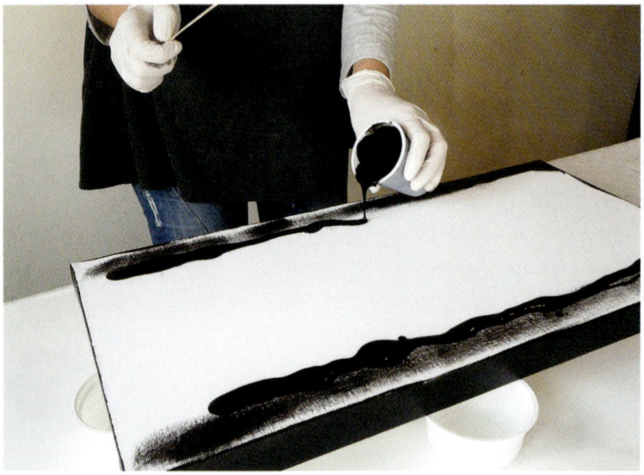

3. Nun wird schwarze Farbe aufgeschüttet. In der Mitte bleibt ein breiter Streifen frei.

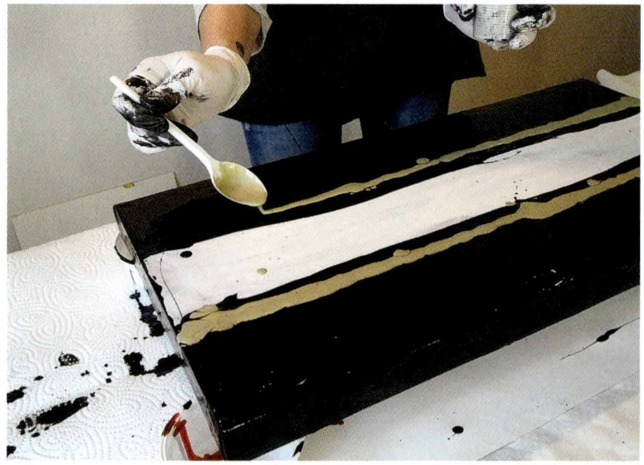

4. Mit einem Löffel wird die Goldfarbe vorsichtig, wie auf der Abbildung zu sehen ist, aufgebracht.

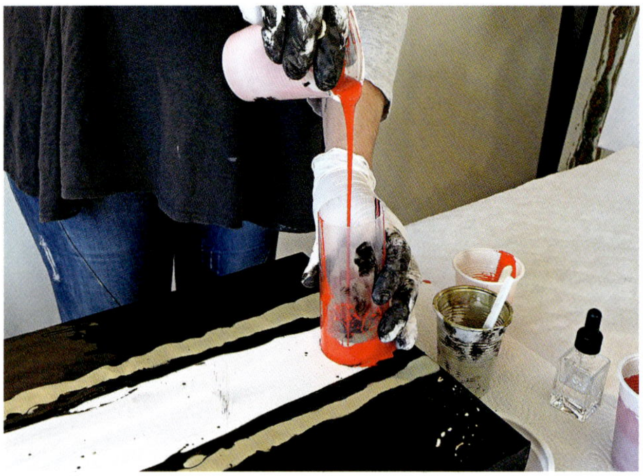

5. Die offene Röhre wird über der Leinwand auf die freie Fläche platziert und nach und nach mit Farbe gefüllt, bis sie halb voll ist. Die Röhre sollte während der Füllung festgehalten werden, damit nicht gleich Farbe herausquillt.

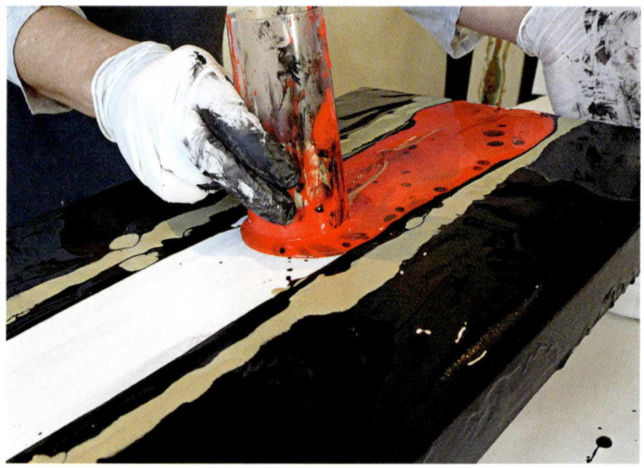

6. Dann wird der Tunnel ganz langsam über die freie Fläche auf der Leinwand geführt. Achte darauf, dass nur wenig Farbe entweicht, damit die Farbmenge bis zum anderen Ende der Leinwand reicht, sonst muss der Tunnel nachgefüllt werden.

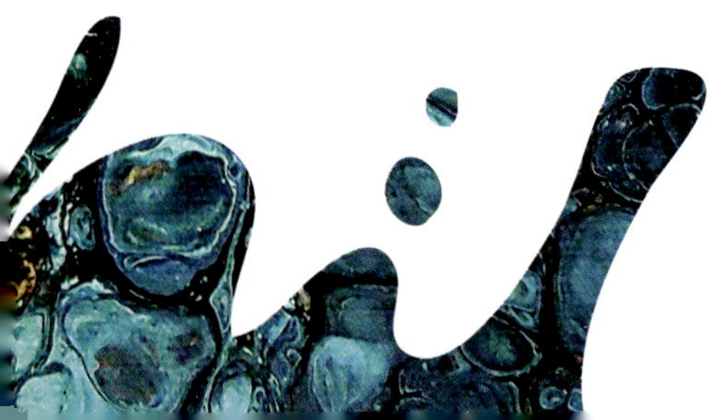

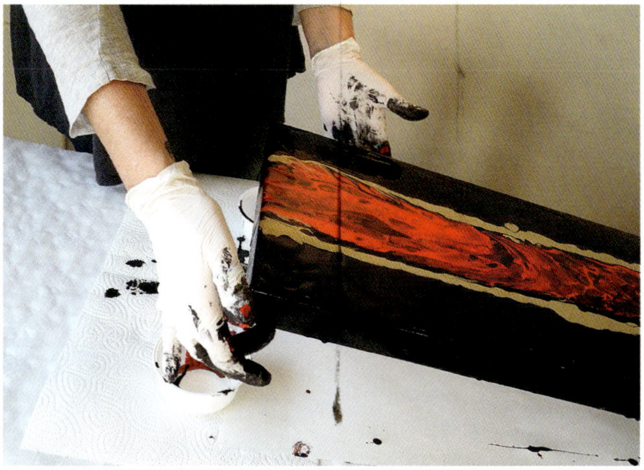

7. Durch leichtes Schwenken wird die Farbe noch etwas verteilt.

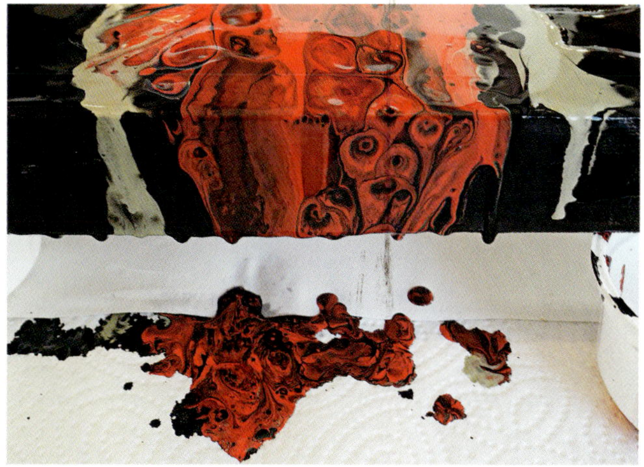

8. Hier ist die Farbe schön über den Rand gelaufen.

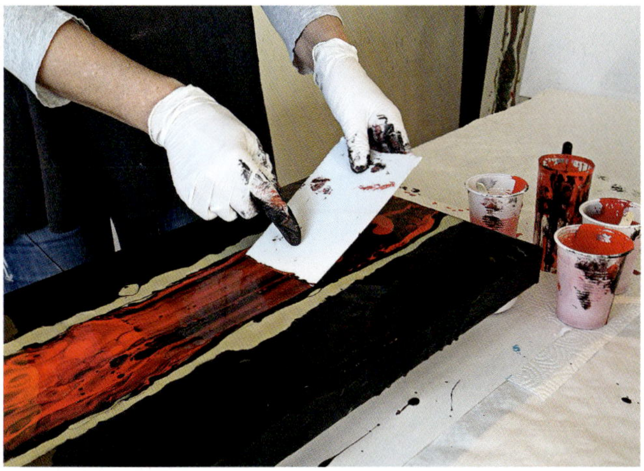

9. Mit einem Swipe kann man das Ergebnis der Zellbildung noch zusätzlich beeinflussen.

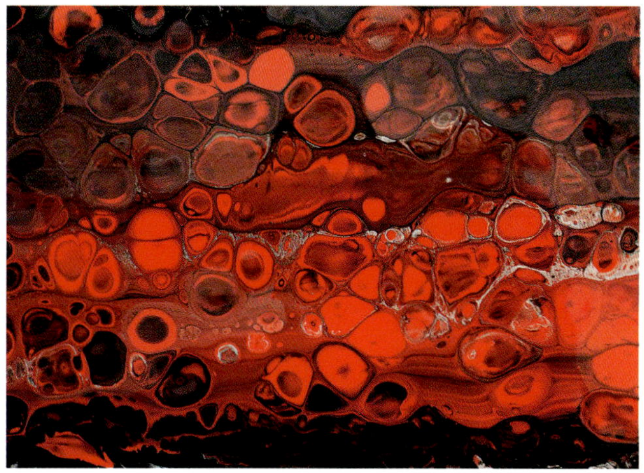

10. Das Ergebnis ist Zellenalarm in Rot.

Weitere Farbvarianten zu unserer Anleitung auf den folgenden Seiten!

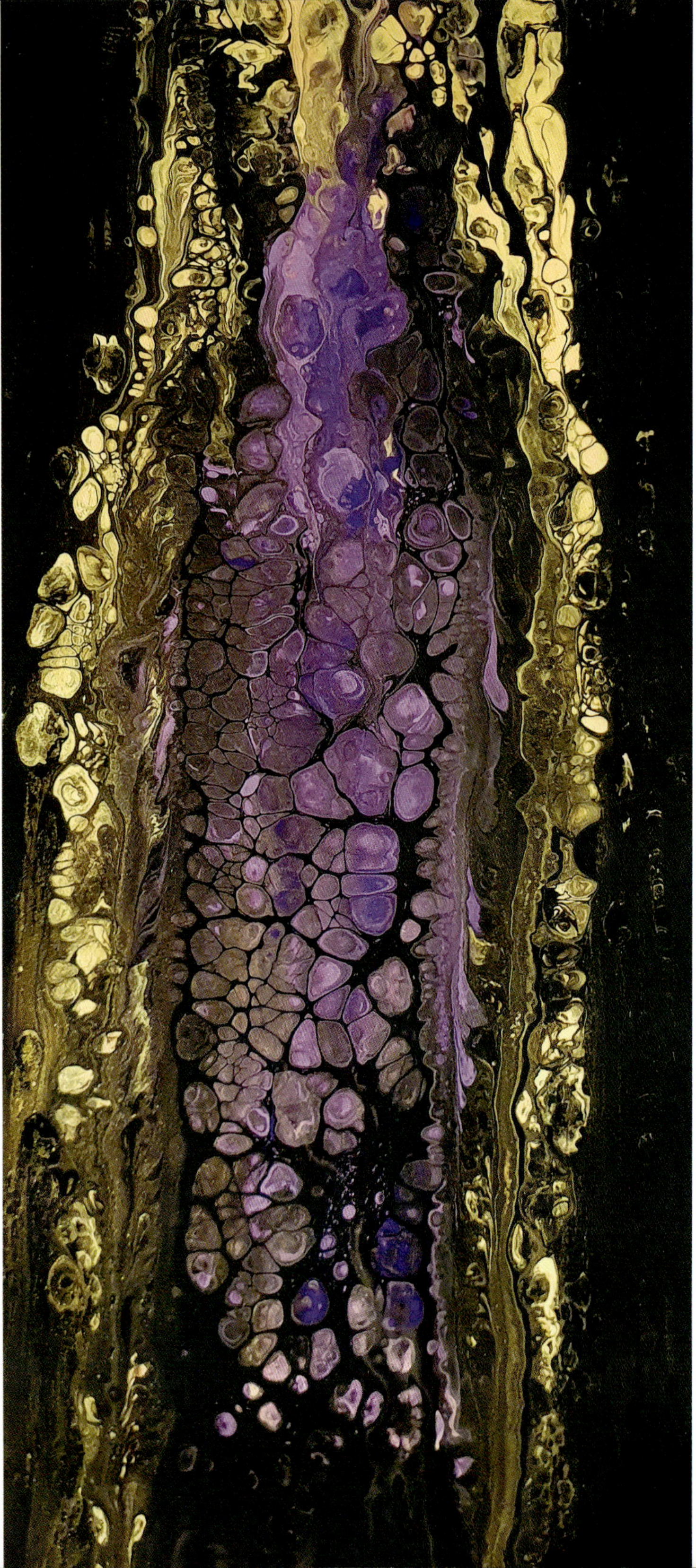
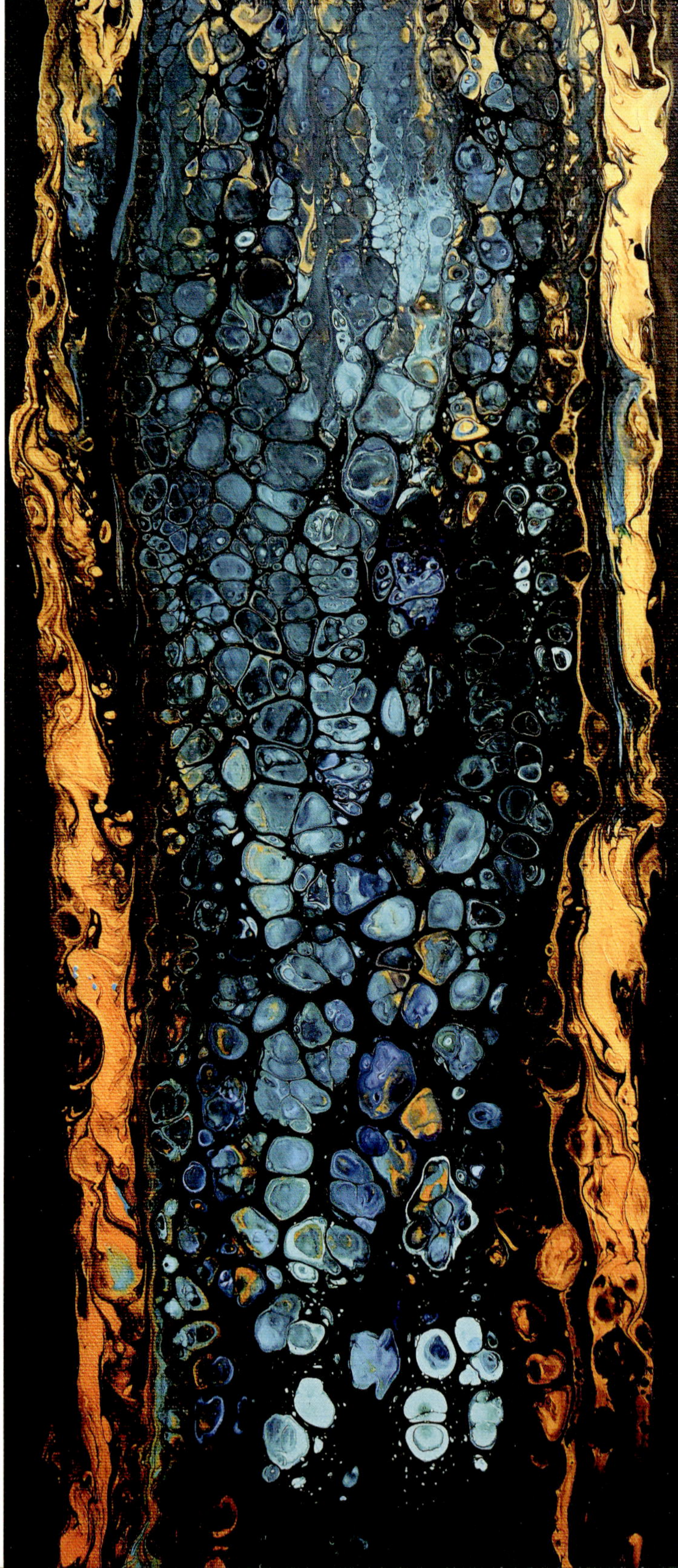

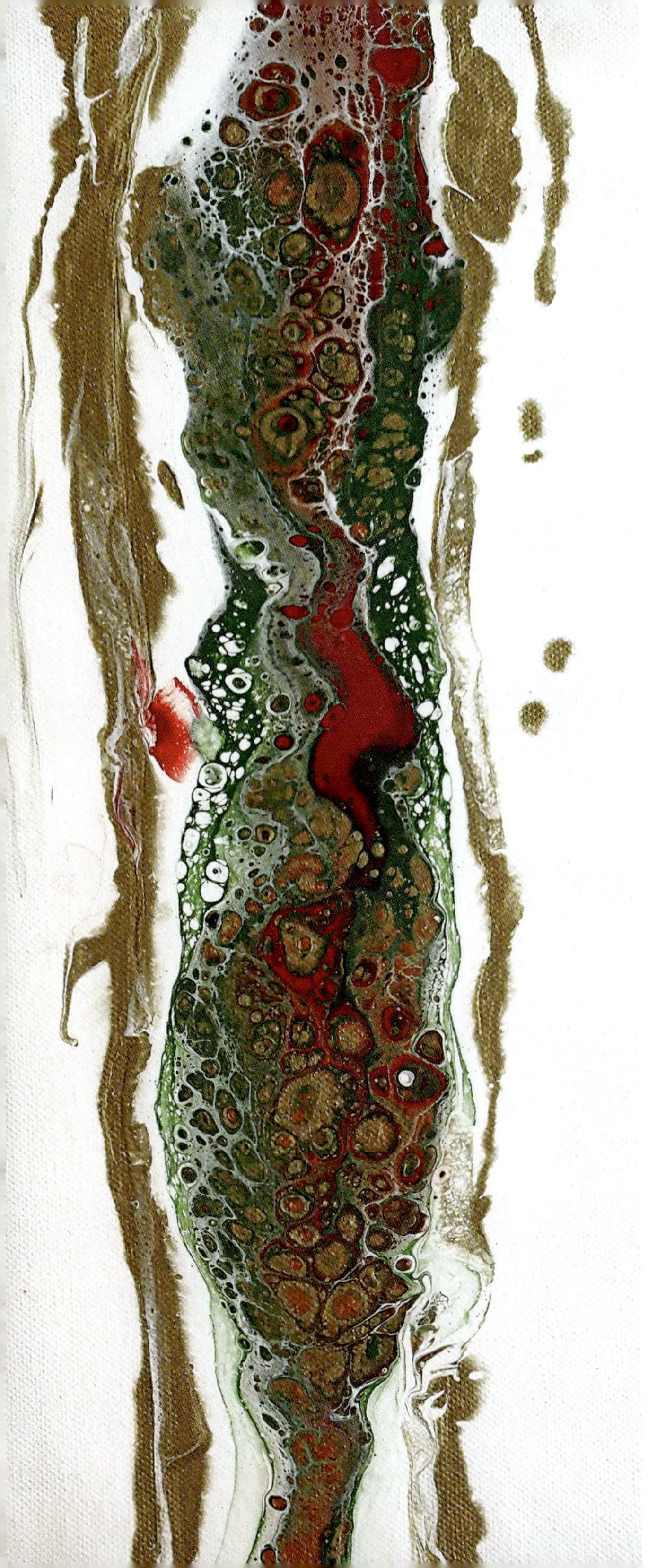

Eine Tunneltechnik ohne den Swipe
als Schlussschritt

Bei diesem Tunnel wurde mit der Randfarbe in Richtung Leinwandrand geswipt. Dann wurde die Farbe seitlich des Tunnels komplett entfernt.

Hier sieht man, wie sich die Farben in der Leinwand abgezeichnet haben.

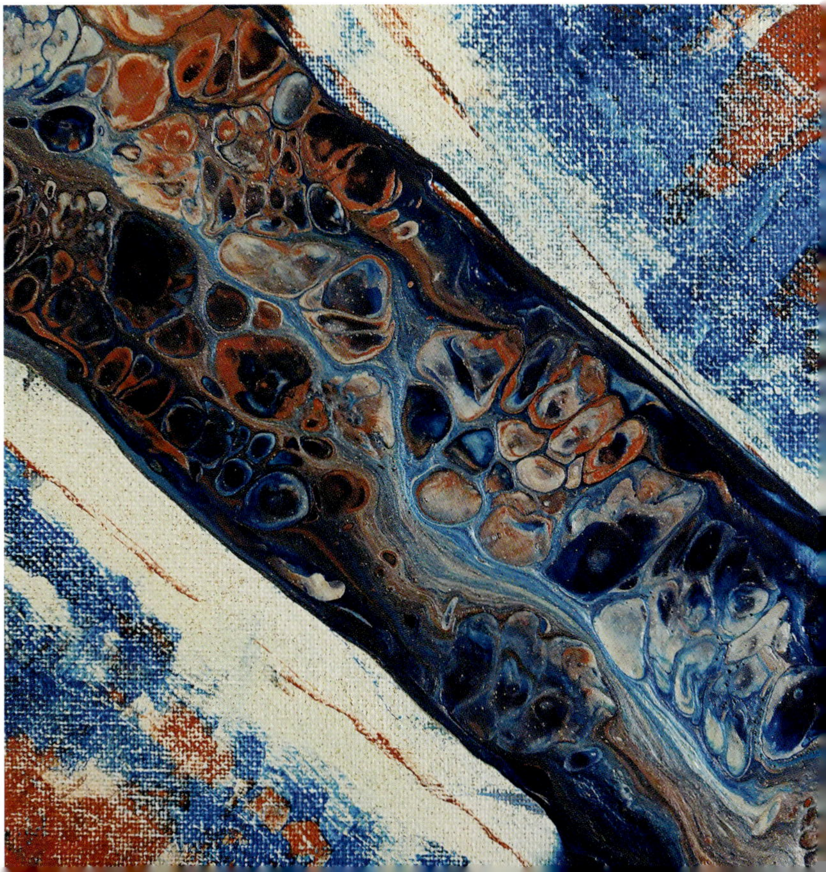

FUNNEL – JETZT LÄUFT ES DURCH!

Eine Variante des Tunnels

Bei dieser Technik werden die Farben in Schichten in einen Trichter eingefüllt. Währenddessen halten wir die Trichteröffnung mit einem Finger zu. Danach muss man schnell sein! Zunächst wird die Leinwand mit Schwarz grundiert.

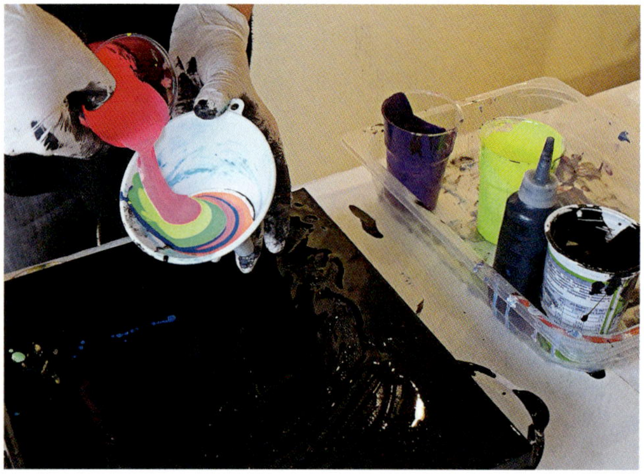

1. Die Farben werden bis zum Trichterrand geschichtet.

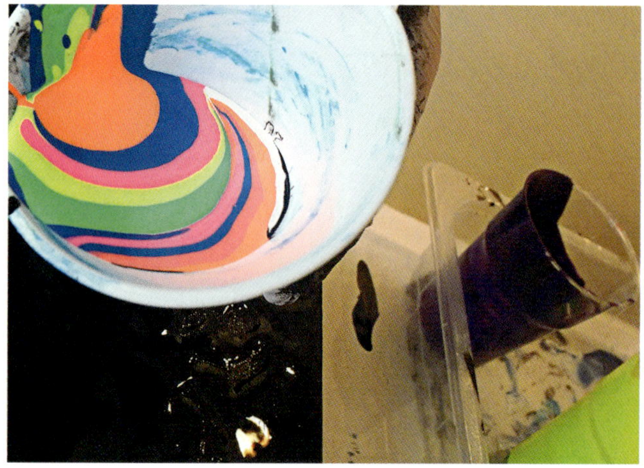

2. Für ein Bild der Größe 30 cm x 30 cm reicht ein halbvoller Trichter noch nicht aus. Also wird der Trichter weiter gefüllt.

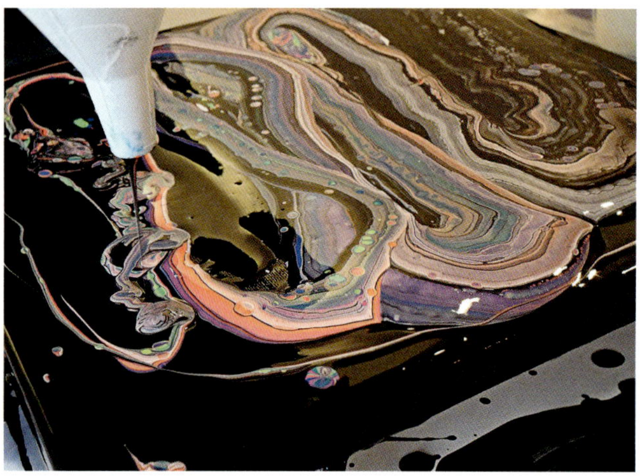

3. Dann wird der Finger von der Öffnung genommen und der Trichter ganz schnell über die Leinwand geführt.

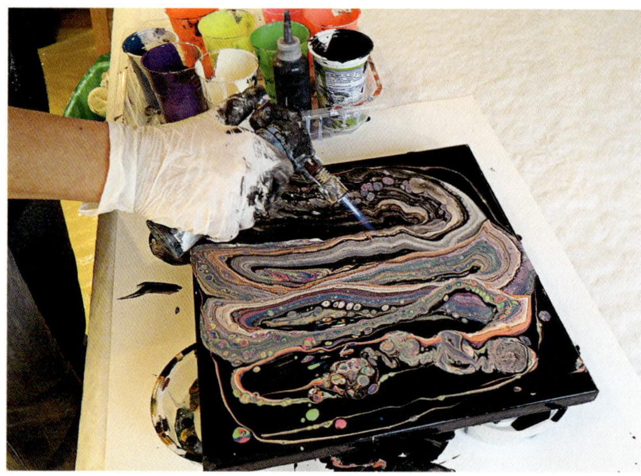

4. Zum Schluss wird noch getorcht.

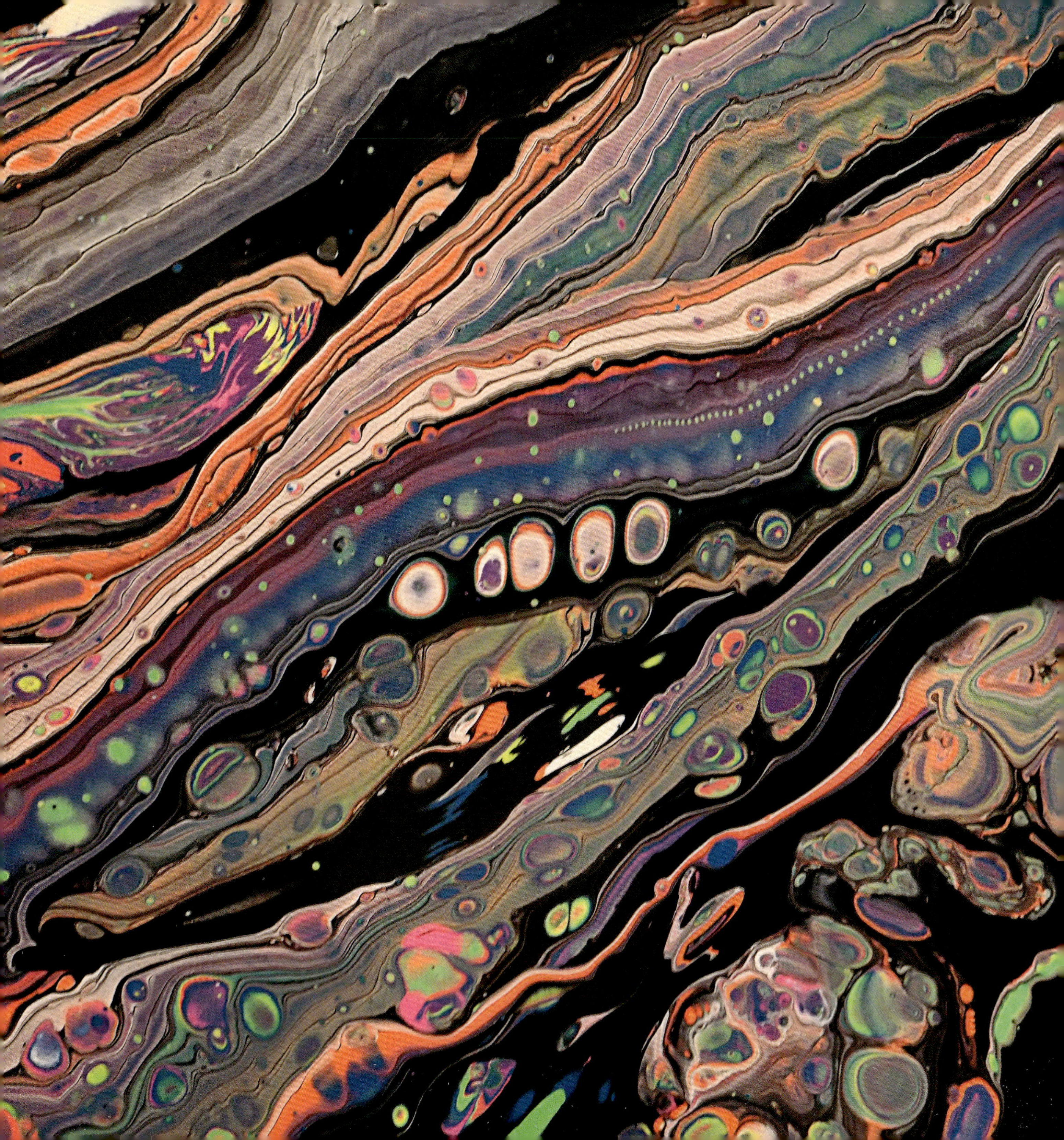

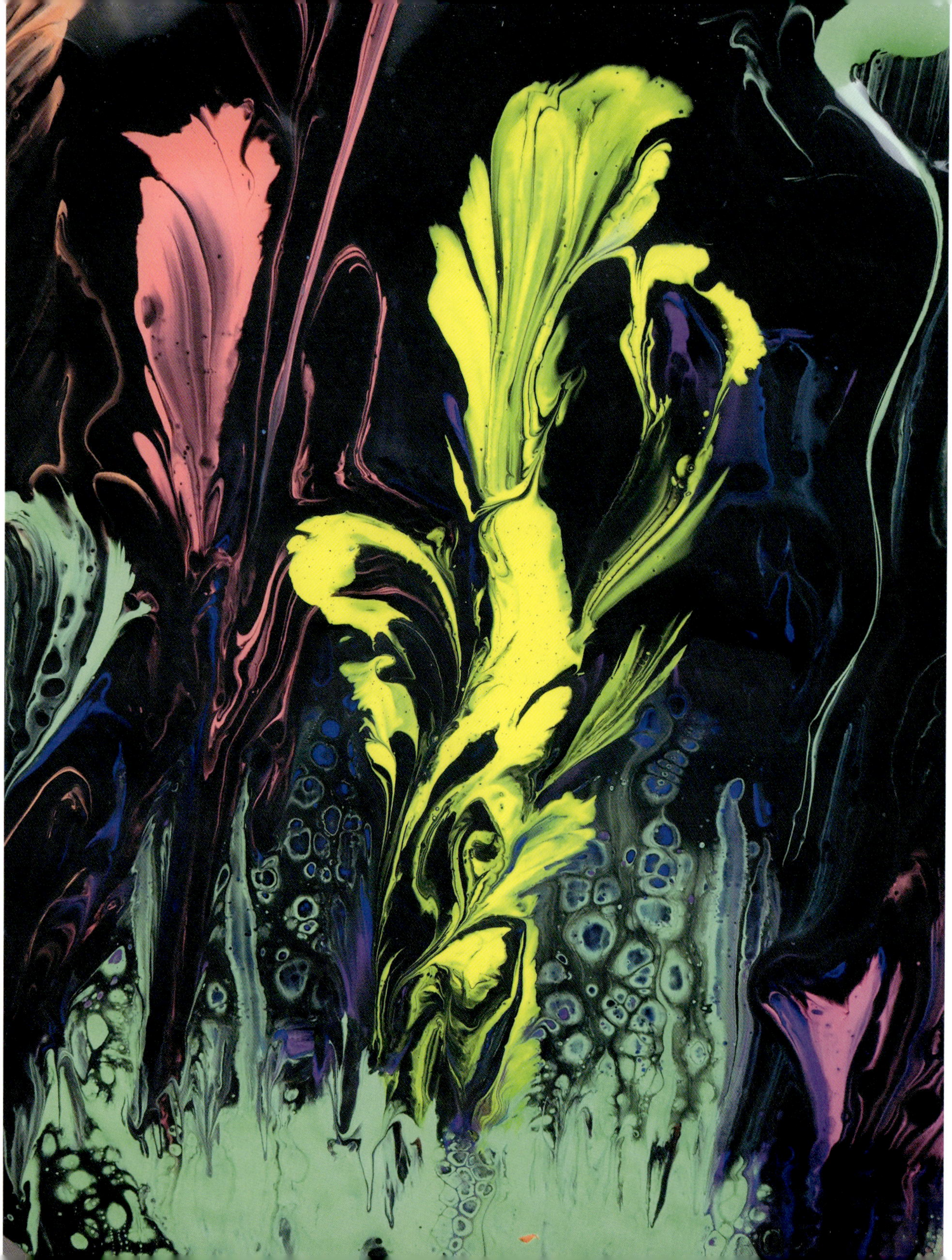

STRING – FEINE SCHLINGEN

Hier werden die Fäden gezogen. Mithilfe von ein paar schlichten Wollfäden erschaffen wir eine bunte Blumenkomposition mit abstrakten Blütenmustern.

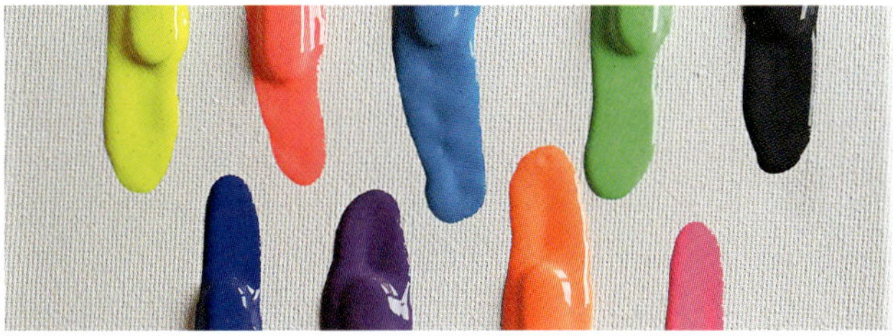

Material:
Leinwand (oval 30 cm Ø), 1 weitere Leinwand oder Malpappe, Plastikbecher und Holzspatel, Torch, mehrere dickere Wollfäden mit der Fadenstärke Nr. 7 und ca. 20 cm lang

Außerdem: Einmalhandschuhe und Küchenpapier!

Farben:

* Neonorange von Boesner
* Neonrot von Boesner
* Neongelb von Boesner
* Neonmagenta von Boesner
* Neongrün von Boesner
* Coelinblau von Boesner
* Violett von El Greco
* Blau von Schmincke
* Schwarz von Schmincke

Alle Farben wurden mit Pouring-Medium S von Schmincke gemischt. Das Silikon Sculptare wird tropfenweise in jede Farbe gegeben, außer Schwarz.

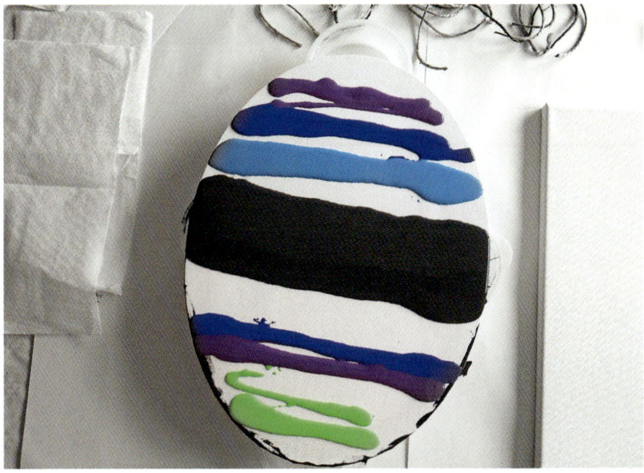

1. Um dem Blumenarrangement einen Hintergrund zu geben, wird in diesem Beispiel mit der Swipe-Technik gearbeitet.

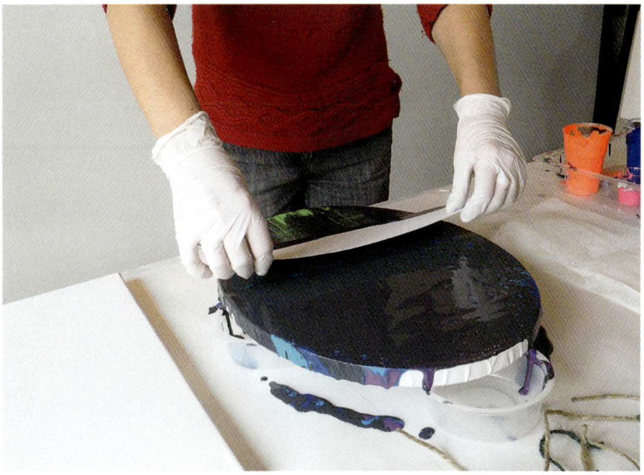

2. Hier wird Schwarz nach oben über Blau und Violett geswipt und nach unten über Blau, Violett und Grün.

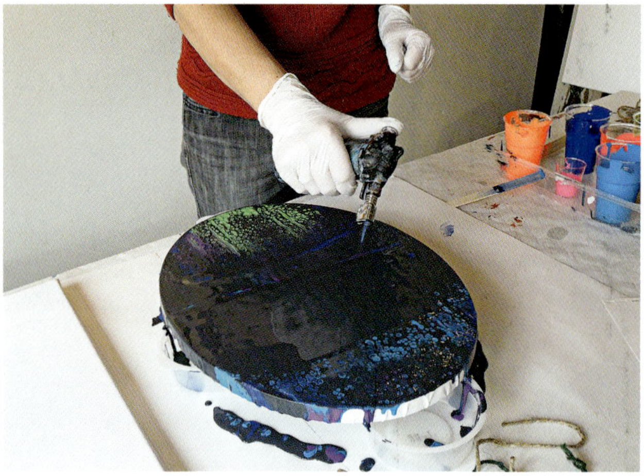

3. Mit dem Torch können anschließend noch mehr Zellen nach oben gebracht werden, und die Farben werden jetzt gut sichtbar. Die Zellen, die sich durch die schwarze Farbe erheben, symbolisieren Himmel und Wiese.

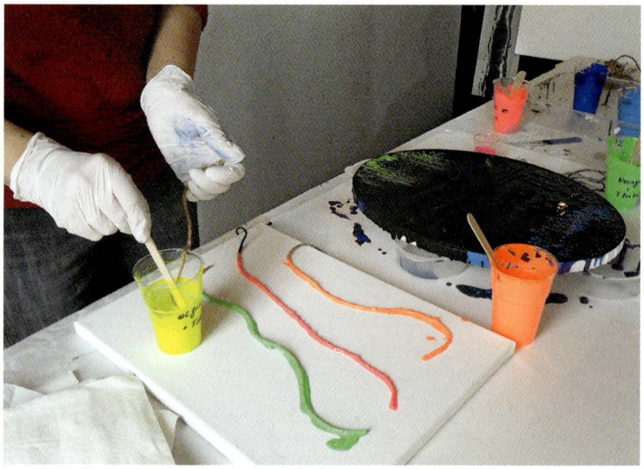

4. Eine weitere Leinwand wird nun zu Hilfe genommen (oder eine Malpappe). Diese dient dazu, die überschüssige Farbe vom Faden ablaufen zu lassen. Die Fäden werden nun nacheinander in die Becher getunkt und auf die Leinwand abgelegt. Die Farbe setzt sich vom Faden auf die leere Leinwand, er ist immer noch satt getränkt, die überschüssige Farbe kann sich etwas absetzen, sodass die Leinwand nicht volltropft.

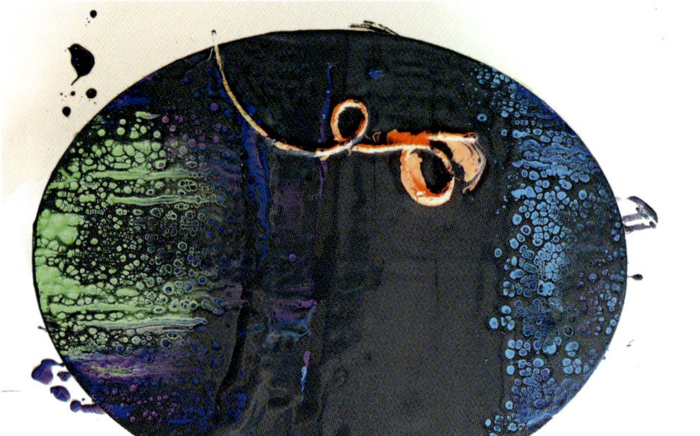

5. Nun wird der Faden in Schlingen vorsichtig in die schwarze Farbe auf der Leinwand aufgelegt. Linke Schlinge, rechte Schlinge. Das kann dann je nach Geschmack mit mehreren Farben wiederholt werden.

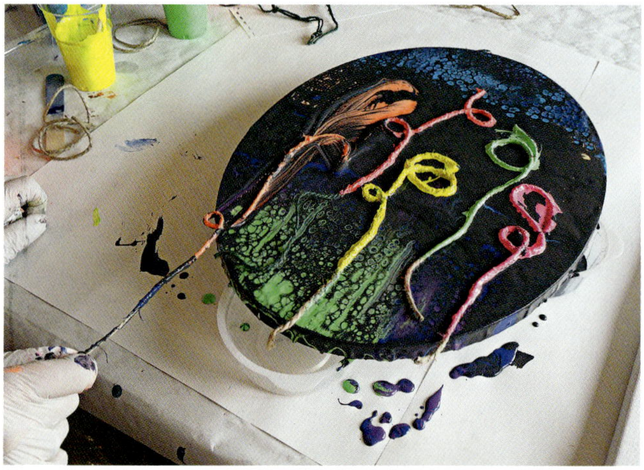

6. Wenn genug Fäden auf der Leinwand liegen und die Farbe aus den Fäden in die Hintergrundfarbe sinkt, wird ein Faden nach dem anderen flach in Körperrichtung gezogen.

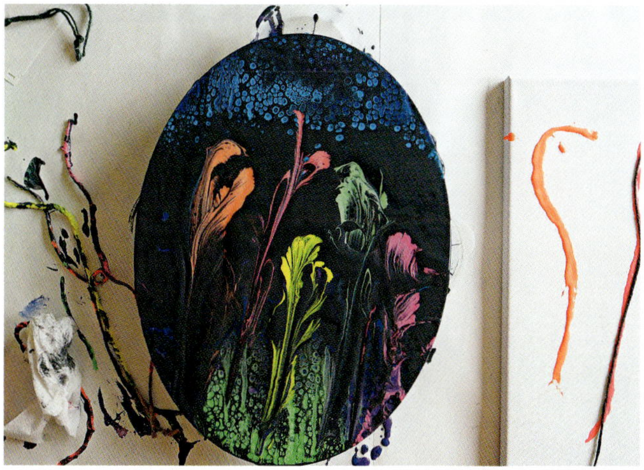

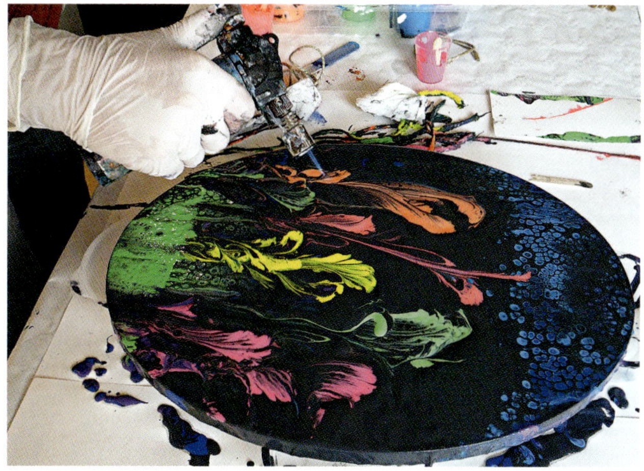

7. Die Schlingen brechen dabei auf und werden zu abstrakten und feinen Blütenmustern. Wiederhole den Vorgang mit kürzeren Fäden und nur einer Schlinge, um die Lücken im unteren Bereich auszufüllen.

8. Danach wird noch einmal getorcht, damit die Zellen in den Blüten zum Vorschein kommen.

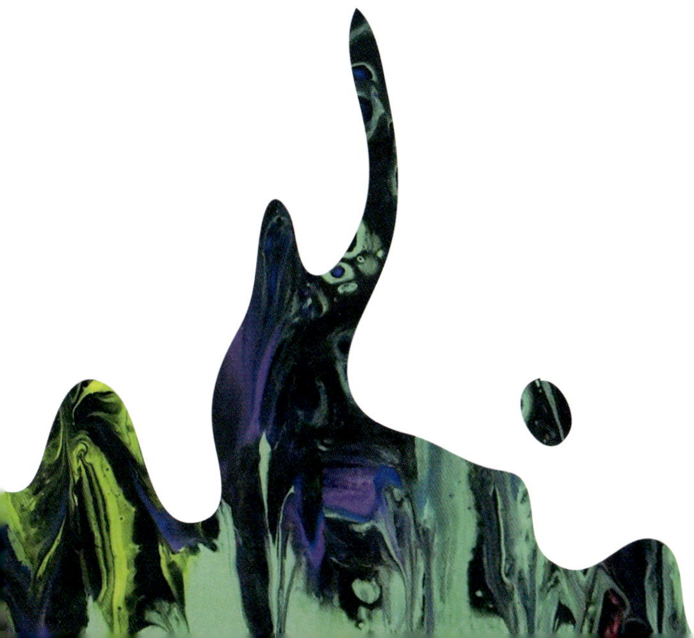

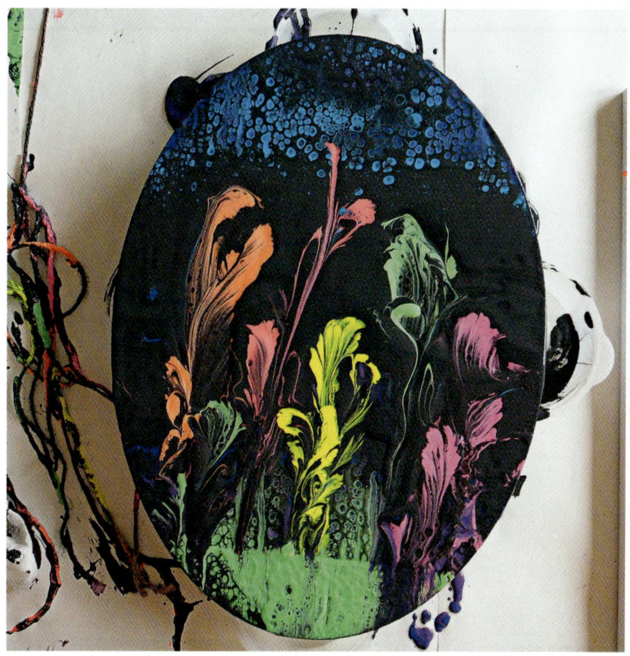

STRING – FEDERLEICHT

Variante

Mit der Fadentechnik lassen sich außer Blüten auch schöne Federn zaubern. Zunächst wird gleichmäßig eine Grundierung auf eine Leinwand aufgetragen, die kein Silikon enthält.

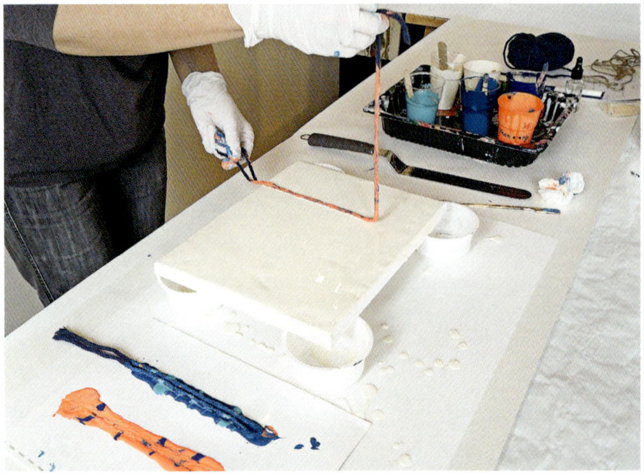

1. Wollfäden werden erst in Farbpfützen getaucht.

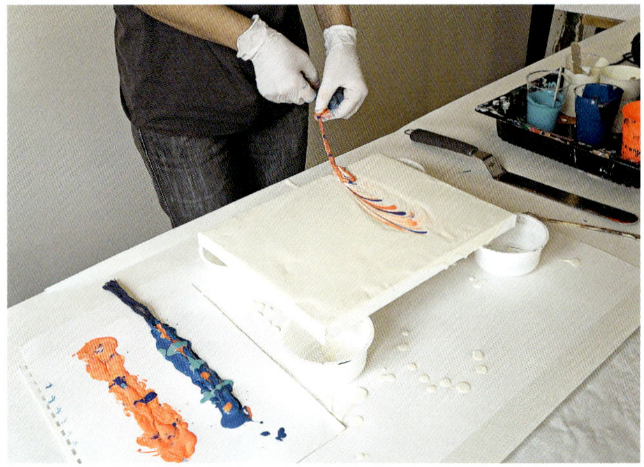

2. Danach werden sie doppelt in die Grundierung gelegt.

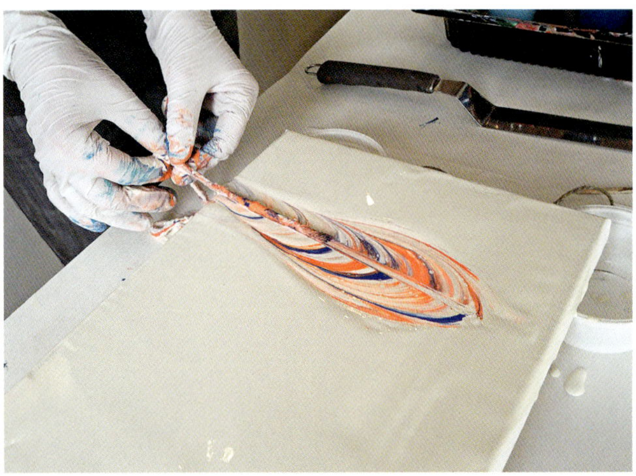

3. Dann werden die Fäden nacheinander seitlich im Bogen in Körperrichtung gezogen.

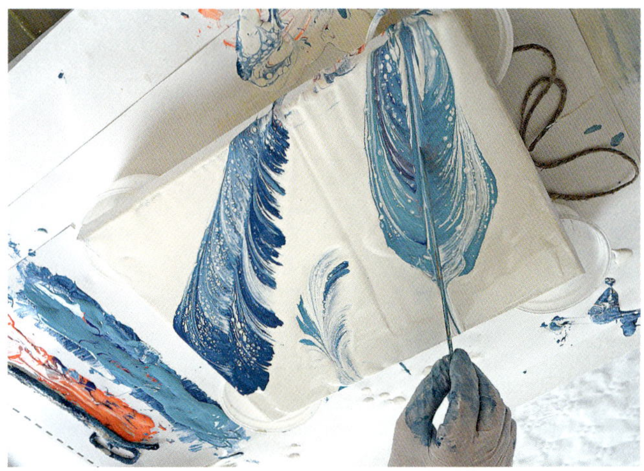

4. Für den Kiel wird der Faden gerade durch die Federmitte gezogen.

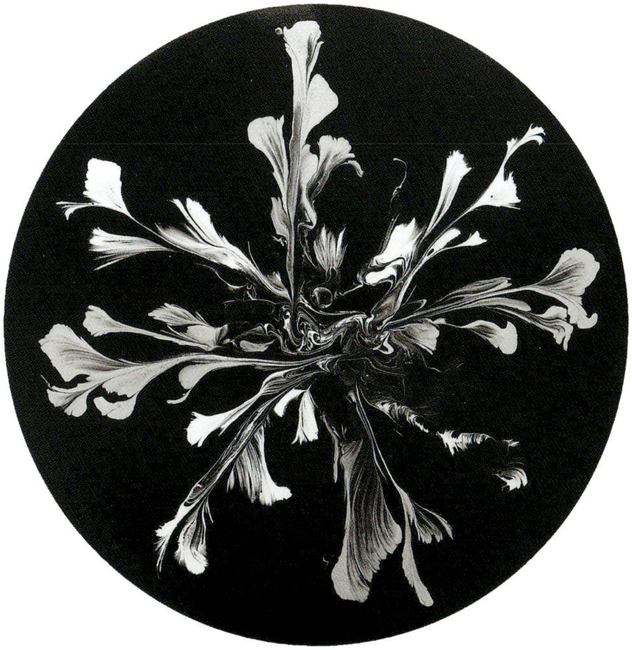

ohne Silikon

mit Silikon

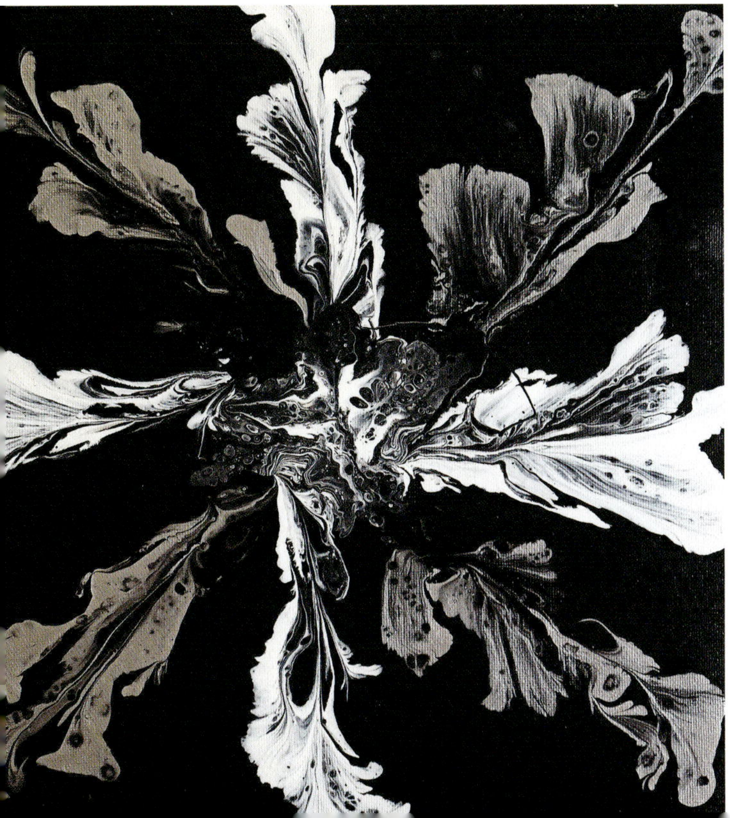

Feder in der Stringtechnik auf einem Swipe

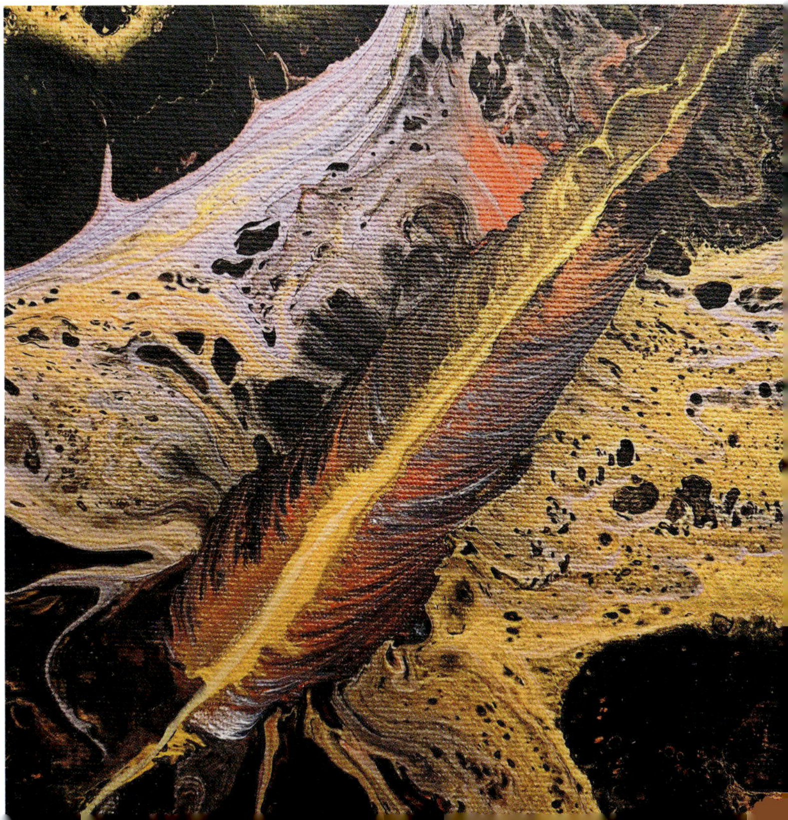

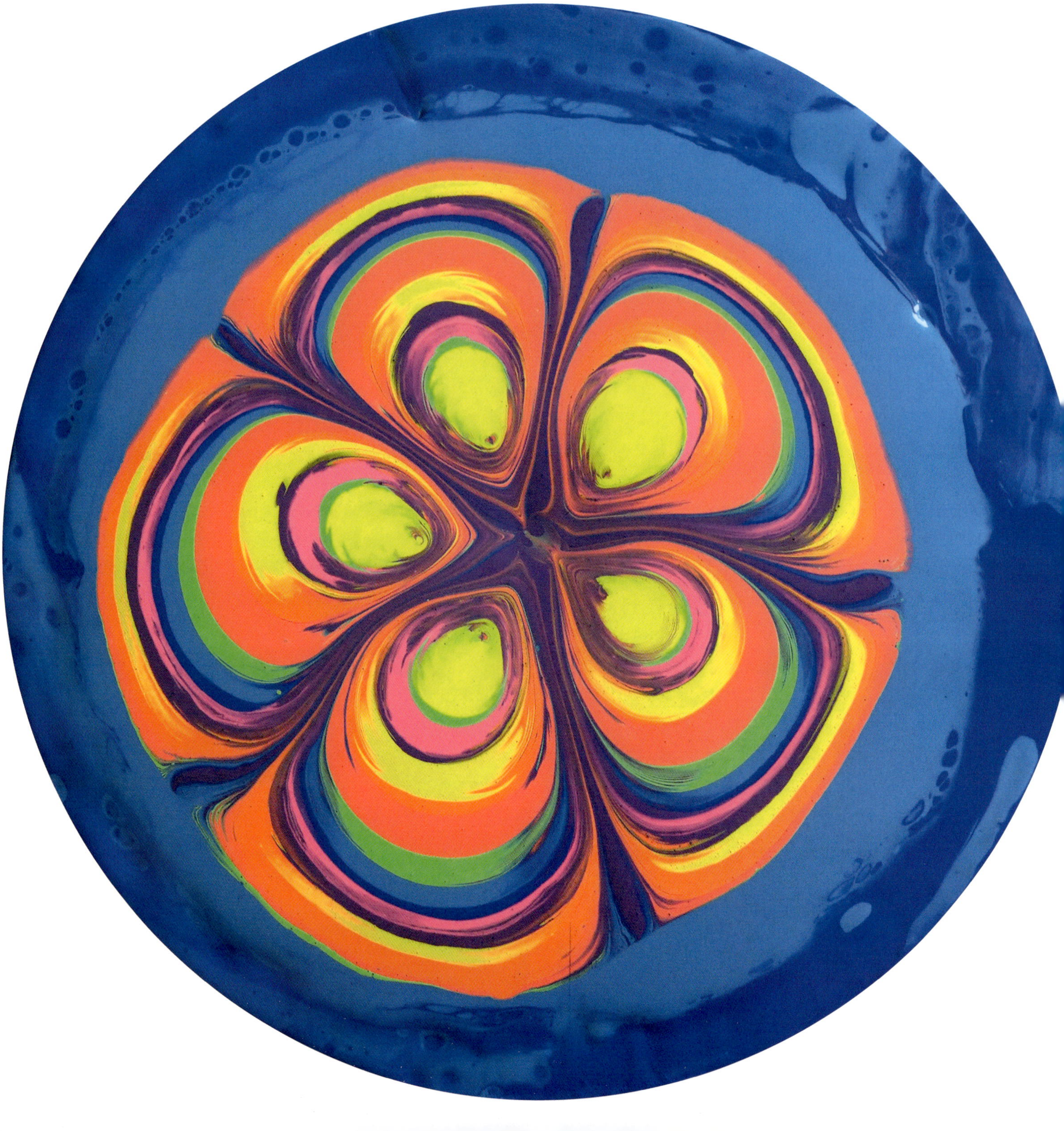

PUDDLE – JETZT WIRD ES RUND UND BUNT!

Ein Blütenparadies in Neon – mit kleinen »Pfützen« kann man viel erreichen.

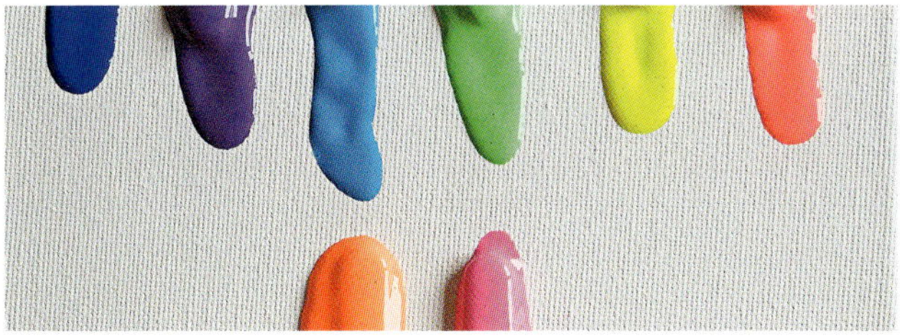

Material:
Leinwand (30 cm Ø), Plastikbecher und Holzspatel, Torch, gewellter Boden einer Plastikflasche (0,5 l)

Außerdem:
Einmalhandschuhe und Küchenpapier

Farben:
* Neonfarben von Boesner
* Blautöne von Schmincke

Alle Farben wurden mit Floetrol angerührt. In jede Farbe wurden je zwei Tropfen Silikon Sculptare untergehoben. Puddle ist das englische Wort für Pfütze. Bei dieser Technik werden alle Farben nacheinander aufgebracht. Sie werden in kleinen Pfützen übereinandergeschüttet.

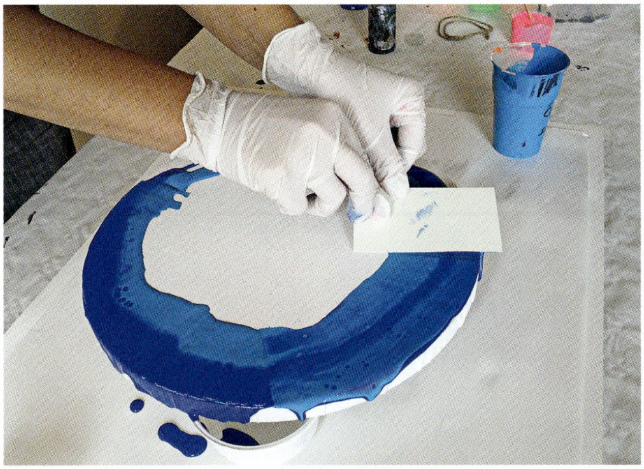

1. Zunächst werden am Rand Abgrenzungsfarben aufgetragen, hier in hellen und dunklen Blautönen. Diese werden mithilfe der Swipe-Technik zu einem glatten, ineinander übergleitenden Rand verteilt.

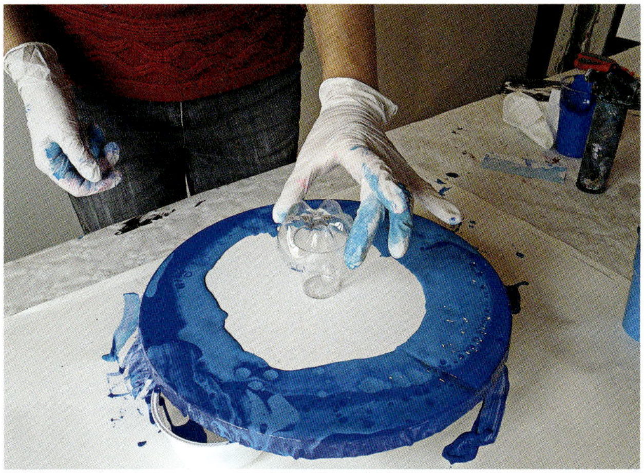

2. Anschließend wird ein Schnapsbecher als Halterung in die Mitte der Leinwand gestellt. Darauf wird der Flaschenboden gesetzt, und zwar mit den Wölbungen nach oben.

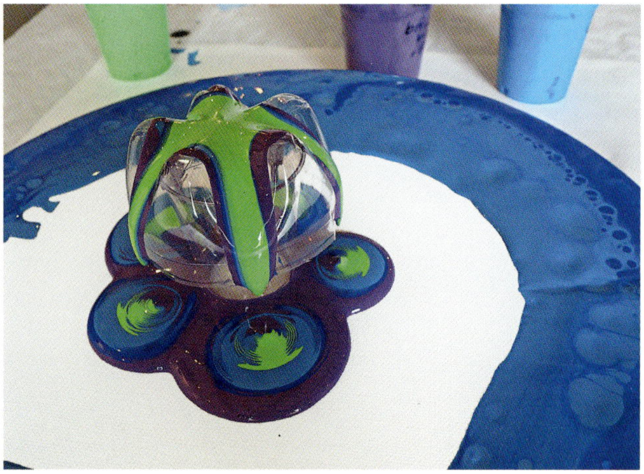

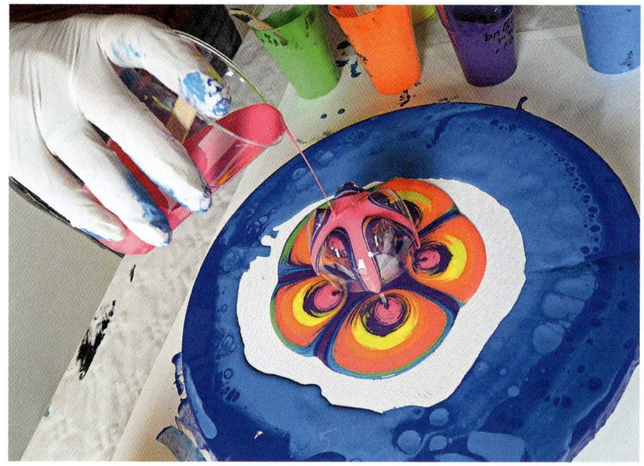

3. Nun werden die Farben nacheinander über die Mitte des Flaschenbodens geschüttet. Die Farben laufen an den Wölbungen vorbei und ergeben fünf kleine Swirl-Muster, die sich zu einer Blüte zusammensetzen.

4. Wechsle deine Farben zwischen hell und dunkel oder in Abstufungen, wie du es magst. Wenn deine Blüte groß genug ist und du rundherum noch Platz hast, kannst du am Rand noch einmal eine Farbe anlegen.

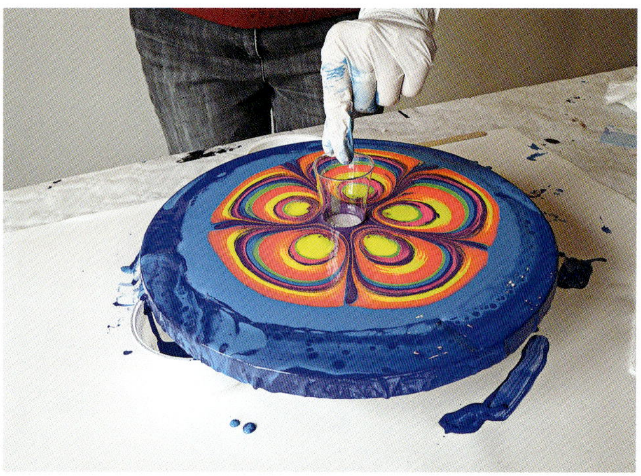

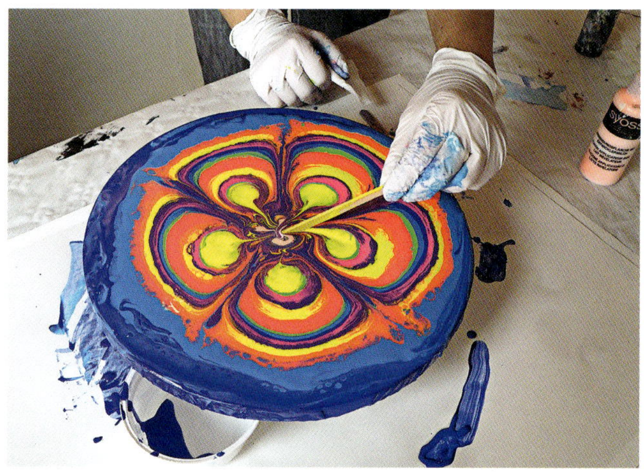

5. Lass die Farbe noch etwas abtropfen, bevor du den Flaschenboden abhebst (Vorsicht, Tropfgefahr!).
Danach nimmst du den kleinen Schnapsbecher von der Leinwand. Auch hier am besten ein Küchenpapier darunterhalten. Die Farbe in der Mitte zieht sich zusammen, und die Leinwand verschwindet.
Anschließend kannst du noch etwas torchen und dein Bild vorsichtig hin und her schwenken.

6. Die Blüte ist schön gleichmäßig, und die Neonfarben kommen kräftig zur Geltung. Mit einem Spatel kannst du noch Akzente setzen und deiner Blüte Schwung verleihen.

Du kannst diese Technik anstatt mit einem Flaschenboden auch mal mit einer Zitronenpresse oder dem Deckel einer Sprühsahne ausprobieren.

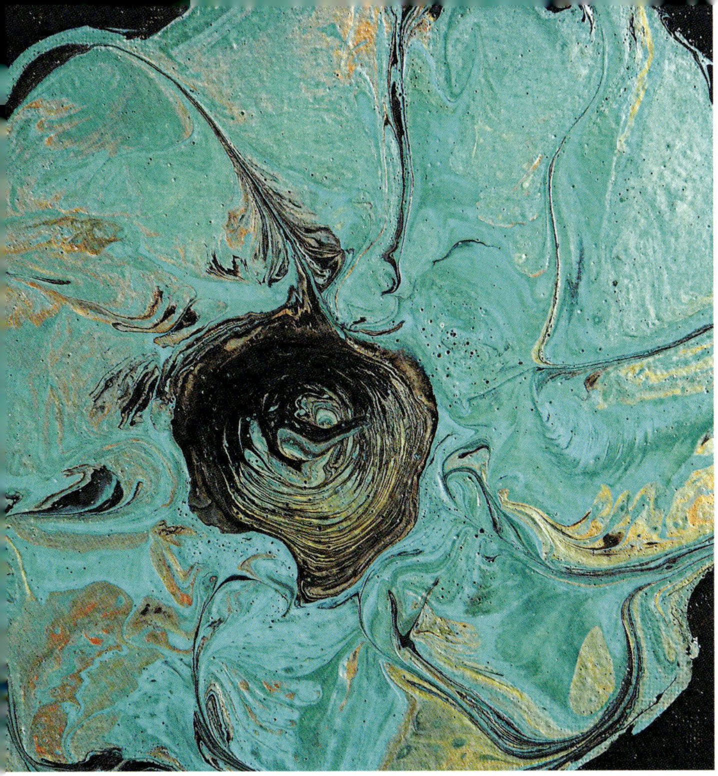

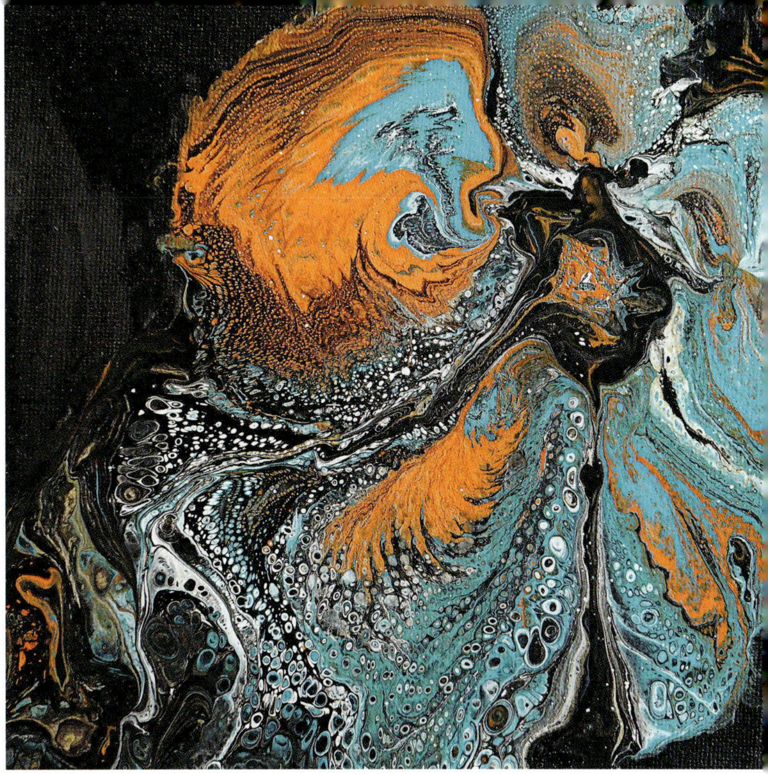

Statt über einen Flaschenboden wurde hier über den Deckel einer Sprühsahne gepourt.

Hier wurde an einer Seite ein Blütenblatt geswipt. Deshalb sieht man hier viele Zellen.

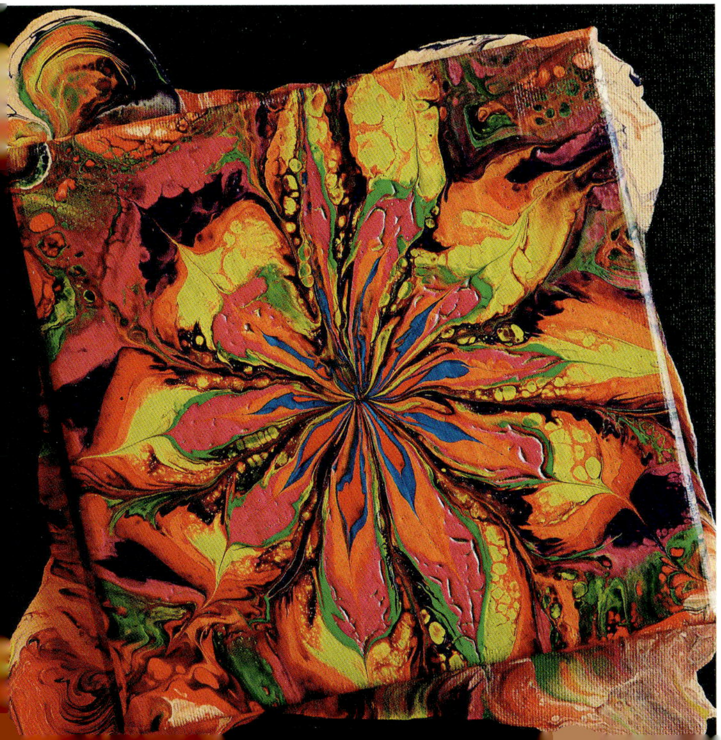

Auch mit Sieb oder Zitronenpresse lässt sich toll experimentieren.

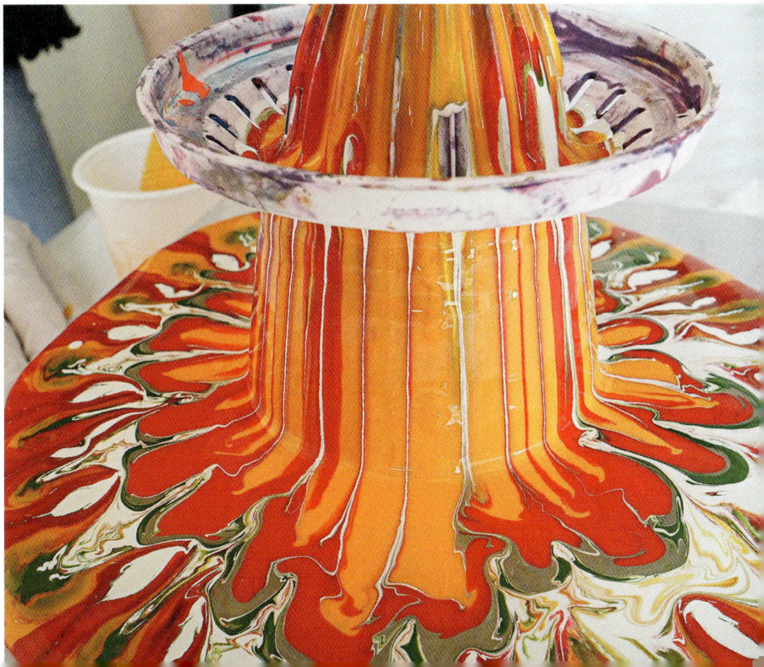

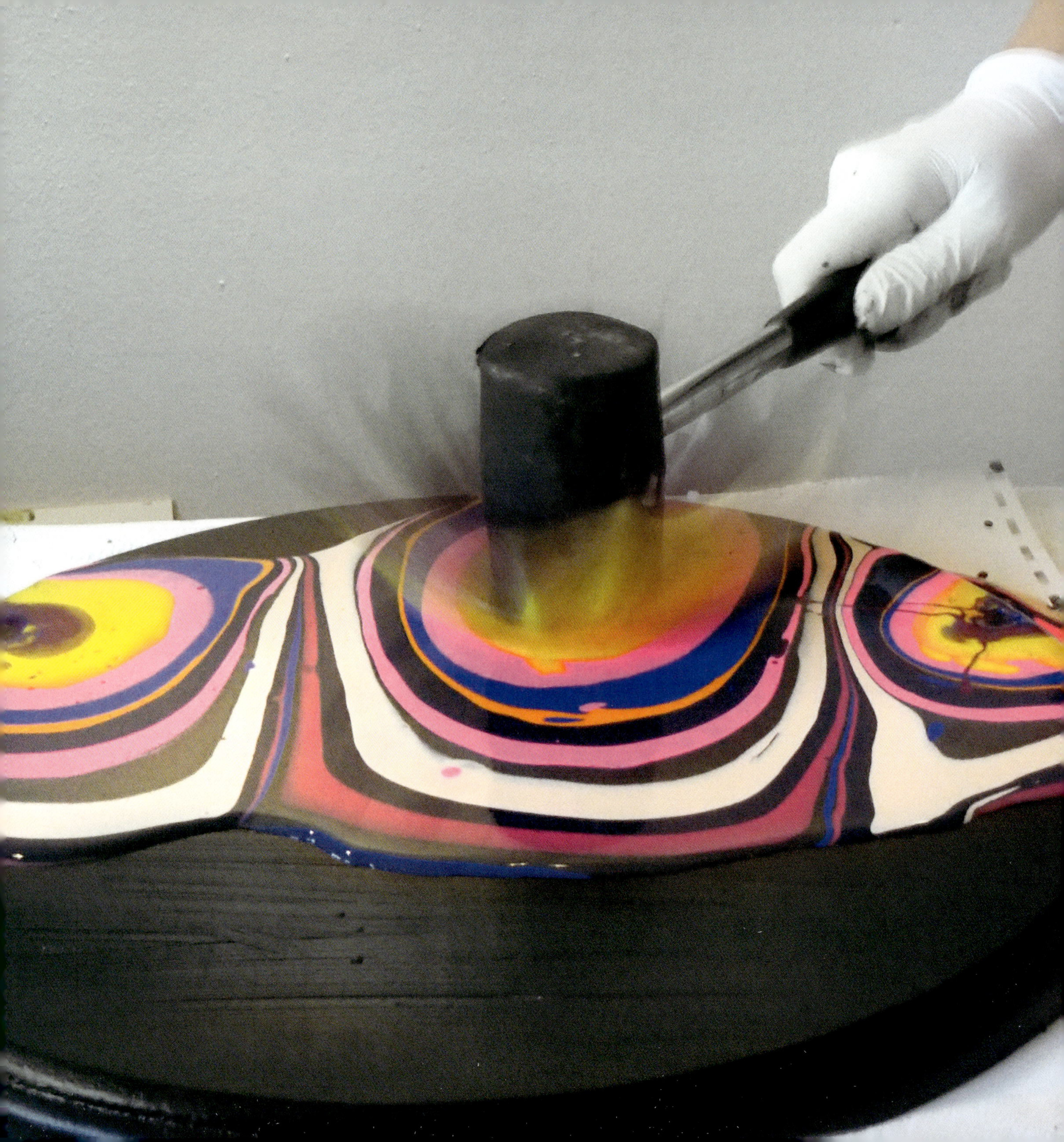

HAMMER UND PUDDLE

Material:
Holzbrett und verschiedene Farben

Der Puddle – also die Pfützentechnik – soll zum Dippen und Hämmern einladen. Hier werden nacheinander mehrere Puddles aufgeschüttet. Die Farben sollten dabei möglichst mittig ineinander gepourt werden. Man kann so viele Pfützen schütten, wie man möchte. Sobald genug Farbe auf dem Malgrund liegt, kann man entweder die Dipping-Technik von Seite 83 anwenden oder es mal mit dem Hammer versuchen. Verwendet man den Hammer, kann man mit großen, eingeschweißten Keilrahmen die Wände vor Farbspritzern schützen. Es ist allerdings sehr ratsam, diese Aktivität kurzfristig nach draußen zu verlagern.

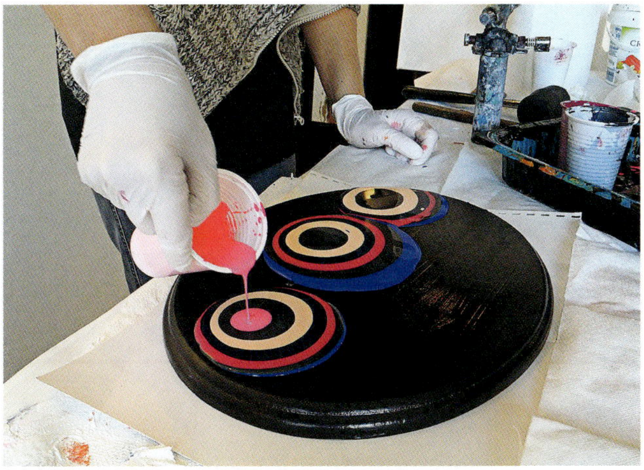

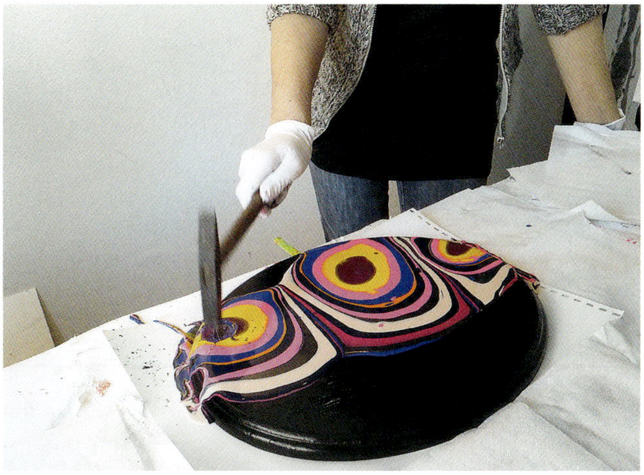

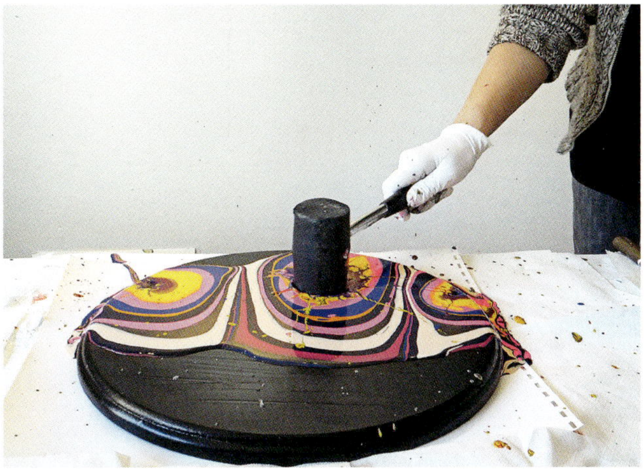

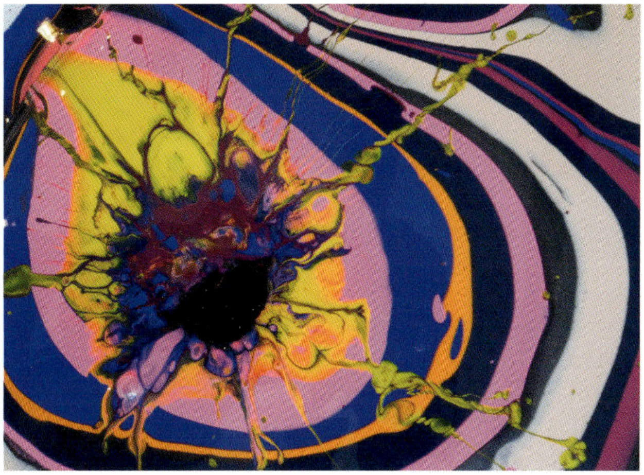

Das nennt man dann wohl Action-Painting!

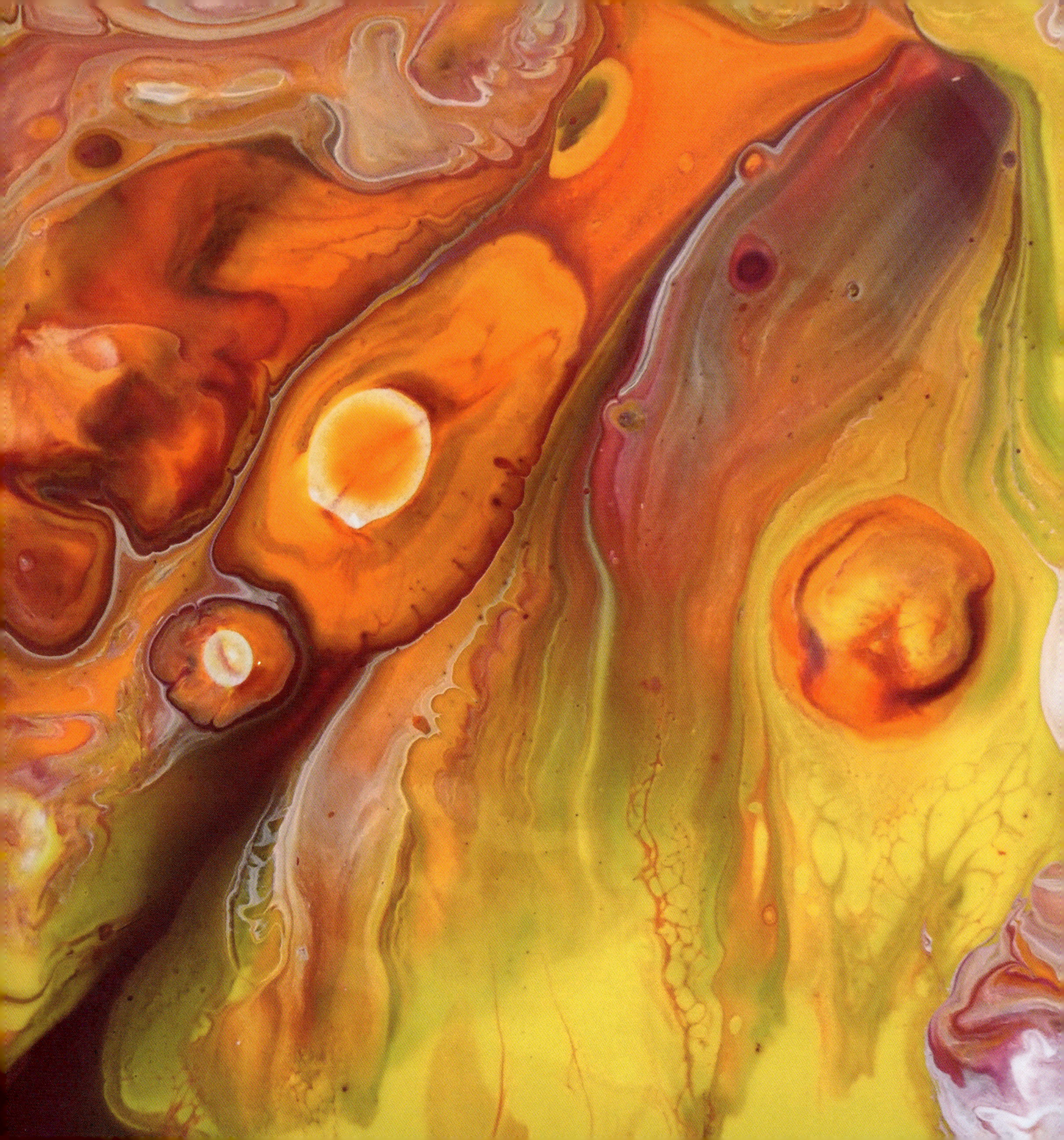

DIPPING

Mit diesem Dipping wird demonstriert, wie man Untersetzer gestaltet. Man kann aber ebenso gut Kühlschrankmagnete oder glatte Folie verwenden, um z. B. Grußkarten zu gestalten. Lass deiner Kreativität freien Lauf!

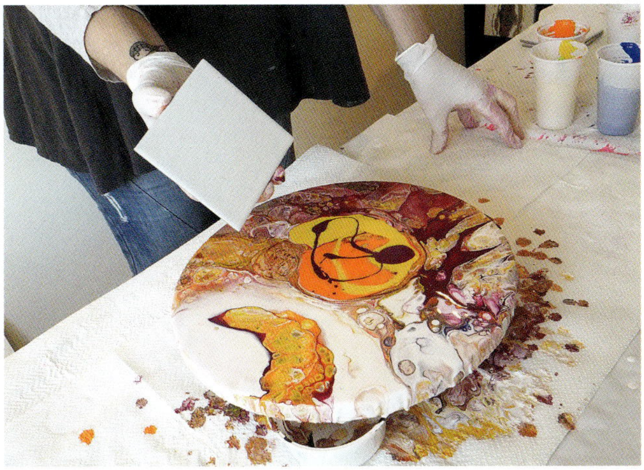

1. Hier wird zunächst Farbe auf eine Leinwand geschüttet.

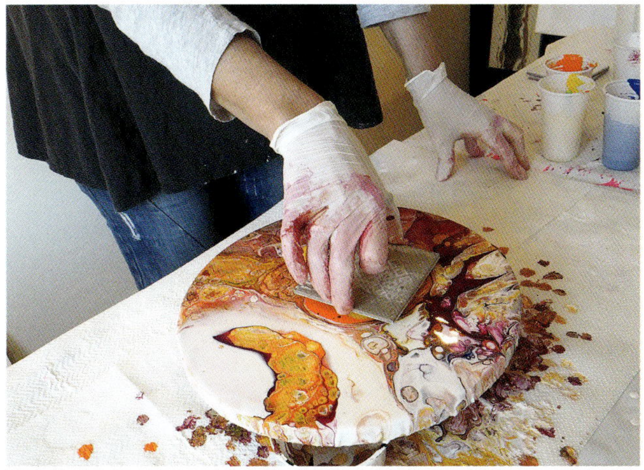

2. Die kleinen Fliesen werden mit der Oberseite in die Farbe auf der Leinwand gelegt und etwas hin und her bewegt.

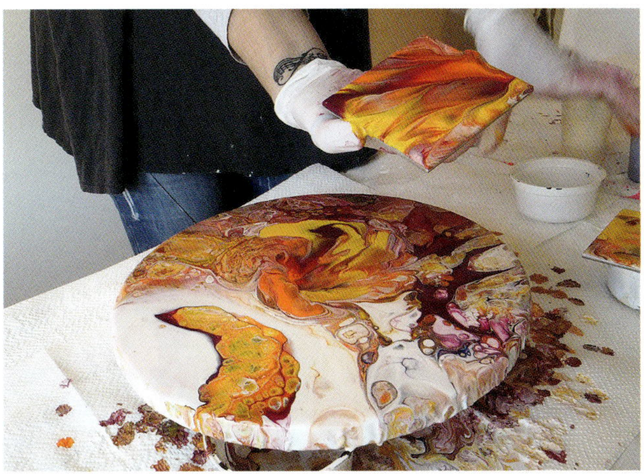

3. Es entstehen tolle Farbverläufe.

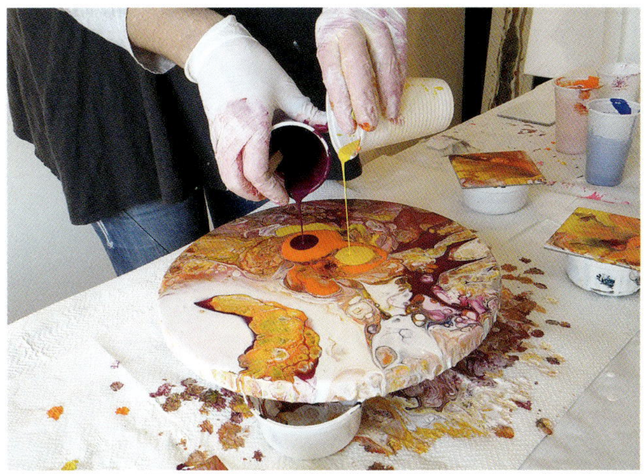

4. Je mehr Fliesen gedippt werden, umso mehr Farbe wird benötigt. Die schüttet man dann einfach nach.

Versiegeln und Fixieren

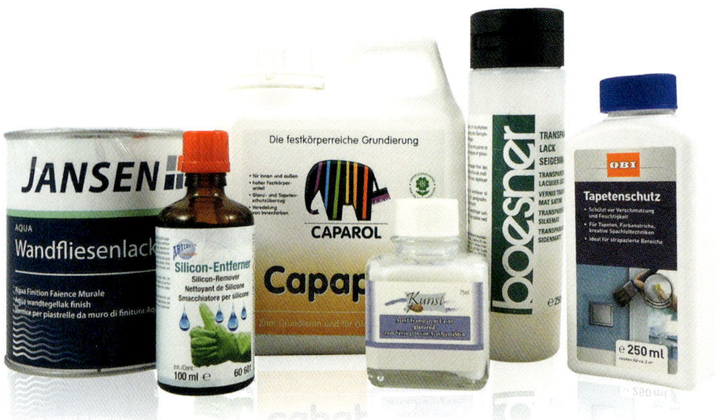

Wenn du an deinem Kunstwerk langfristig Freude haben willst und die Qualität deiner Farben erhalten möchtest, kommst du um eine Versiegelung nicht herum.

Dazu gibt es verschiedene Optionen:

Du kannst diverse Acryllacke verwenden, die es von matt über seidenglänzend bis glänzend gibt.

Dein Pouring-Medium kannst du ebenso als Finish einsetzen.

Eine kostengünstige Variante ist Tapetenschutz, die sogenannte Elefantenhaut. Diese bekommst du in jedem Baumarkt.

Mit dem Fliesenlack kann man nicht nur Fliesen überziehen, er eignet sich auch wunderbar zur Fixierung von gepourten Leinwänden.

RESIN

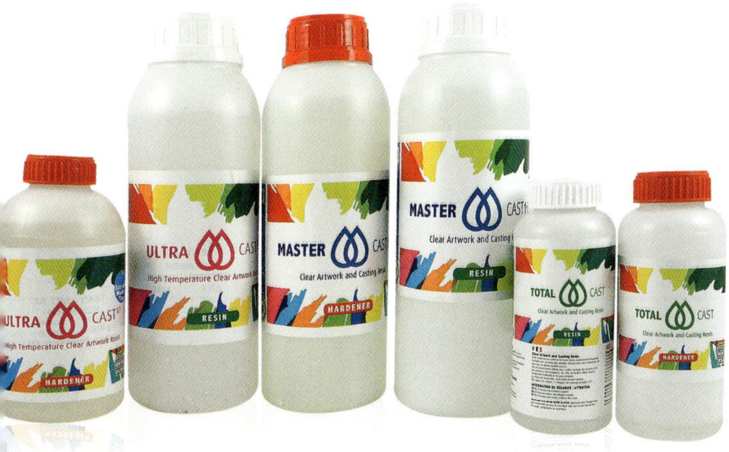

Die schönste und aufsehenerregendste Form der Versiegelung ist jedoch Resin.

Resin ist das englische Wort für Harz, in diesem Fall Kunstharz-Epoxidharz.

Es gibt verschiedene Resin-Anbieter, richtig überzeugen konnte uns jedoch Total-, Master- und UltraCast.

Aber was ist eigentlich der Unterschied zwischen TotalCast, MasterCast und UltraCast?

Sie unterscheiden sich vor allem in der Viskosität, Verarbeitungszeit und Hitzebeständigkeit – UltraCast ist bis 100 Grad hitzebeständig!

Grundsätzlicher Hinweis vor dem Versiegeln:
Das Bild von Silikon befreien. Dies gelingt beispielsweise wunderbar mit einem Silikonreiniger.

Zum Überziehen von Bildern wählen wir TotalCast, zum Einfärben von Resin für Resinkunst wählen wir MasterCast, und als Überzug für großformatige Bilder und Möbel wählen wir UltraCast.

Folgendes Arbeitsmaterial solltest du bereitstellen:

* beispielsweise TotalCast, Harz und Härter
* Folie/Unterlage, um die Tropfen aufzufangen
* Becher, um das Werkstück daraufzustellen
* eine Wasserwaage
* Malerkrepp zum Abkleben der Bildunterseite
* Einmalhandschuhe
* Mischbecher mit Maßeinheit
* einen Rührstab zum Mischen der Komponenten
* einen Spachtel zum Auftragen
* einen Heißluftföhn bzw. Bunsenbrenner zur Entfernung der kleinen Bläschen

Das Mischungsverhältnis bei TotalCast und MasterCast ist 1:1 Harz und Härter.

Bei UltraCast ist das Mischungsverhältnis 2:1 Harz und Härter.

Beim Kauf des Resins liegt normalerweise eine genaue Gebrauchsanweisung bei.

KURZANLEITUNG

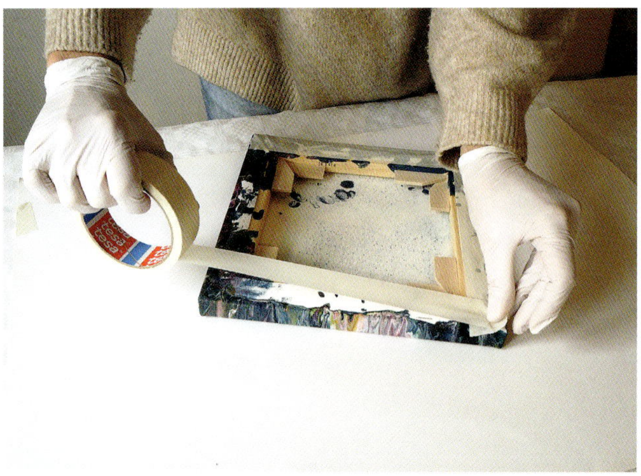

1. Bei der Fixierung mit Resin gehört es zur Vorbereitung, die Rückseite des Keilrahmens mit Malerkrepp abzukleben, um später unnötige Nasen zu vermeiden.

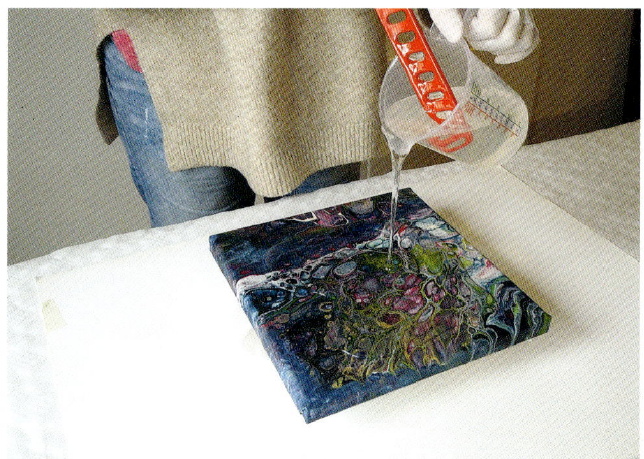

2. Harz und Härter werden zusammen in den Mischbecher gegeben und langsam ca. 3 Minuten lang verrührt.
Nachdem sichergestellt ist, dass das Bild absolut eben liegt, gießt man das Resin über das Werk.
Resin ist selbstnivellierend und kann auch mit dem Pinsel, Spachtel oder einer Schaumstoffwalze verteilt werden.

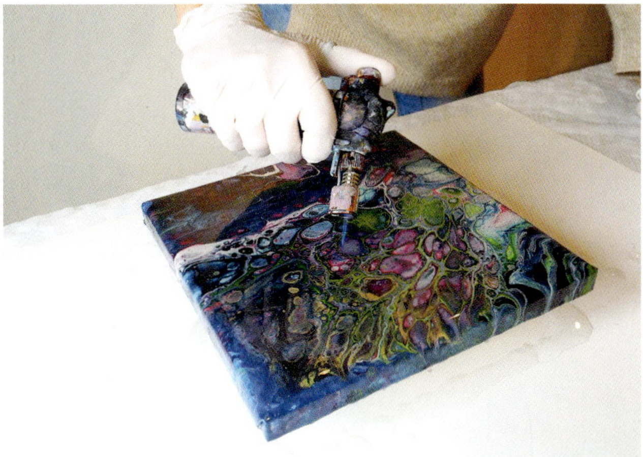

3. Die kleinen Luftbläschen kann man mit dem Torch oder Heißluftföhn entfernen, indem man die Oberfläche kurz erwärmt. Jetzt muss das Werk nur noch staubfrei trocknen.

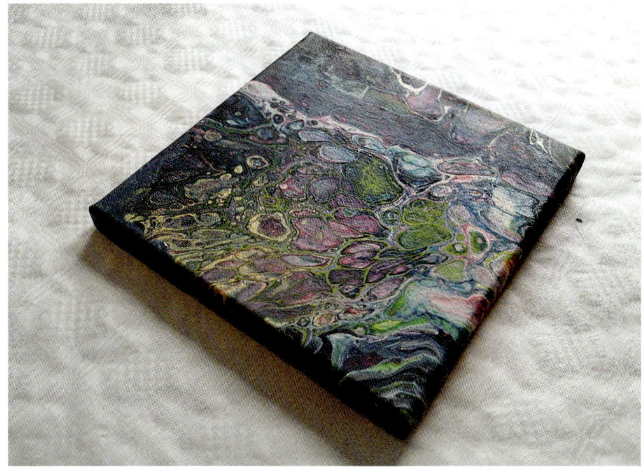

4. Pouringbild getrocknet, nicht fixiert

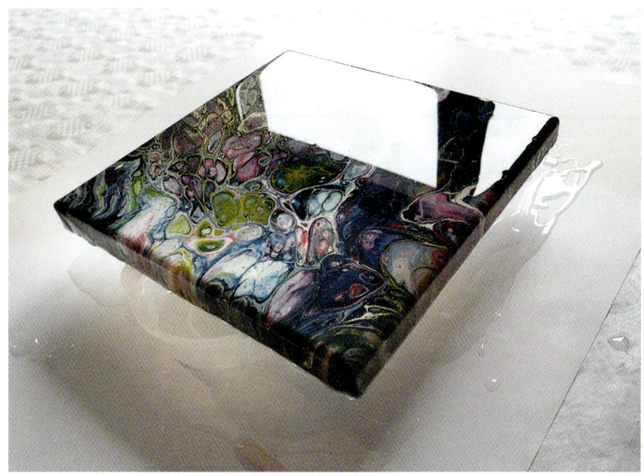

5. Pouringbild versiegelt mit Resin

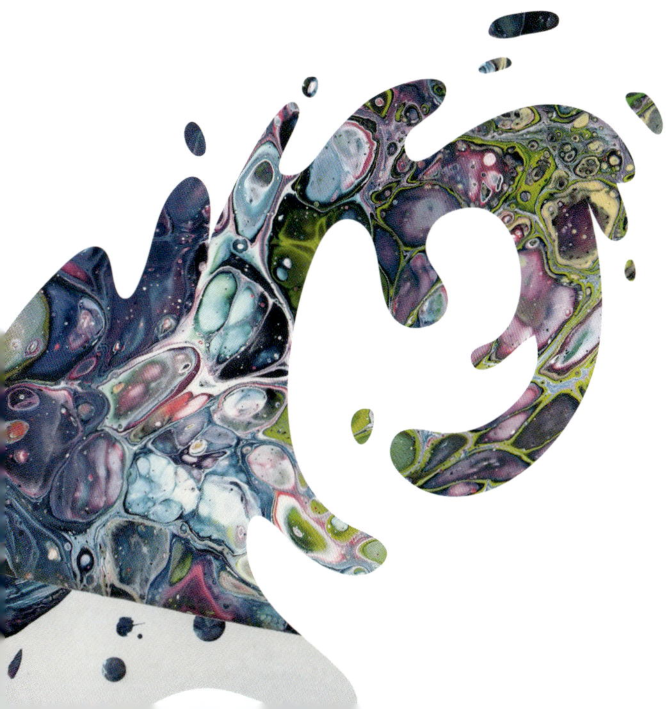

Experimentieren

FÜNF TECHNIKEN AUF EINEN BLICK

Flip Cup

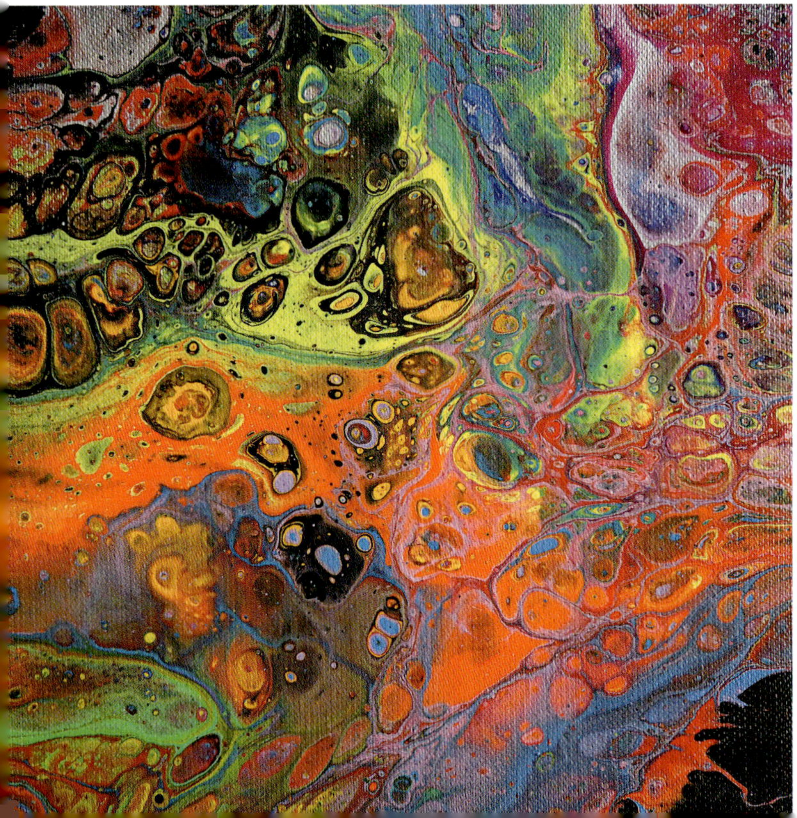

Swirl

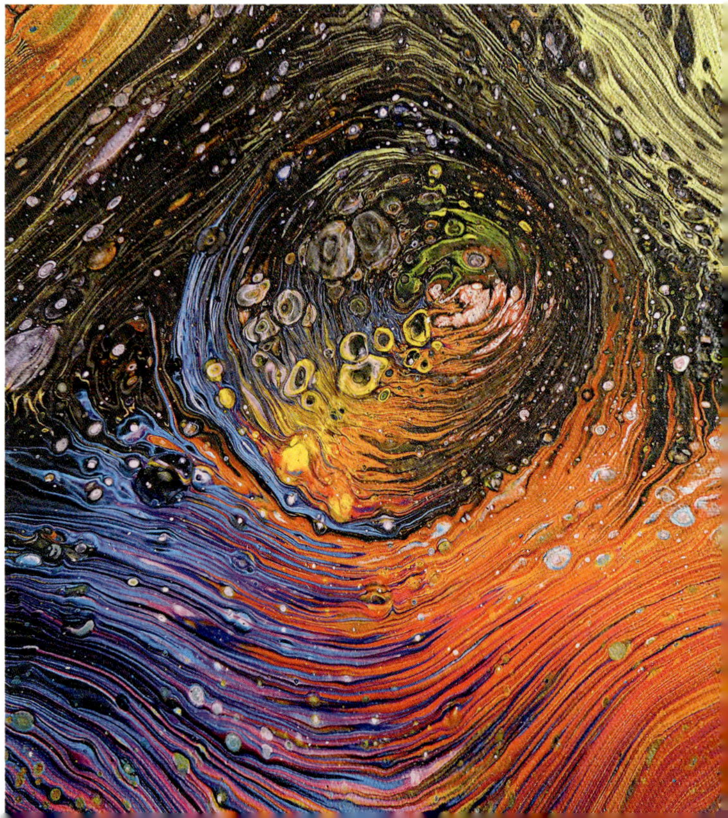

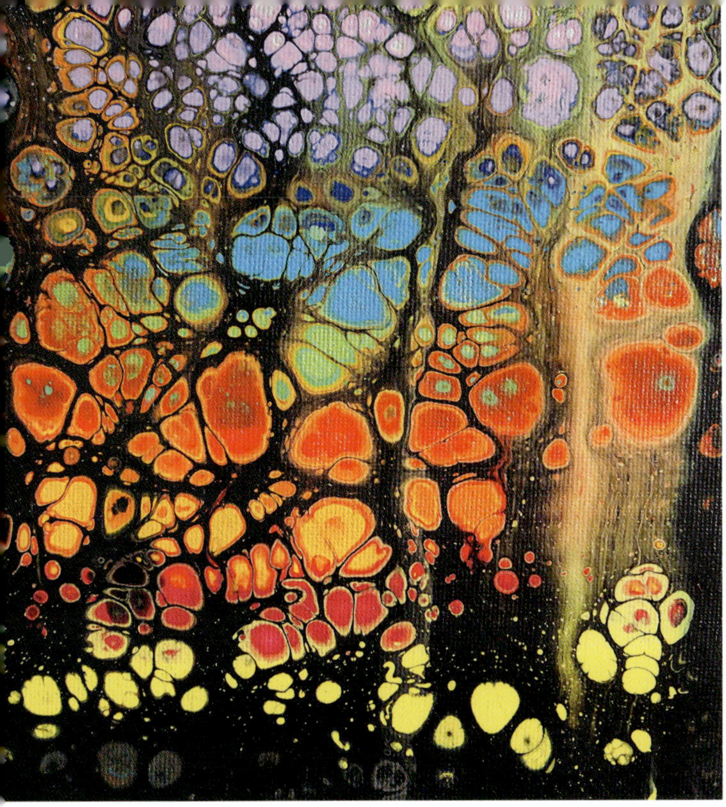

Swipe

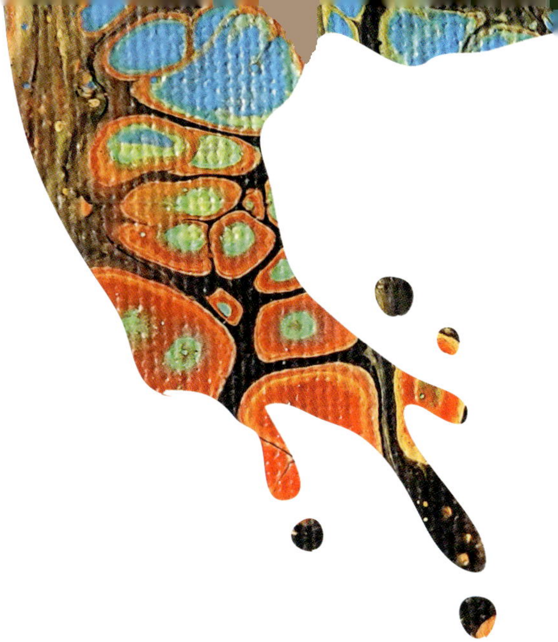

Dirty Pour

Flip & Drag

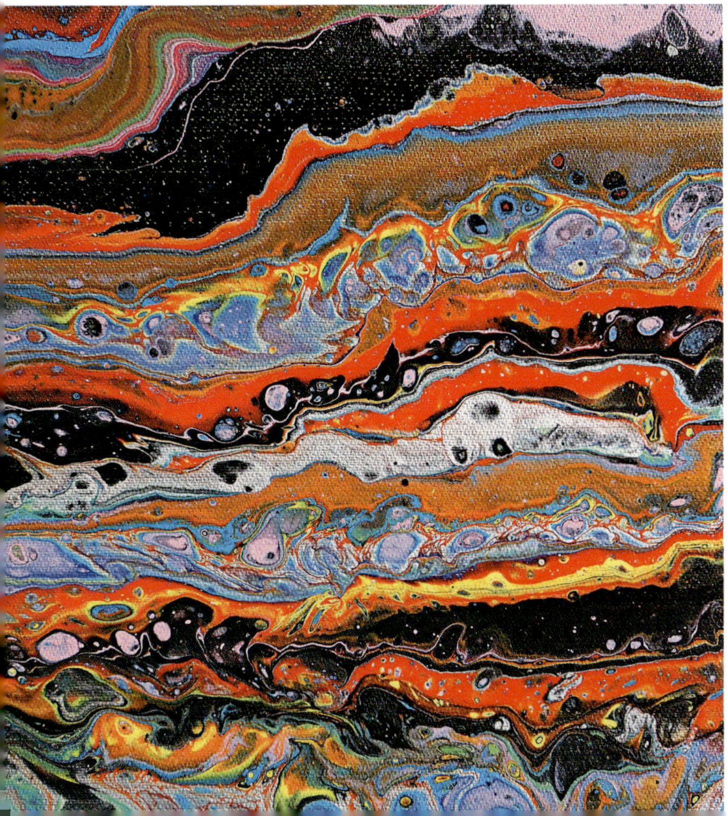

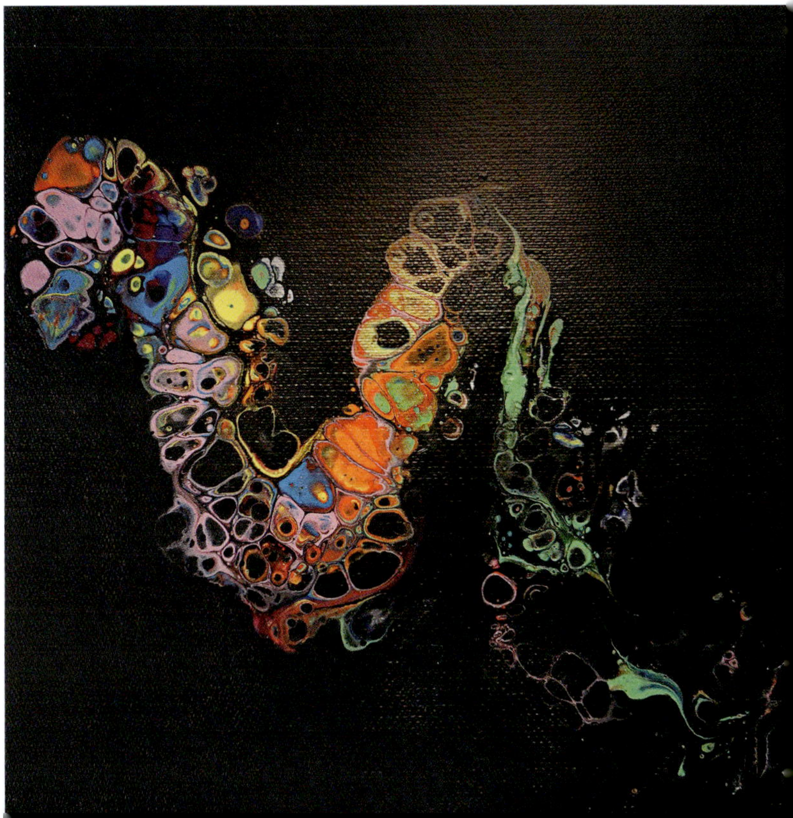

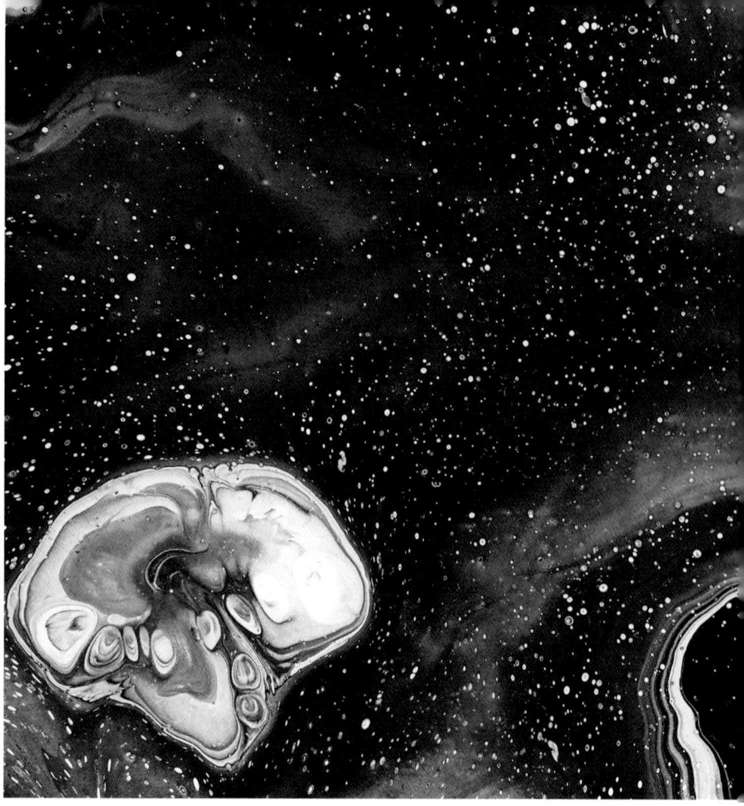

SCHWARZ UND WEISS

Die Zellen in diesem Bild zeigen deutlich, dass Silikon in Schwarz und Weiß gut untergerührt wurde.

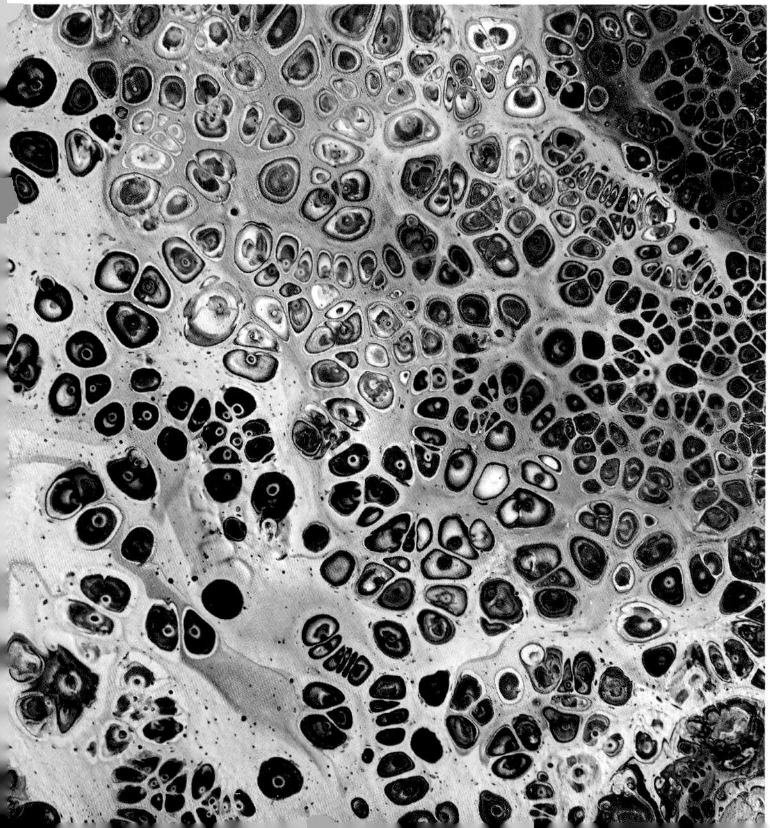

Obwohl in diesem Pouring kein Silikon verwendet wurde, zeigen sich trotzdem Zellen, wenn auch lediglich sehr kleine. Durch die Vermischung von Schwarz und Weiß wird hier eine leichte Marmorierung erkennbar.

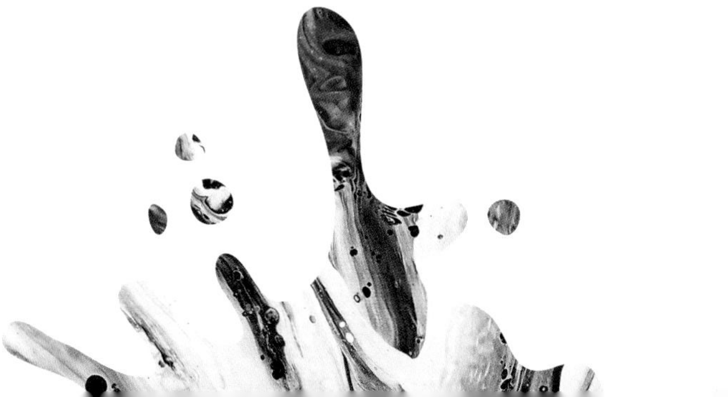

Bei diesen Bildern zeigt sich, dass ein heller Farbauftrag auf einer dunklen Farbe weniger deckend ist als umgekehrt. Bei beiden Bildern wurde die Farbe gezielt mit dem Spachtel aufgetragen und anschließend mit dem Strohhalm bearbeitet.

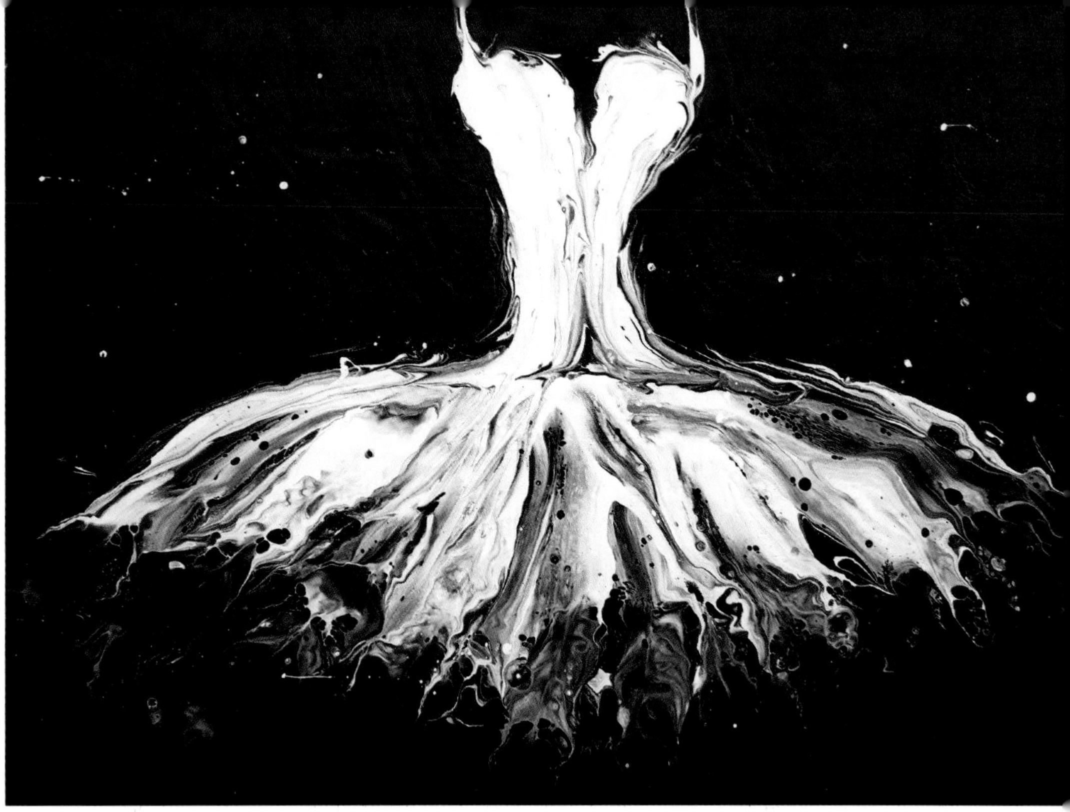

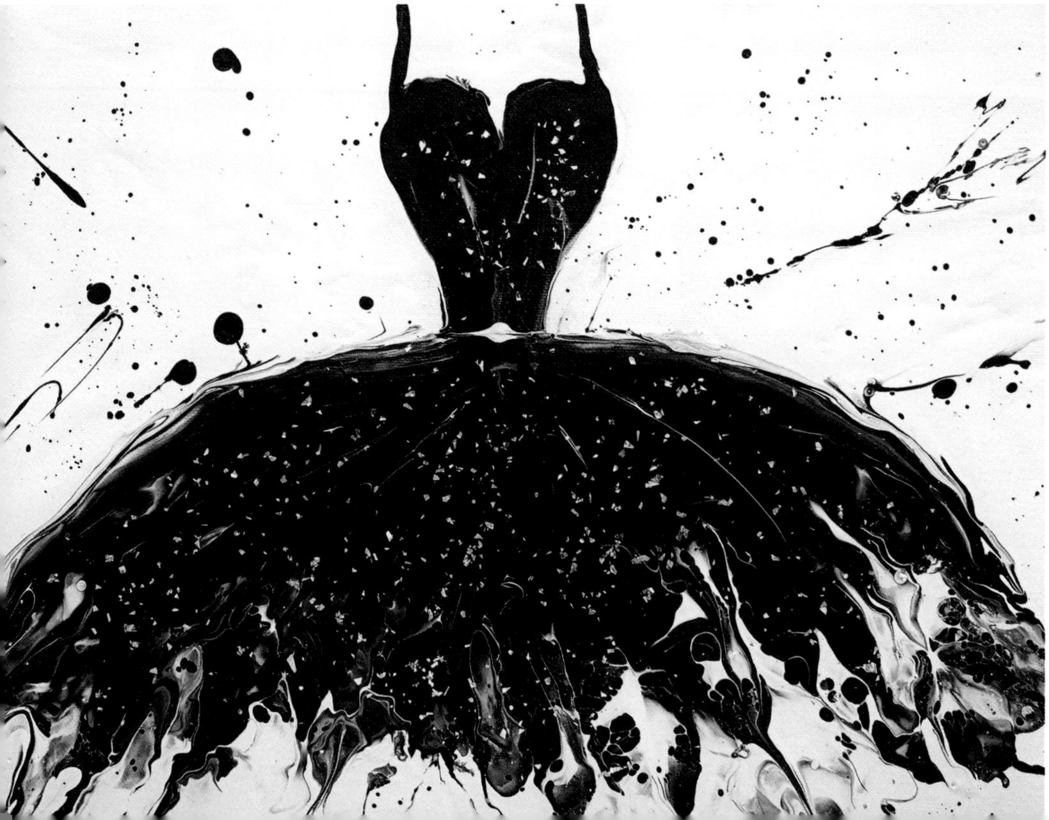

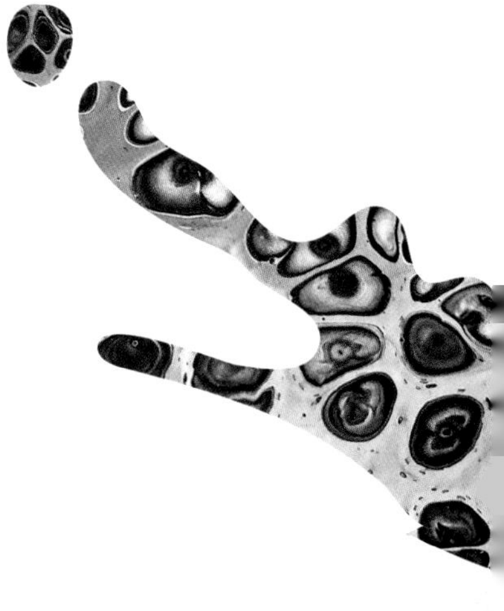

DIGITAL ART – EIN BILD, MEHRERE MÖGLICHKEITEN

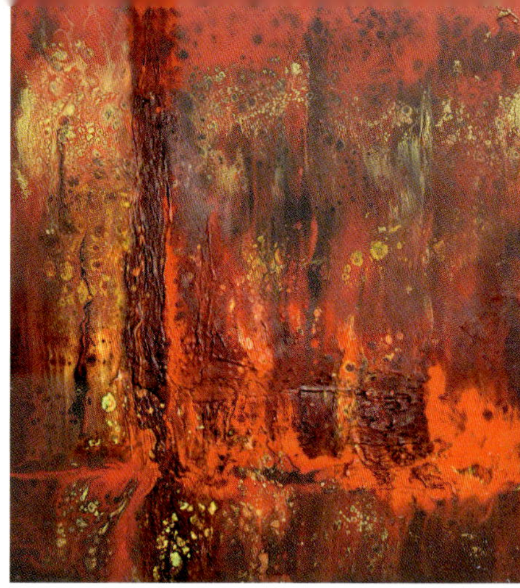

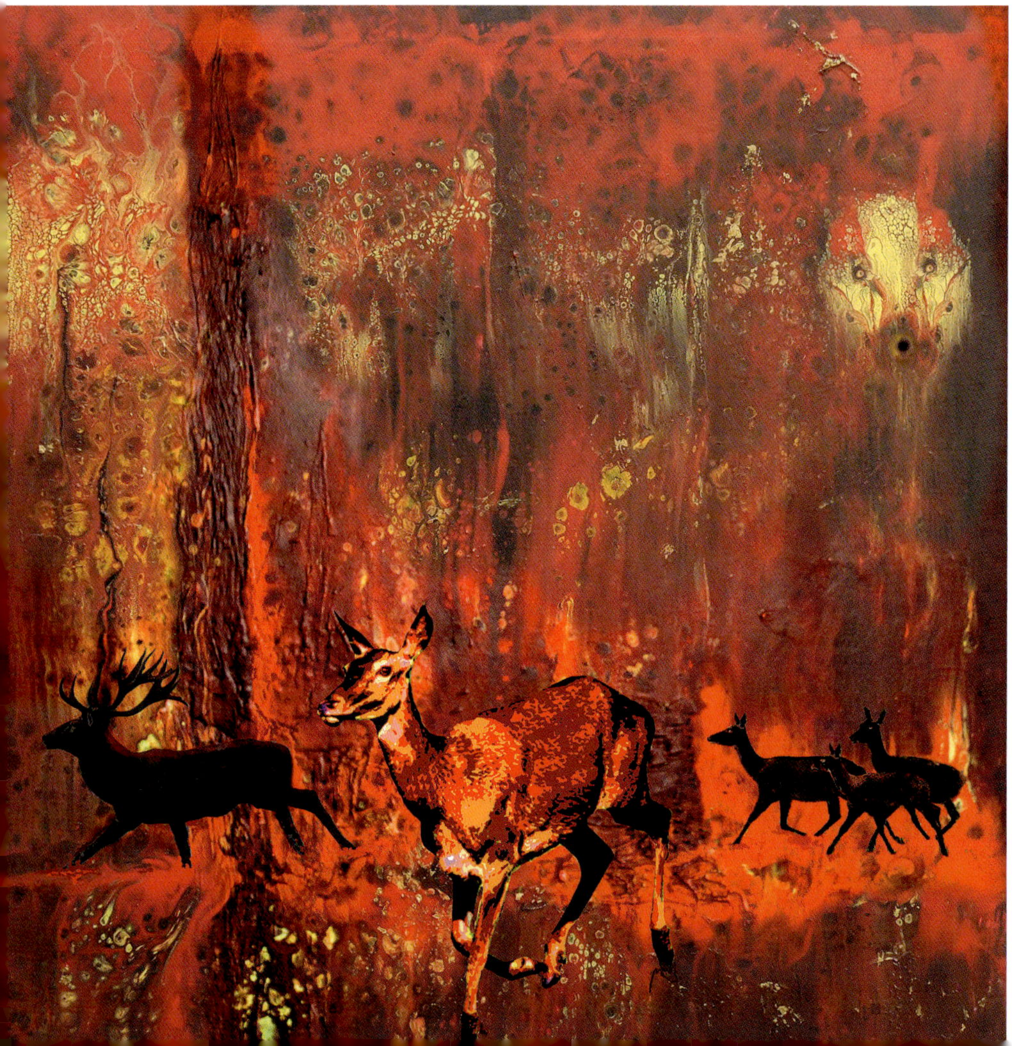

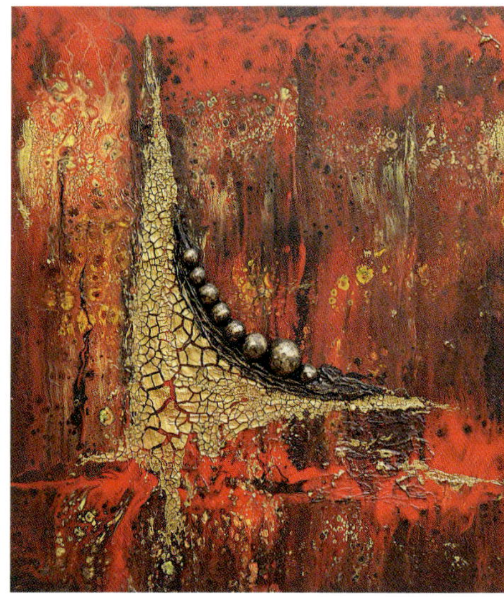

Dieses Pouring wurde mit Reißlack und Powertex bearbeitet.

Ein Pouringbild lässt sich auf unterschiedliche Art weiterverarbeiten. Inspiriert durch die Nachrichten über die massiven Waldbrände in Los Angeles, ist diese Digitalarbeit von Heiner Kirch entstanden.

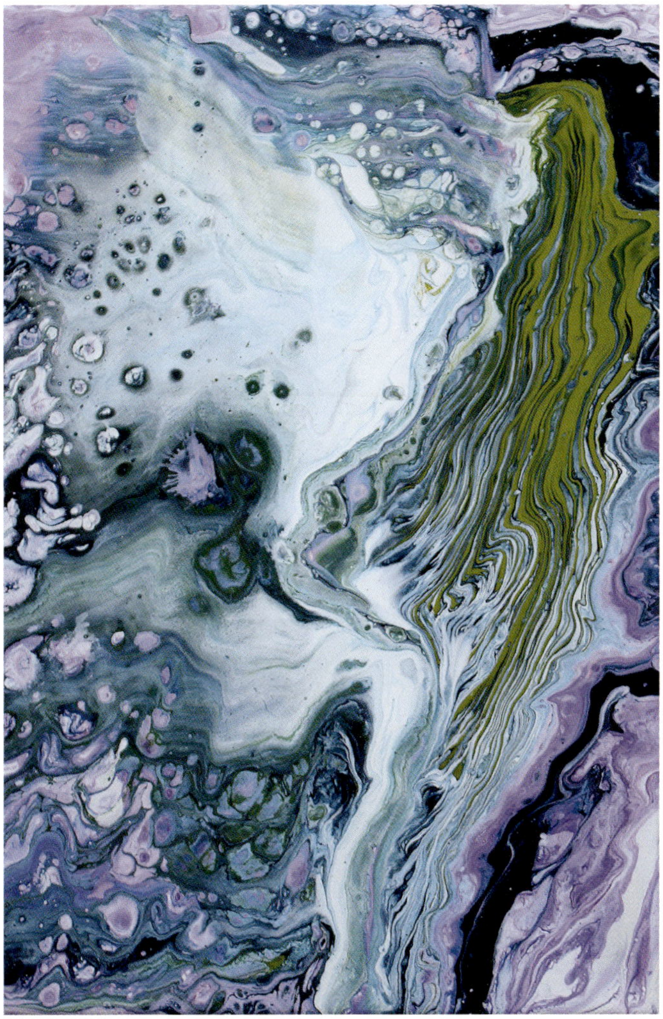

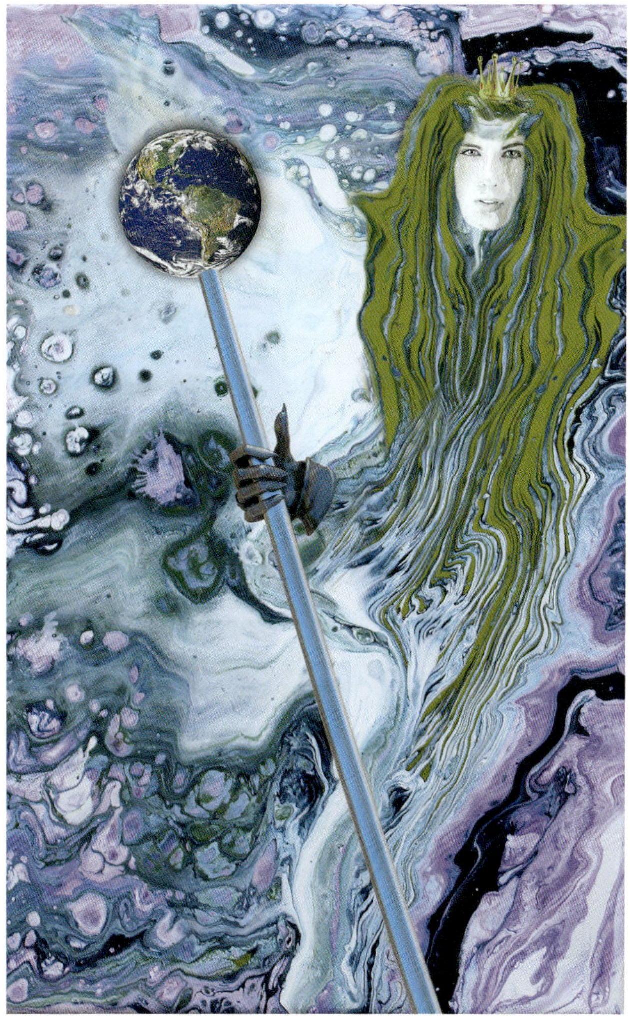

Der langhaarige König der Erde wurde ebenso von Heiner Kirch »entdeckt« und gestaltet.

Motive

Du kannst auf deine Pouringbilder Motive mit Acrylfarbe oder mit Acrylstiften aufmalen oder aber auch versteckte Motive herausarbeiten, die man erst beim genaueren Hinsehen entdeckt.

PORTRÄT

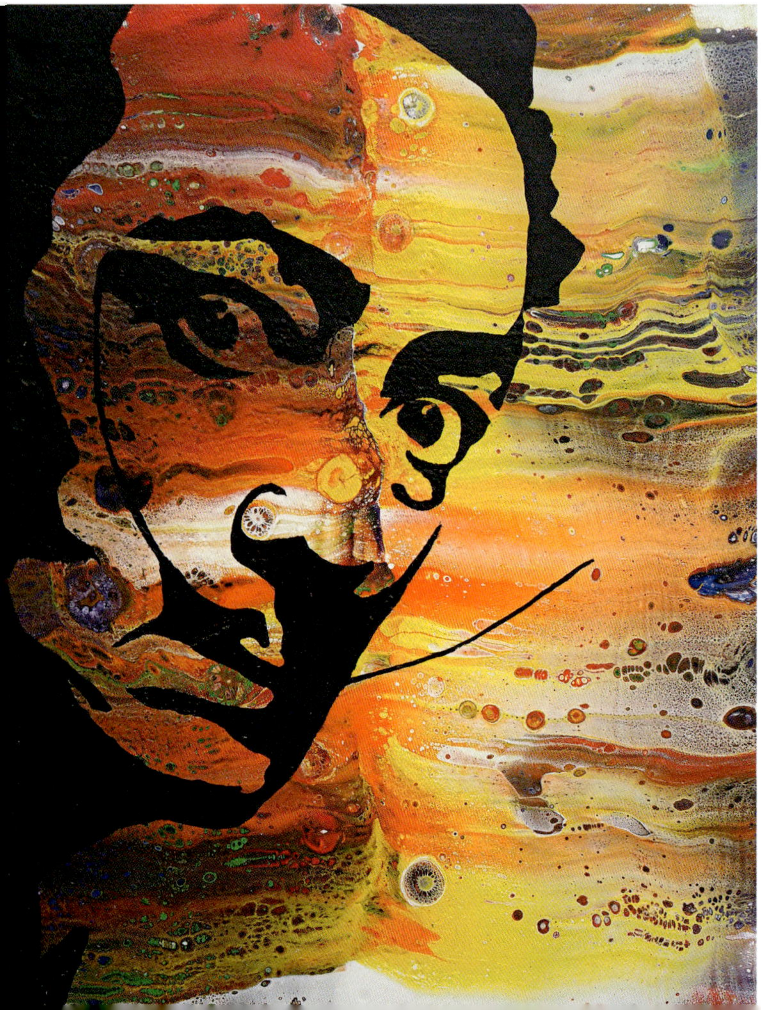

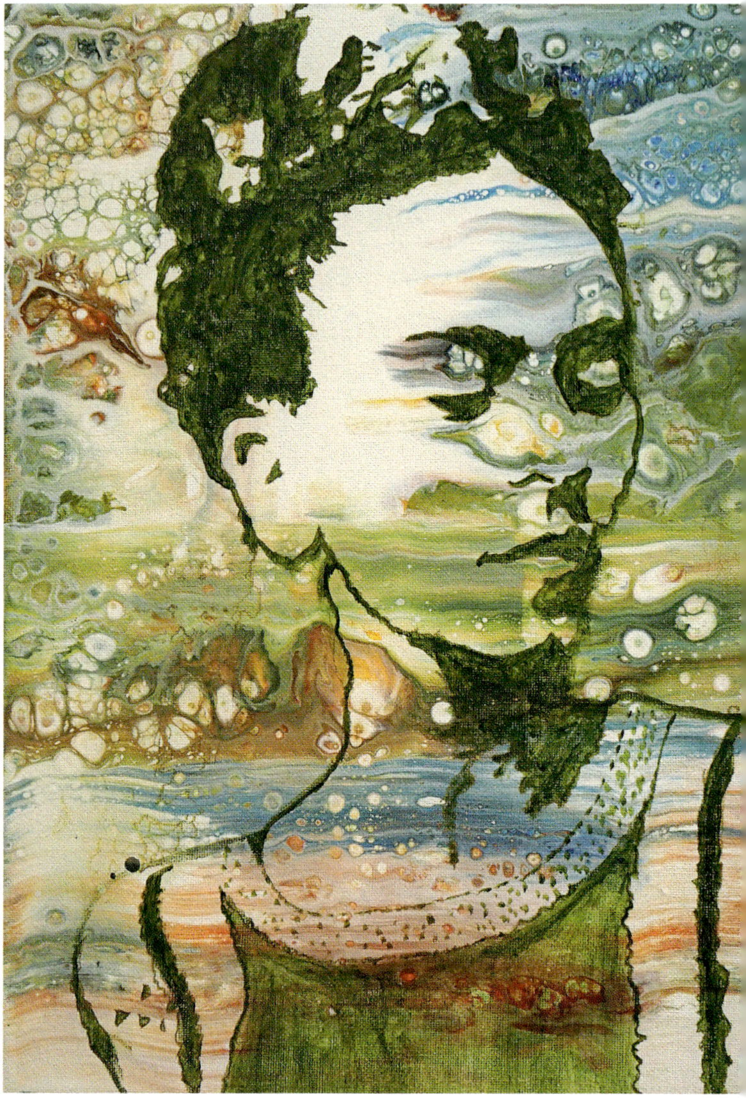

Wer ist dein Lieblingsstar?

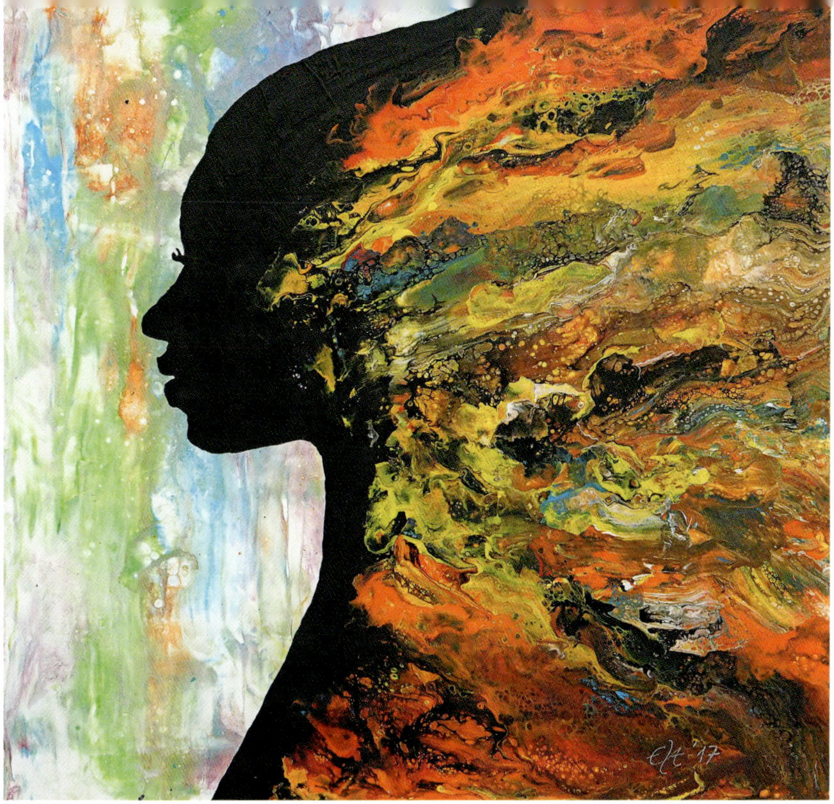

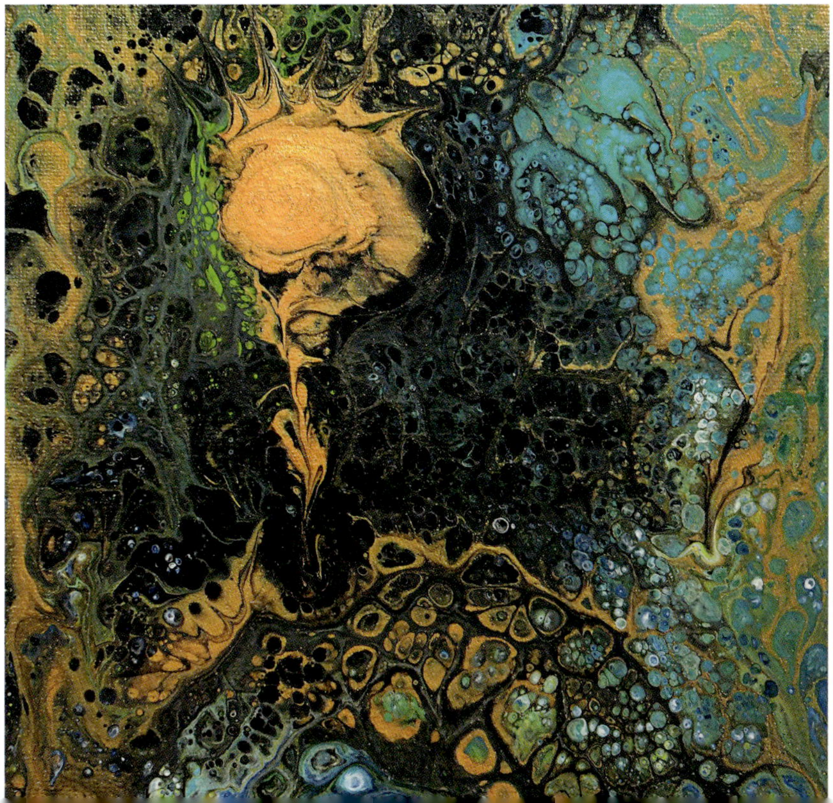

BEFLÜGELT – SCHRÄGE VÖGEL

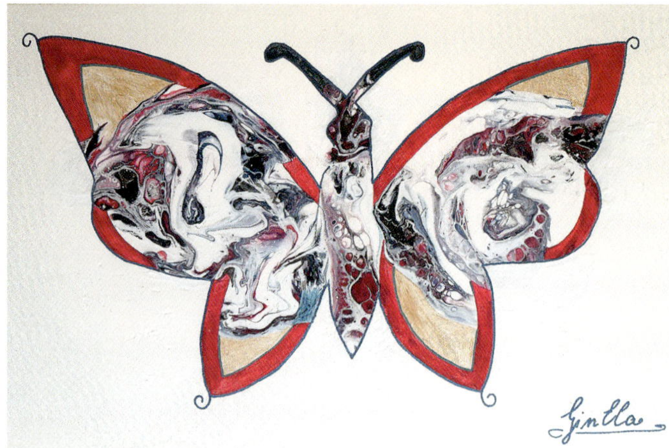

Es müssen nicht immer Zellen sein.

Der Wow-Effekt beim Acrylic-Pouring ist unbestritten, eine ebenso wunderbare Malart ist jedoch das Fluid-Painting. Das Mischungsverhältnis von Farbe und Pouring-Medium ist das gleiche wie beim Acrylic-Pouring, es wird nur kein Silikon zugefügt. Damit lässt es sich auch sehr gut auf großen Leinwänden arbeiten. Probiert es aus, und schaut, was es mit euch macht.

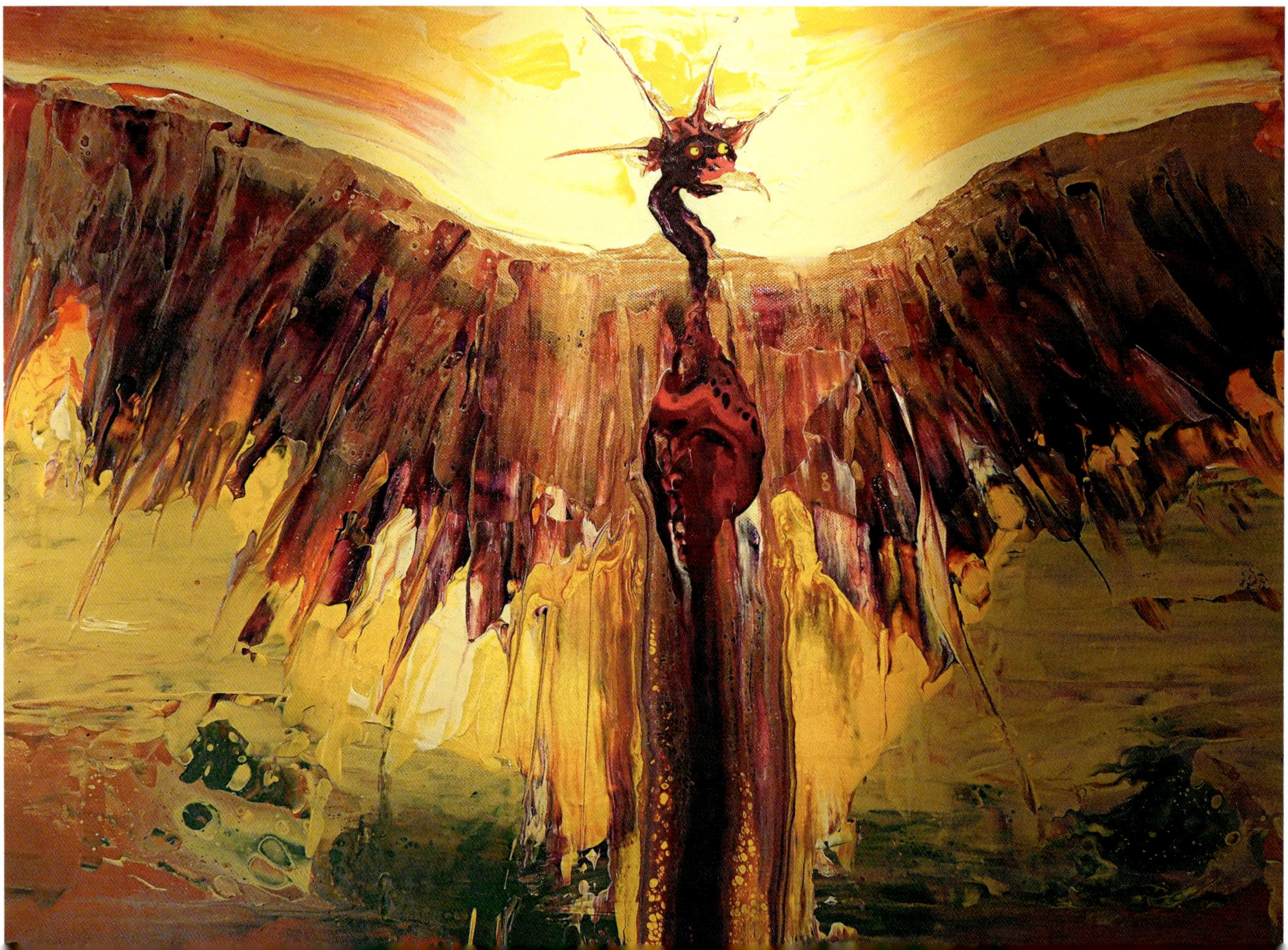

Bei diesem Bild wurden die Farben Blau, Grün, Weiß, Orange und Lila von unten nach oben angelegt und anschließend mit Schwarz geswipt. Bei dieser Farbkombi drängte sich der Pfau quasi auf und wurde dann mit Acrylfarbe realisiert.

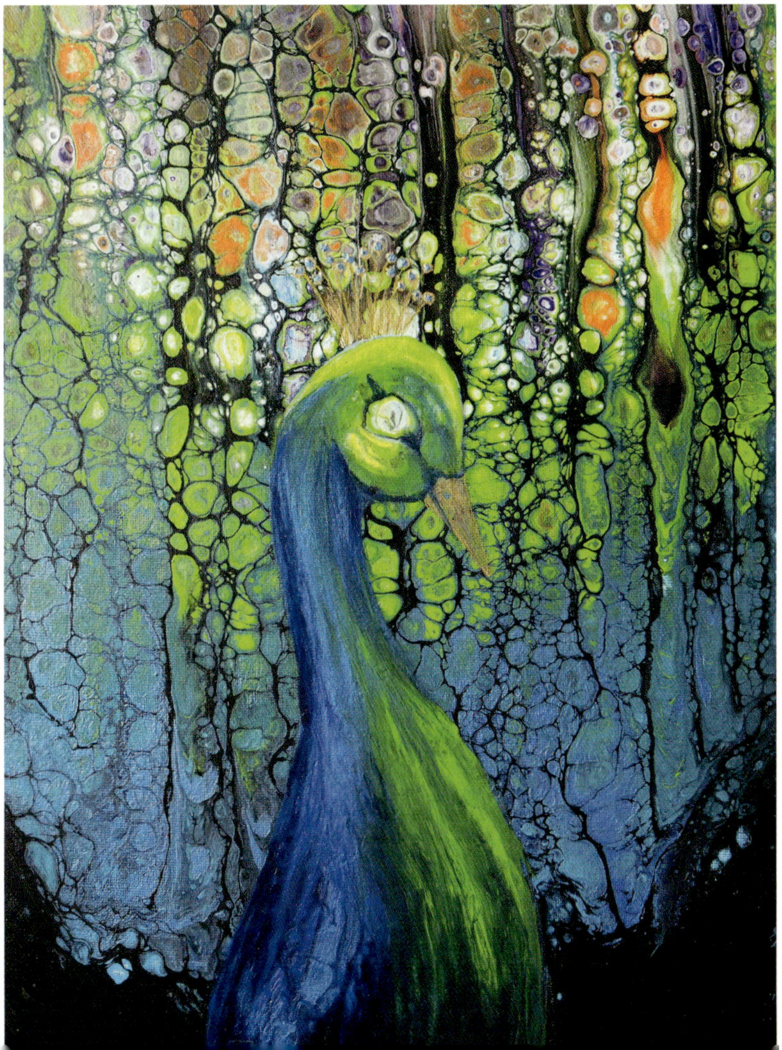

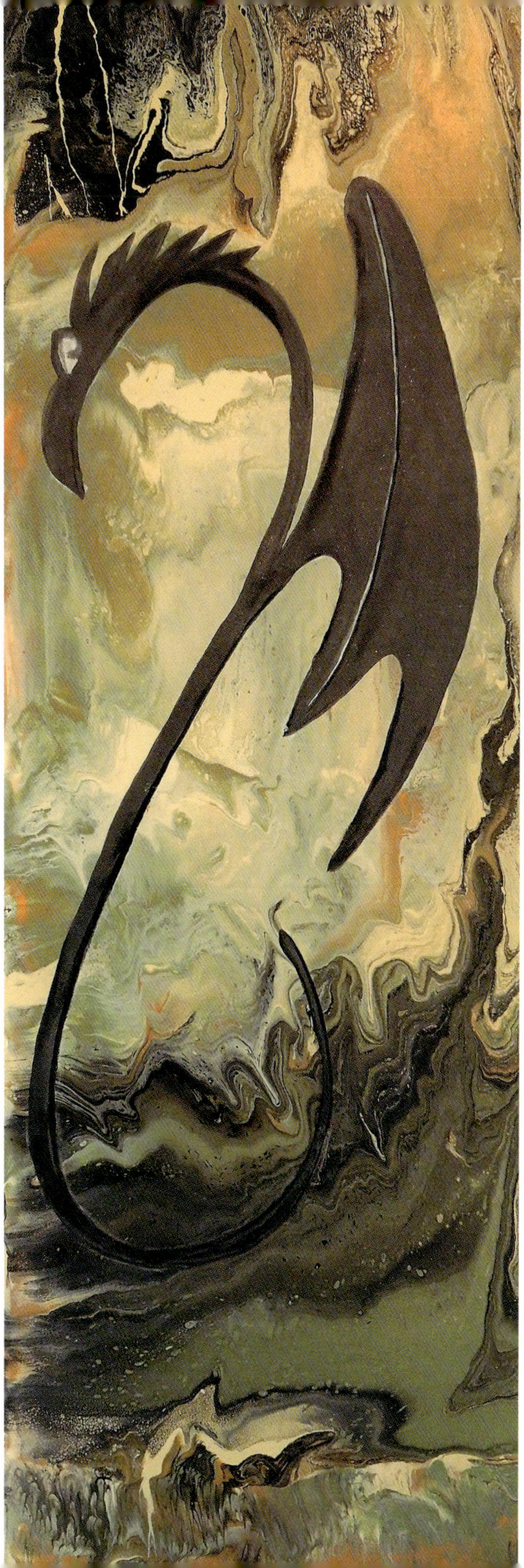

RELIEFS

Hier wurde erst gespachtelt und dann gepourt. Das Gold im oberen Teil des Bildes wurde im unteren Pouring mit einbezogen. Zum Schluss wurde der Schuh mit Acrylfarbe bemalt und mit einem Swarovski-Stein veredelt.

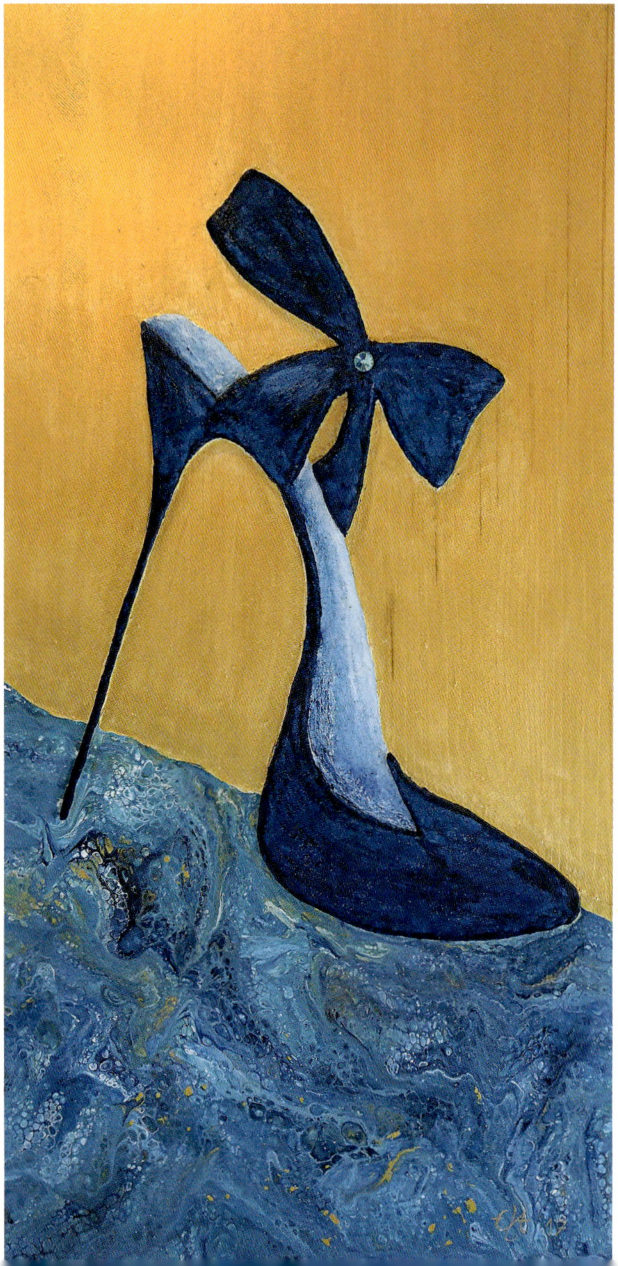

Auf eine Rigipsplatte 1,20 x 0,60 m wurde die Lady mit Rotband aufgespachtelt. Ein Dirty Pour aus verschiedenen Blau- und Türkistönen mit anschließendem weißem Swipe ergab den Hintergrund. In dunklen Farbtönen wurde die Lady in blue dann hervorgehoben.

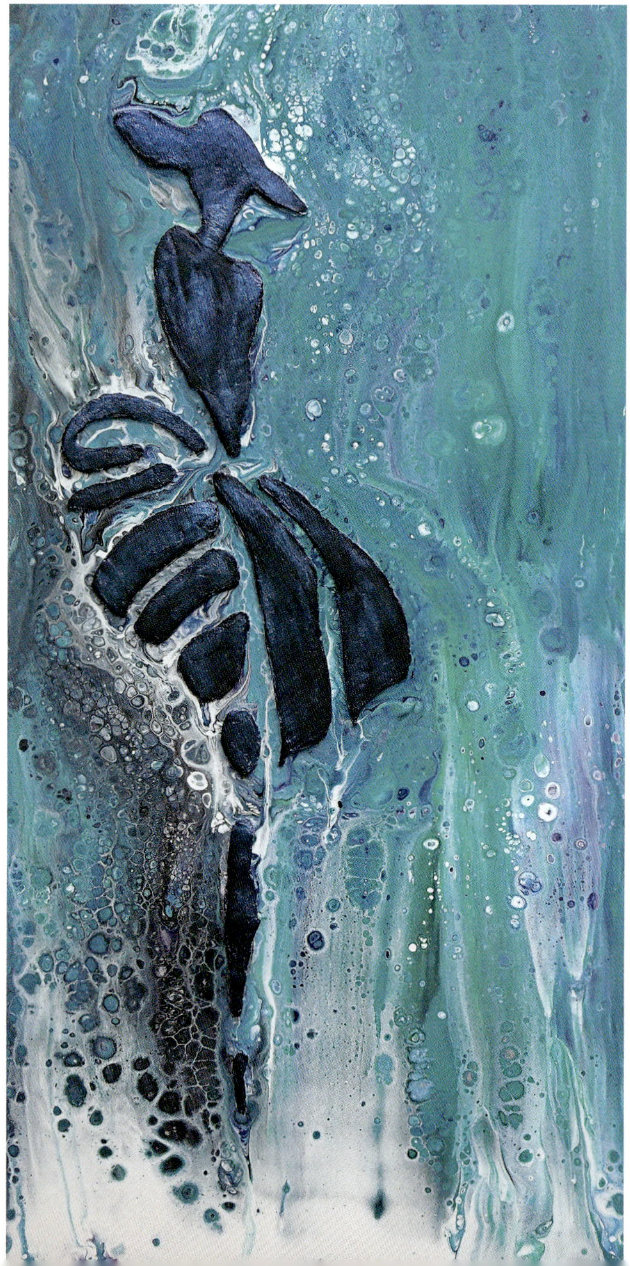

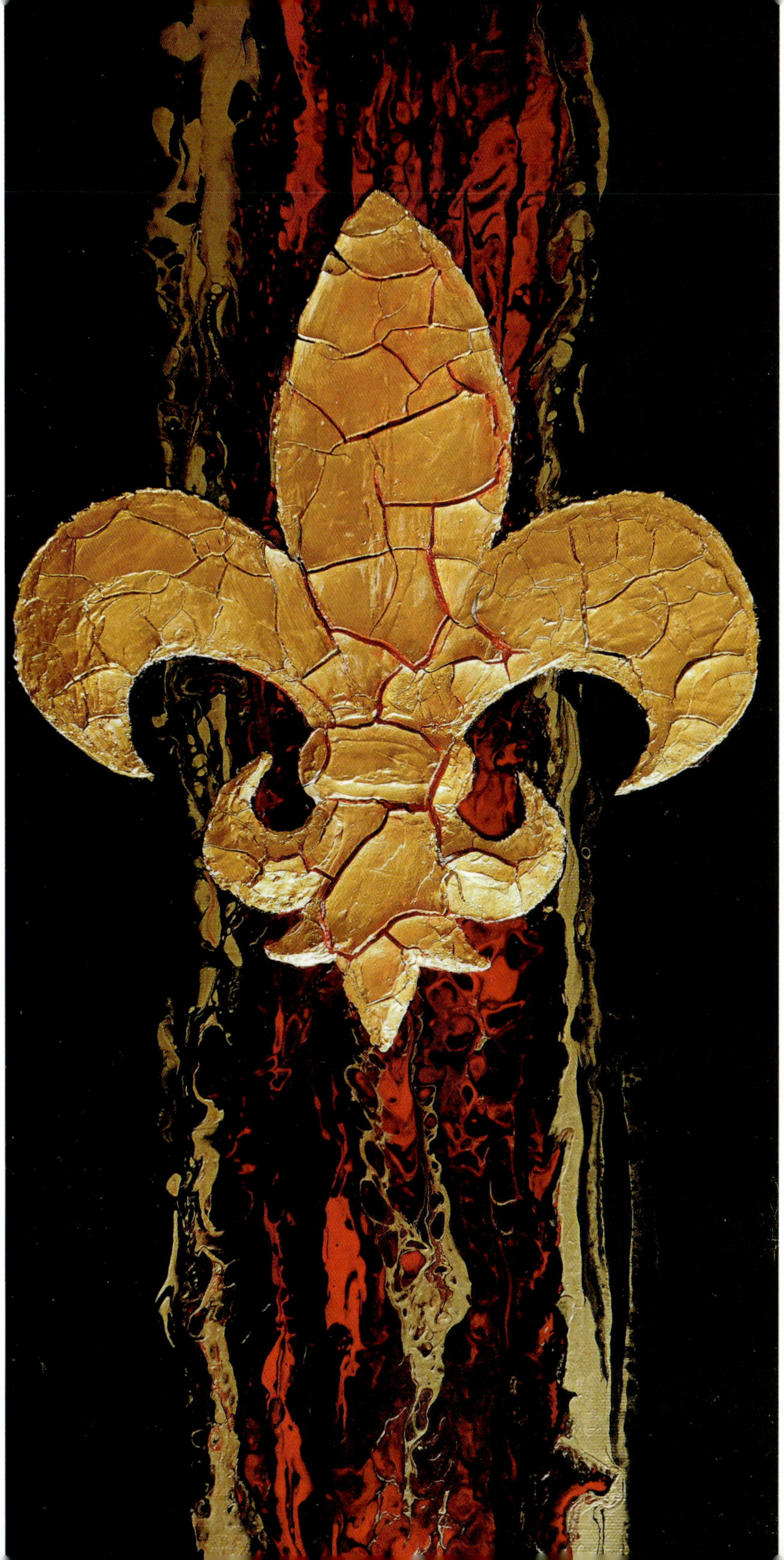

RELIEF-FLEUR

Bei diesem Relief wurde zuerst gepourt (Tunnel) und anschließend mit einer Spachtelmasse aus Marmormehl und Acrylbinder eine Fleur de Lis gespachtelt. Anschließend wurde diese noch mit Gold von Schmincke bemalt.

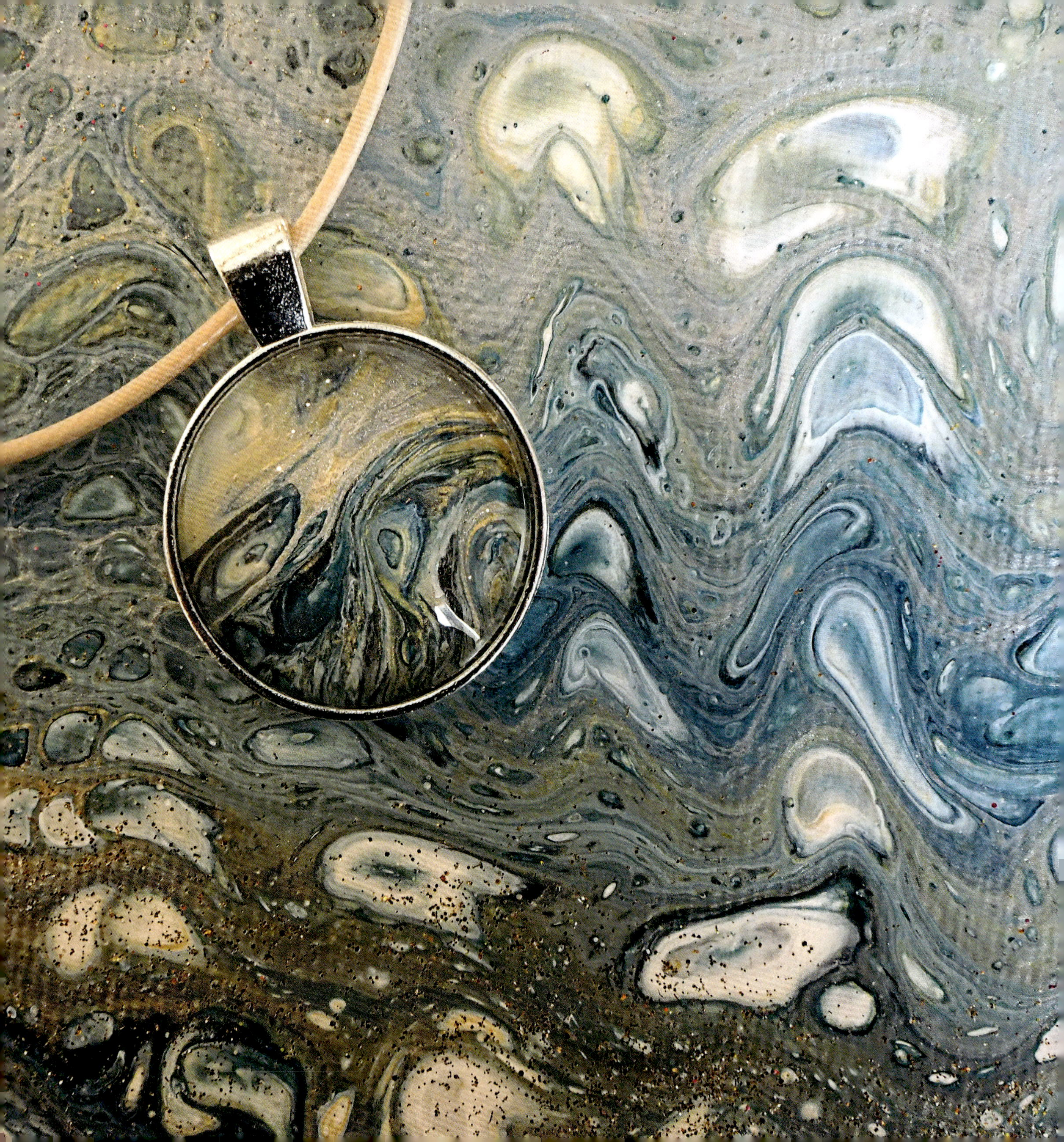

DIY

SCHMUCK

Während des Acrylic-Pourings »verlieren« wir Farben. In unseren Auffangschalen sammeln sich wunderbare Zellkreationen und kleine Swirls. Es wäre doch zu schade, wenn man diese nicht nutzen würde.

Also kann man diese Acrylhäute, die sich nach dem Trocknen gebildet haben, als kleine Kunstwerke weiterverwenden, z. B. für Schmuckstücke. Die Schmuckfassungen und Glas-Cabochons gibt es im Internet oder auf Kreativmessen zu kaufen. Sie werden in verschiedenen Größen und Farben angeboten. Der Anhänger in diesem Beispiel ist für einen Cabochon der Größe 25 mm geeignet.

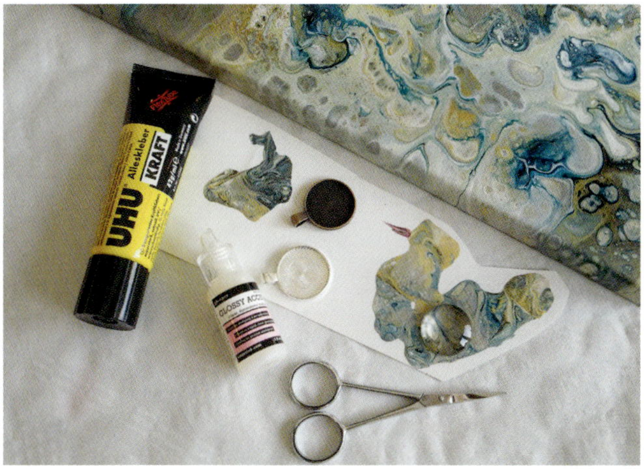

Material:
Acrylhäute vom Acrylic-Pouring, Schmuckfassung, Glas-Cabochon, Schere, Alleskleber für Metall, Kunststoff, Glas, Glossy-Kleber, Band

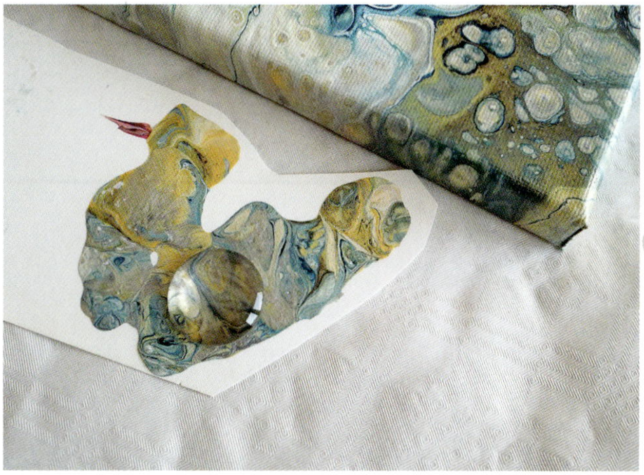

1. Zunächst legt man den Glas-Cabochon auf eine Stelle der Acrylhaut und sucht sich dort eine Stelle, die einem besonders gut gefällt.

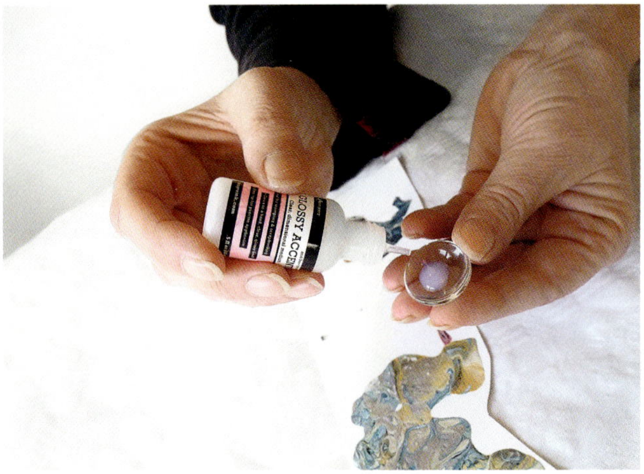

2. Anschließend wird der Glossy-Kleber auf die flache Seite des Cabochons aufgetragen.

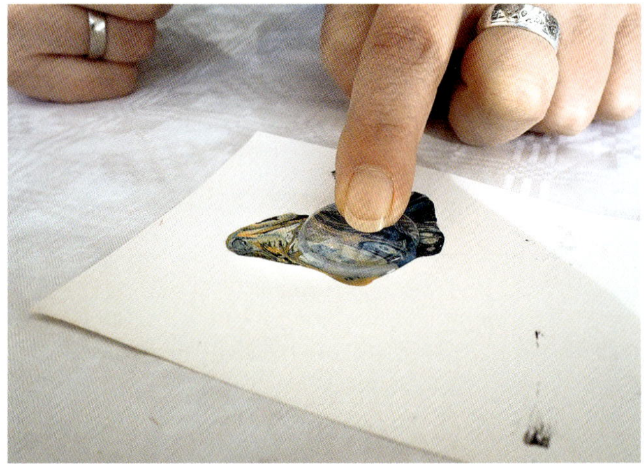

3. Dieser wird dann auf der Acrylhaut platziert und für ein paar Sekunden angedrückt. Nach etwa drei Stunden sollte der Glossy-Kleber getrocknet sein.

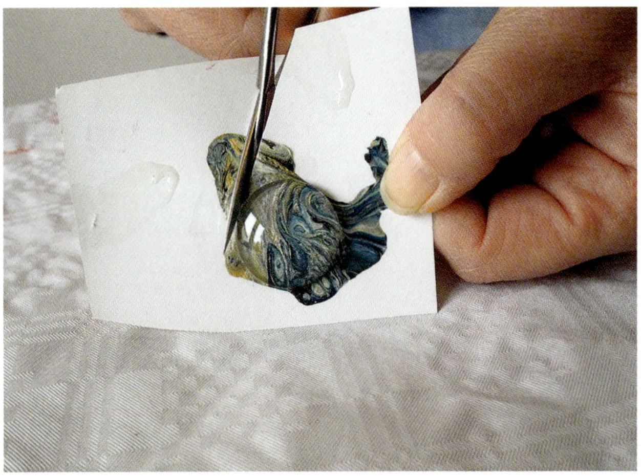

4. Nun entlang des Glassteins das Motiv ausschneiden.

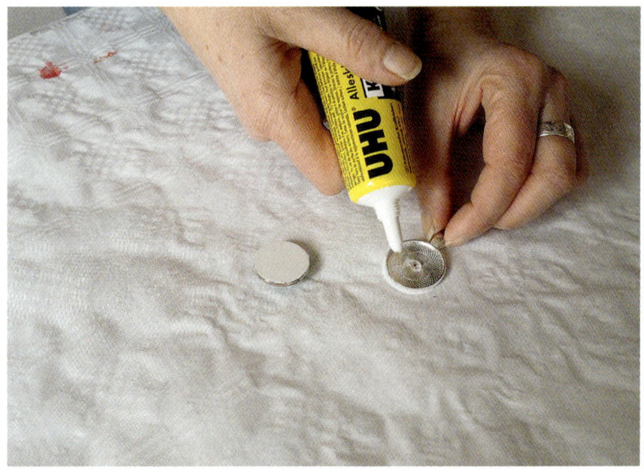

5. Der Alleskleber wird dünn in der Fassung verteilt, sodass an den Seiten kein Klebstoff austritt, wenn der Stein eingeklebt wird.

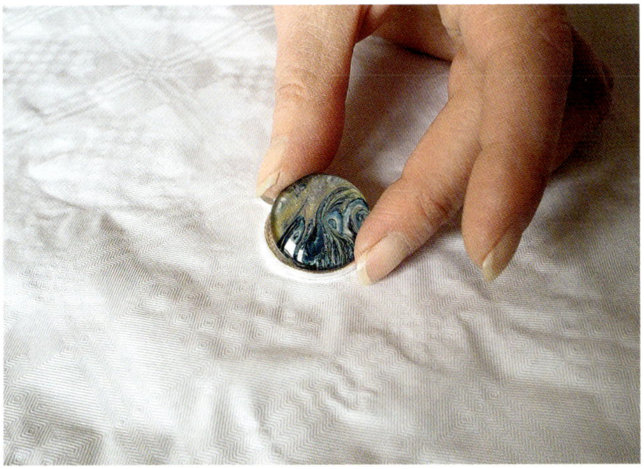

6. Der Glasstein sollte nun so in die Fassung eingesetzt werden, dass das Motiv in die vorgesehene Richtung zeigt. Jetzt noch einmal ein paar Sekunden den Stein in die Fassung drücken und den Kleber für ein paar Stunden aushärten lassen.

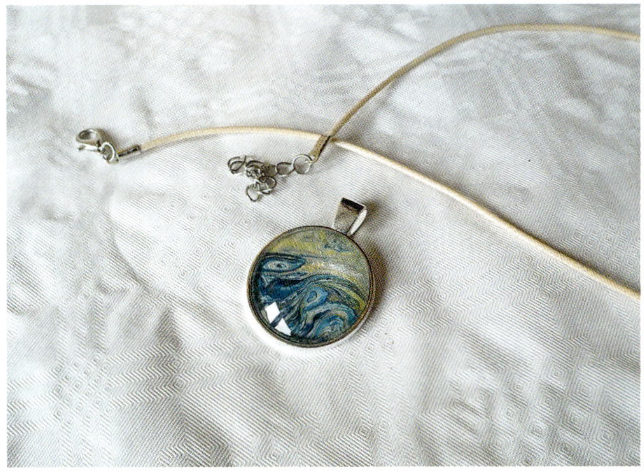

7. Zum Abschluss wird noch ein farblich passendes Band durch den Anhänger gezogen, und schon ist sie fertig.

Die KUNST im SCHMUCK!

Dieses Bild wurde mit der Flip-&-Drag-Technik gepourt. Diese Acrylhäute waren besonders schön und sind prädestiniert dafür, daraus Schmuck zu machen.

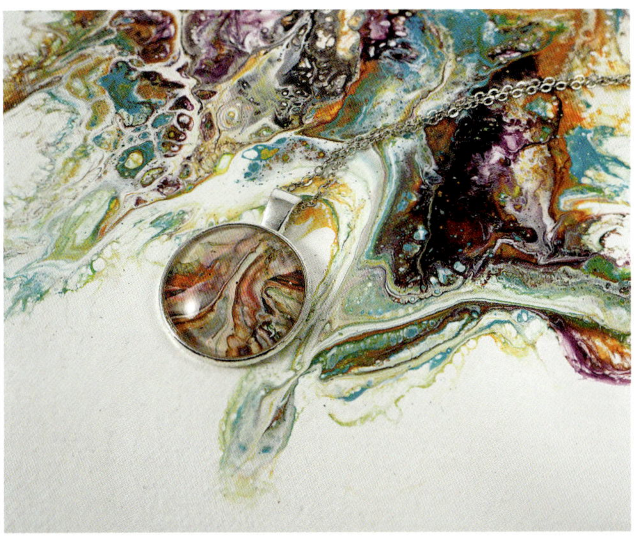

Und dieses Set stammt aus dem Neon-Swipe.

Es lohnt sich immer, auch ein Auge auf die Acrylhäute zu werfen.

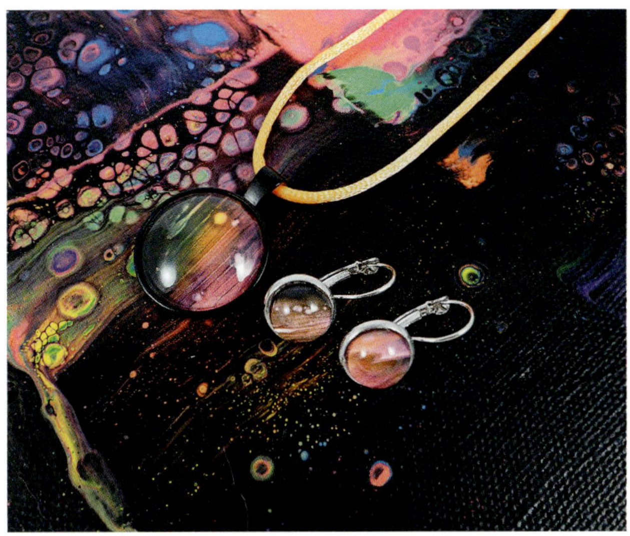

UHREN

Diese Uhren vermitteln dank Pouring mehr als nur die bloße Zeitangabe.

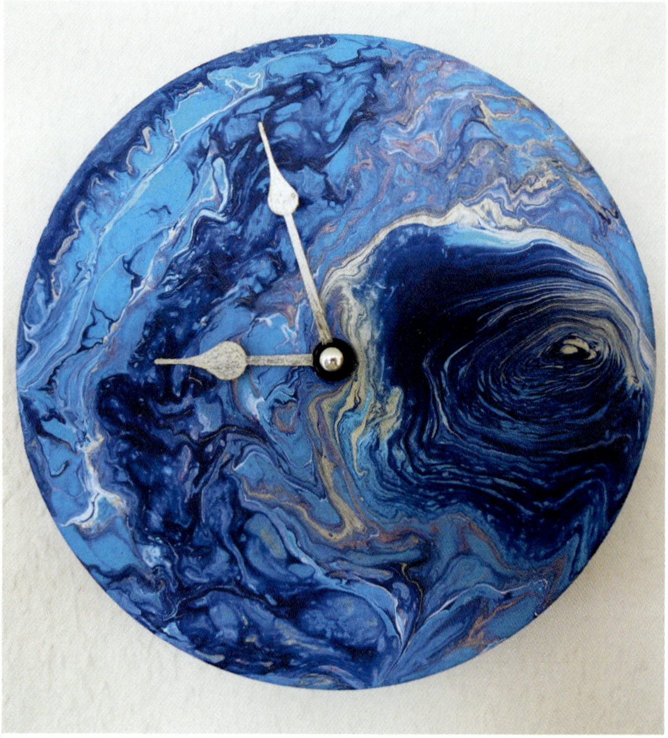

Auf einer Holzuhr wurden ein Dirty Pour und ein kleiner Swirl in Blau/Silber kreiert.

Einer ausgedienten Metalluhr wurde durch das Pouring neuer Pep verliehen.

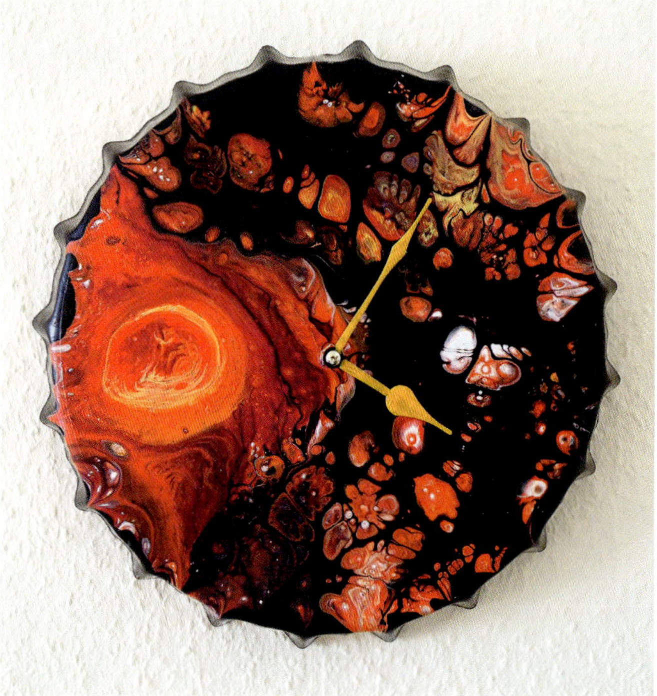

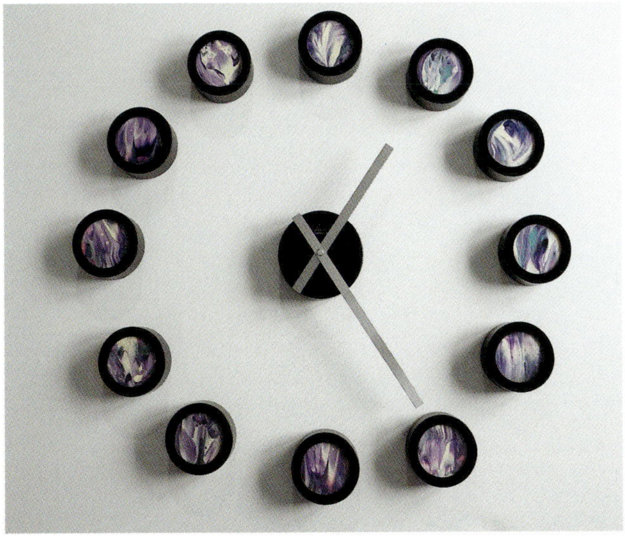

Diese Uhr kann man im Internet bestellen. Zwölf kleine Rahmen, die man öffnen kann, beinhalten eine runde Pappe, die für ein Dipping genutzt wurde.

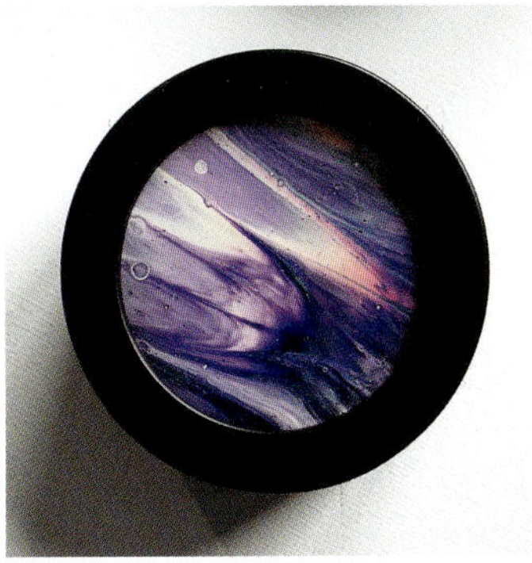

Hier ein Detailausschnitt aus der Uhr

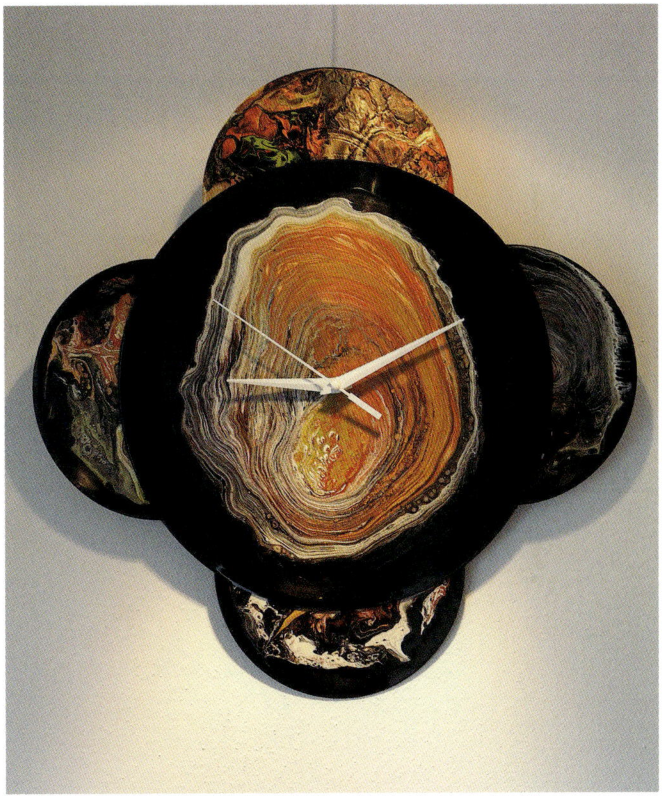

Dies ist die Uhr aus unserem Kapitel »Swirl«. Verschiedene Techniken wurden auf Vinyl-Singles angewandt und anschließend hinter die Langspielplatte geklebt.

DAS HIGHLIGHT IM PROBERAUM

Die Vorbereitung für dieses Schmuckstück war schon etwas aufwendig. Zunächst wurden alle Teile, die keine Farbe bekommen sollten, sorgfältig mit Klebeband abgeklebt. Anschließend wurde das Instrument mit Gesso grundiert.

Der Dirty Pour in den Lieblingsfarben des Gitarristen war das Highlight.

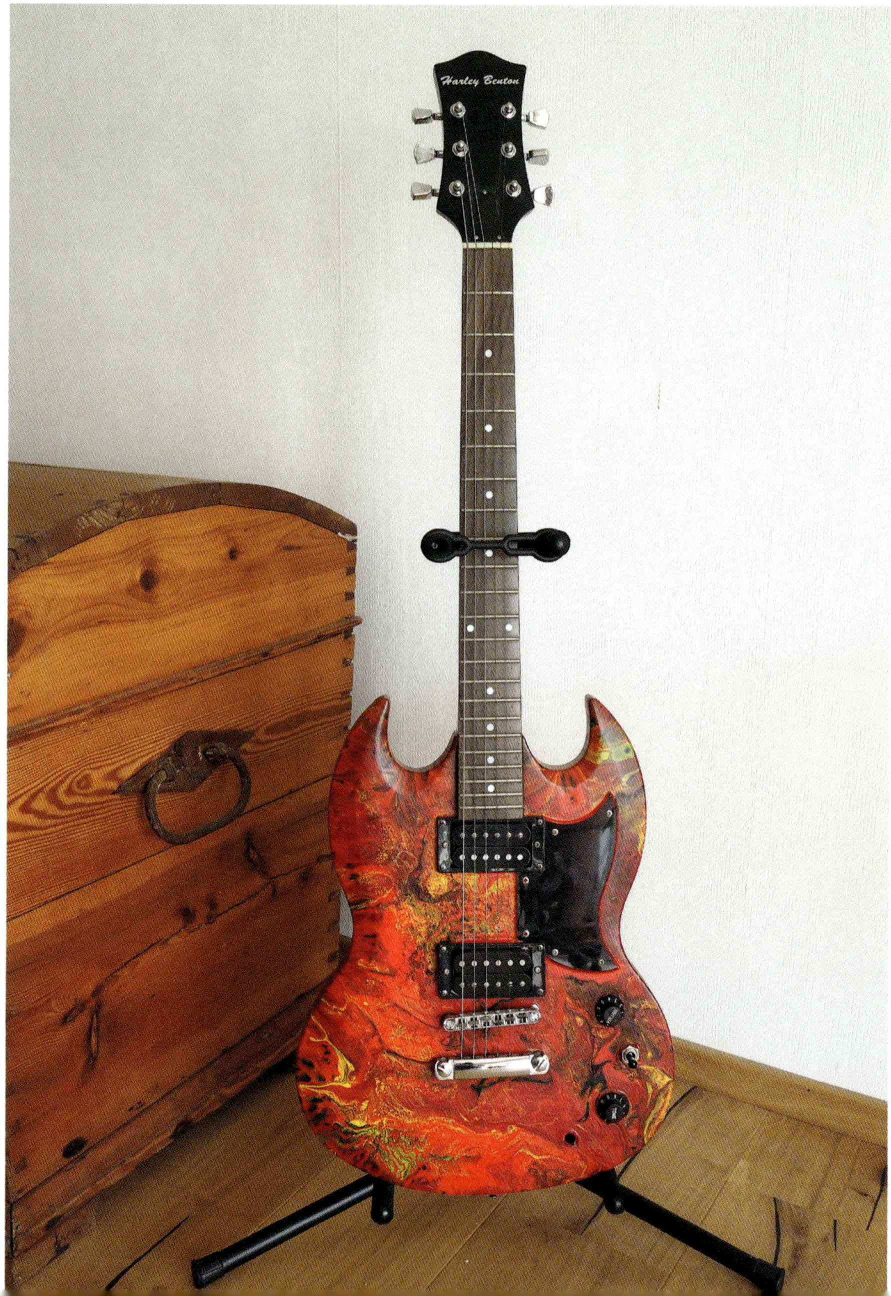

MÖBEL ALS ECHTE HINGUCKER

Ganz schnell werden aus schlichten Einrichtungsgegenständen einzigartige Designermöbel, die in jeder Wohnung für einen bunten Akzent sorgen.

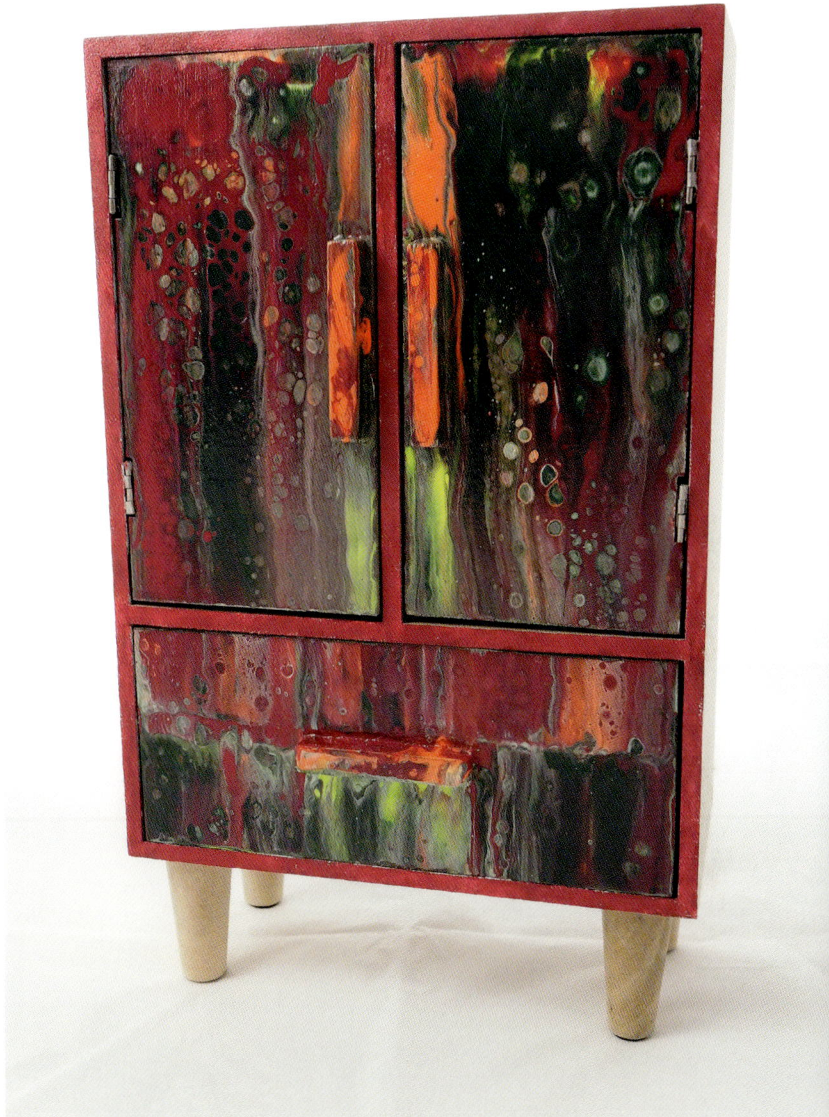

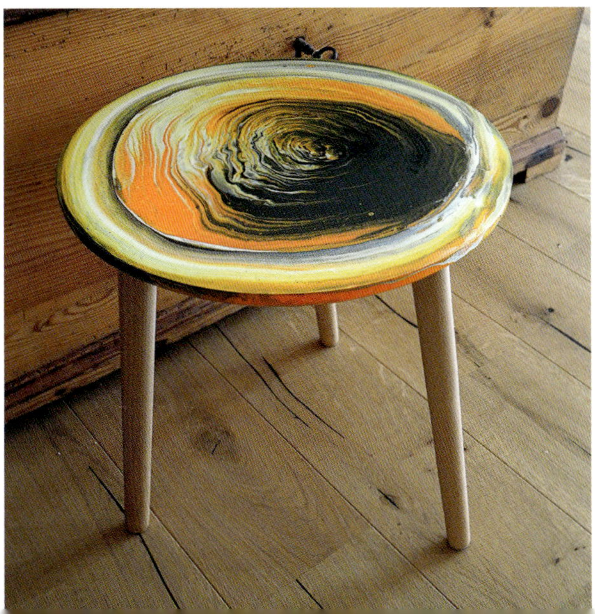

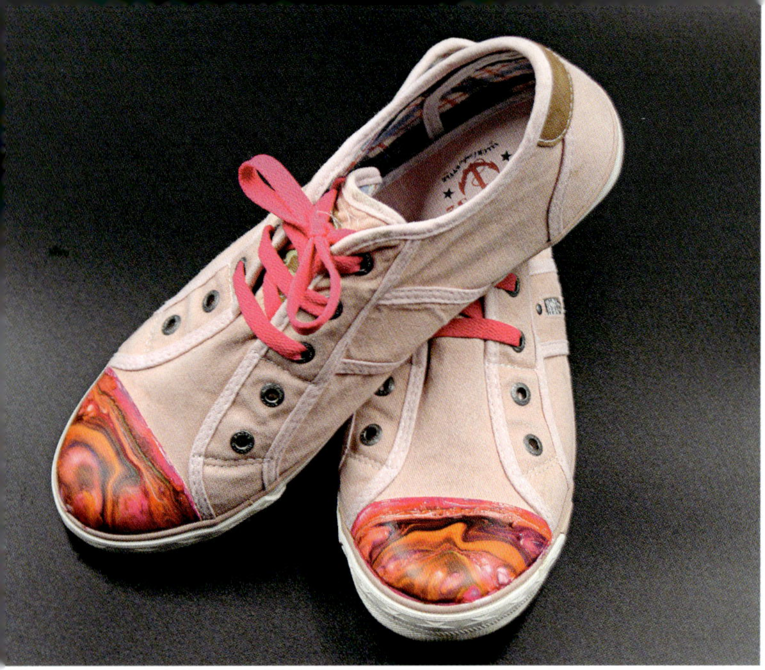

Um die Schuhe auch alltagstauglich zu machen, empfiehlt sich vor dem Schütten eine Grundierung mit Gesso.

Fotobücher, Ringbücher, Tagebücher – alles wartet auf ein Pouring.

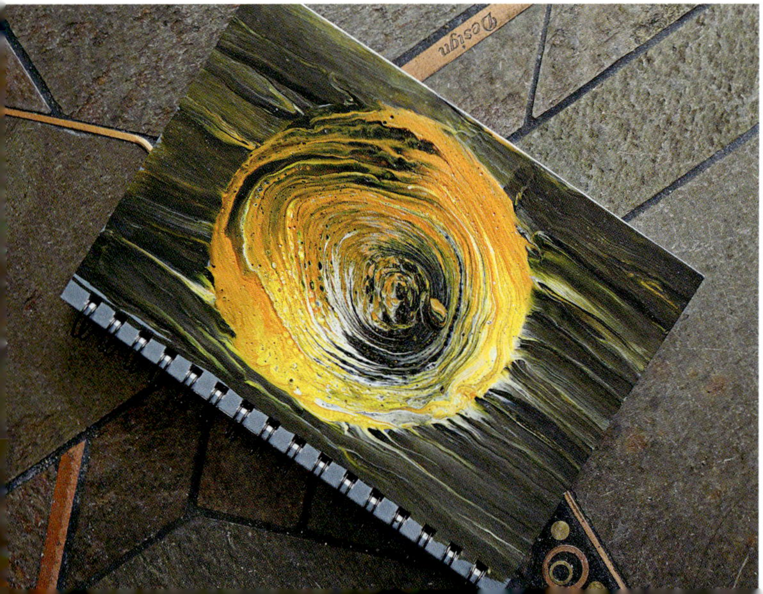

GESCHENKIDEEN MIT DEM GEWISSEN ETWAS

Mit diesen Geschenken kann man bei Freunden und Bekannten richtig punkten.

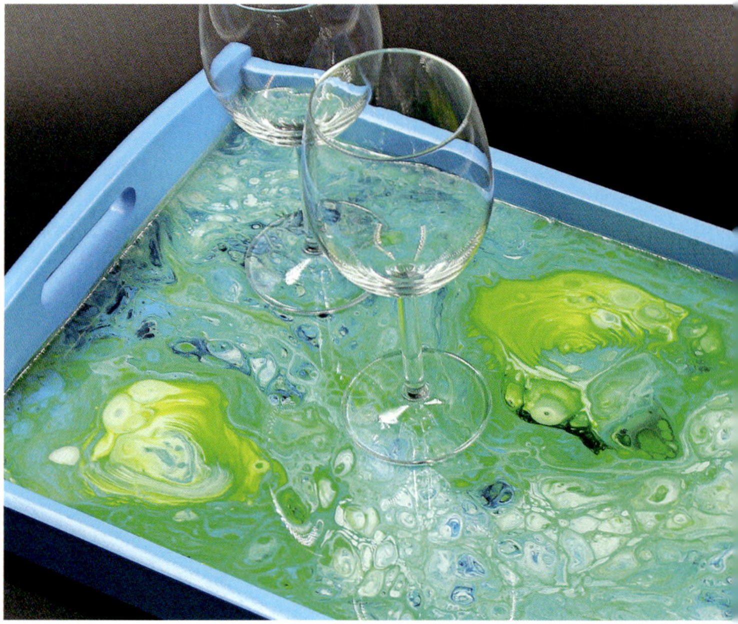

Dieses sommerliche Tablett wurde nach dem Pouren mit Resin UltraCast versiegelt.

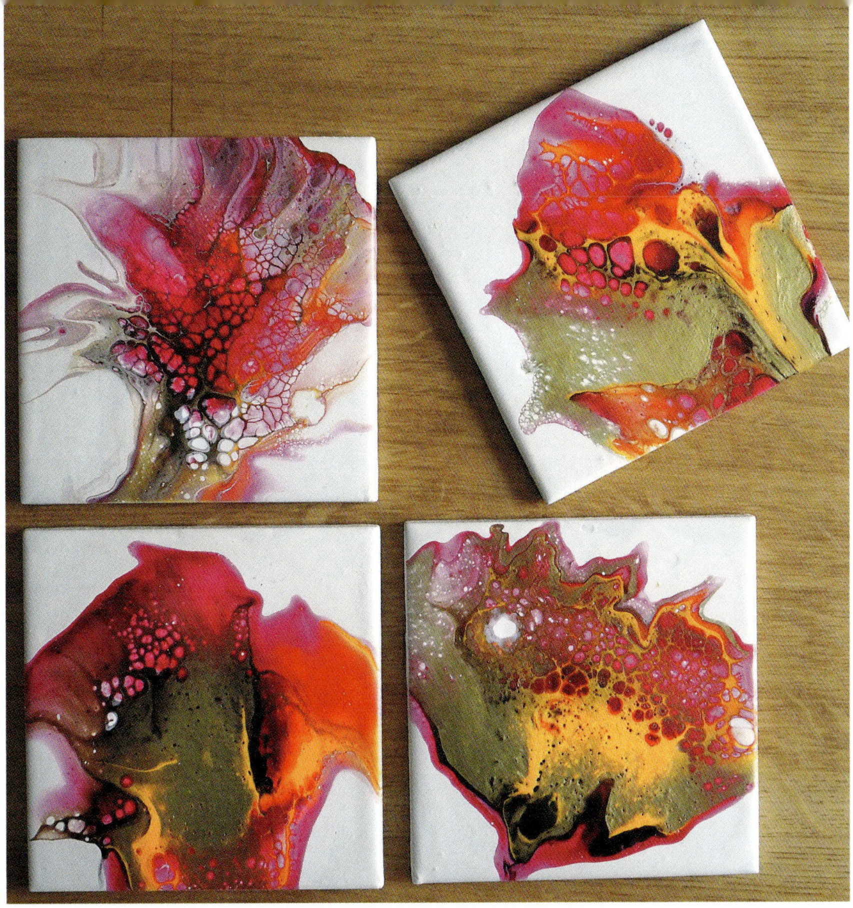

Die kleinen Fliesen wurden nach einem AirPouring mit Fliesenlack fixiert. Jetzt warten sie auf ihren Einsatz an der Wand.

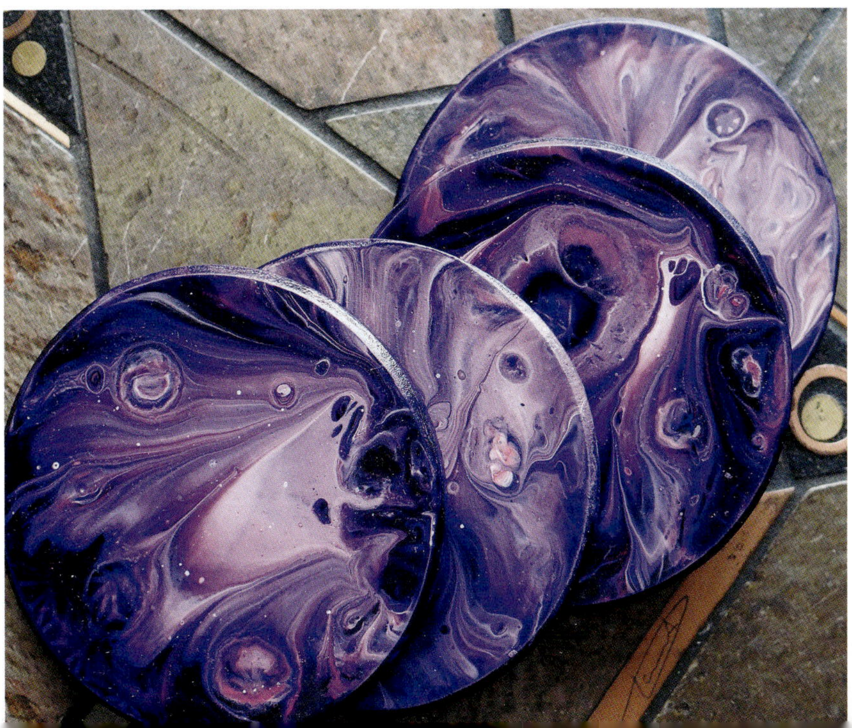

Runden Untersetzern wurde in der Farbe Lila ein neues Design verpasst.

ANZIEHENDE KUNST

Warum immer nur an die Wand hängen, wenn sich die Kunst auch wunderbar am Körper tragen lässt?

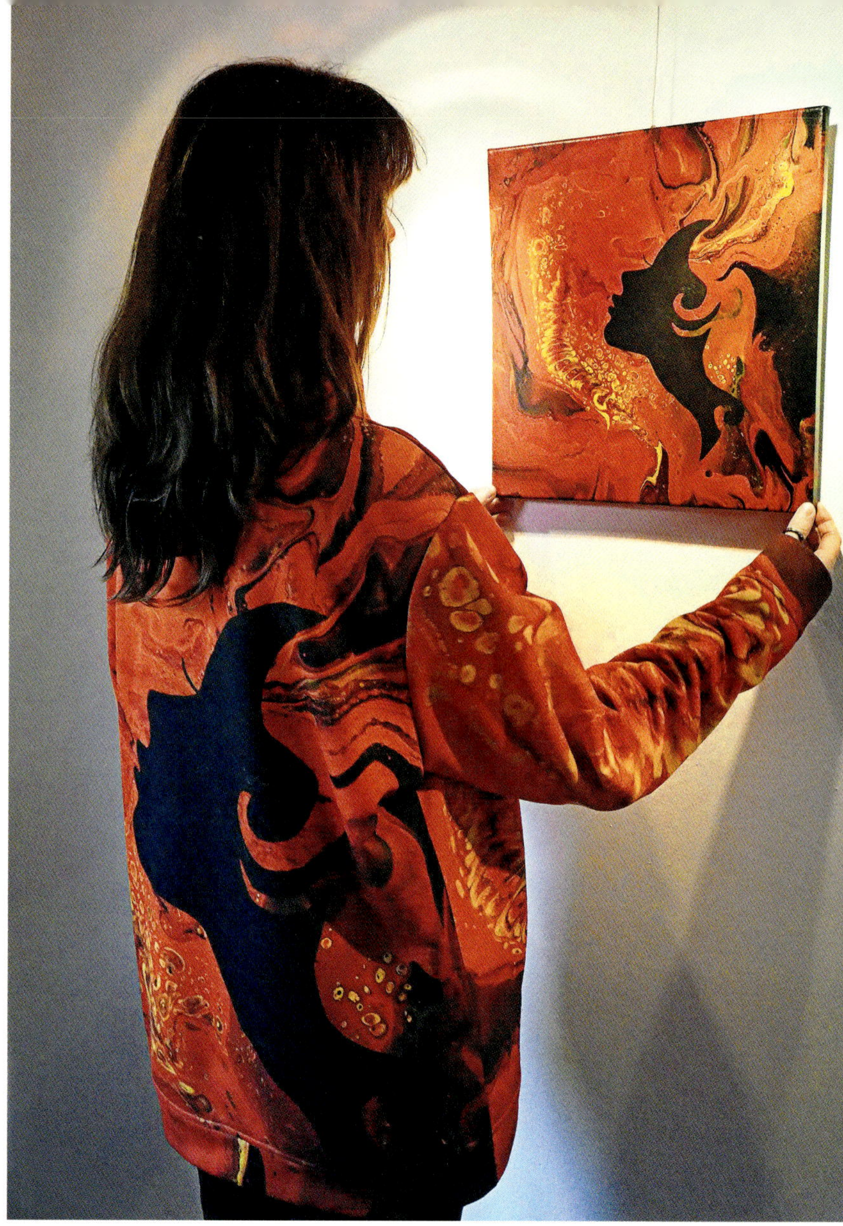

Das Motiv aus dem Pouringbild wurde an eine Onlinedruckerei gegeben und auf einen Kapuzenpullover gedruckt. So trägt man sein Lieblingsmotiv immer bei sich.

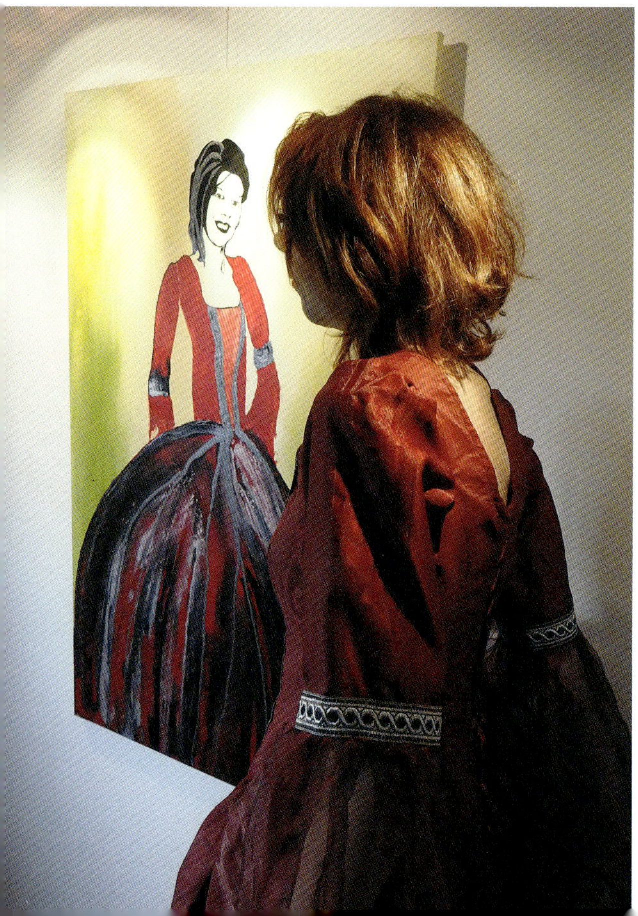

Das Hochzeitskleid gibt es schon seit 2004.
15 Jahre später wurde die Braut gepourt.

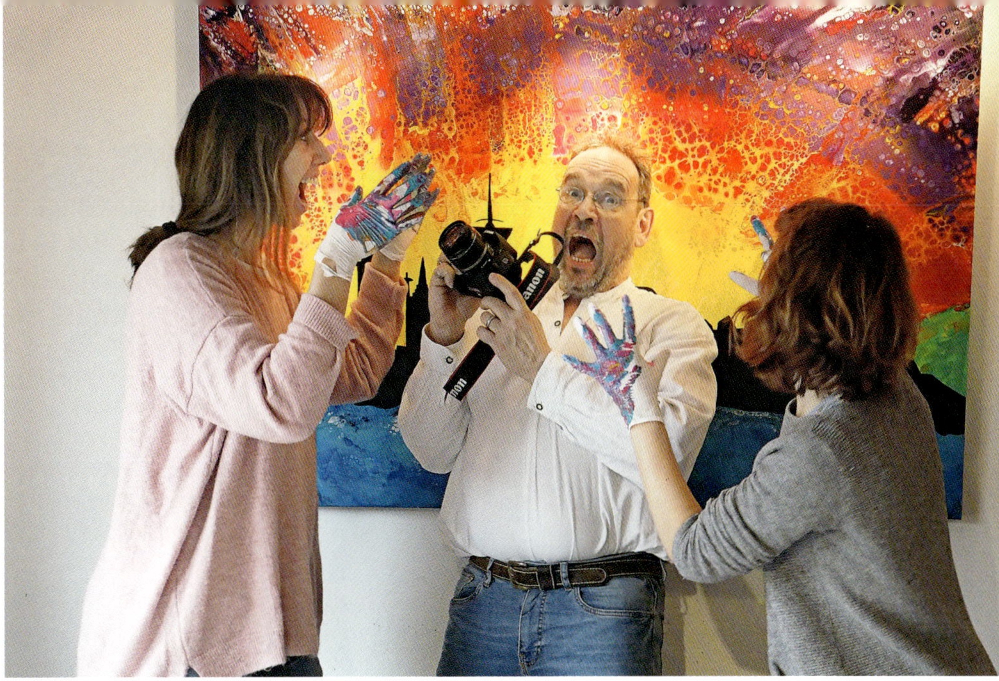

SCHLUSSWORT

Während der Arbeit an diesem Buch haben wir festgestellt, dass das Acrylic-Pouring so vielseitig ist, dass wir sage und schreibe fast 200 Keilrahmen (einer davon, das Motiv Kölner Skyline, ist 120 x 150 cm groß), 15,5 l Pouring-Medium und ca. 15 l Farbe verbraucht haben. Von Bechern, Holzspateln, Fliesen, Feuerzeuggas, Einmalhandschuhen und Silikon ganz zu schweigen. Wir hatten viel Spaß bei der Arbeit und haben viel gelacht. So manches Bild ist auch mal danebengegangen, was unserer Leidenschaft für diese Technik aber keinen Abbruch tat.

Wir haben sogar noch einiges dazugelernt, obwohl wir dachten, dass wir schon alles wüssten.

Für all unser Wissen, was die Thematik des Acrylic-Pourings angeht, kann es gar nicht genug Platz in einem Buch geben. Wenn du einmal mit uns gemeinsam Pouring-Spaß erleben möchtest, dann nimm an einem unserer Workshops teil.

Bedanken möchten wir uns bei unseren beiden Test-Schüttern Steffi und Guido, die uns in unserer Betriebsblindheit wichtige Hinweise für die Texte gaben.

Unser Fotograf Theo Broere war unser ständiger Begleiter, und an dieser Stelle bedanken wir uns ganz herzlich für seine Geduld, seine Inspirationen und seine aufmunternden Witzchen.

Und nun: Gut schütt!

Theo Broere

Theo Broere, geboren 1962, in Prüm/Eifel, lebt und arbeitet als freier Fotograf in Bad Münstereifel.

Nach seiner Gesellenprüfung im Jahre 1987 begann seine Laufbahn zunächst als Porträtfotograf, die er mit Landschaftsfotografie und den Illustrationen von Büchern wie z. B. »Die magische Eifel« und für regionale Eifelkrimis fortsetzte. Er widmet sich verstärkt der Landschaftsfotografie, vor allem in Schwarz-Weiß, und experimenteller Fotografie. Er arbeitete eng mit Krimiautoren zusammen und veröffentlichte mehrere Bände zum Thema Eifel und Krimi.

Heute arbeitet Theo Broere als Grafikdesigner und freier Fotograf. Weitere Infos zu Theo Broere unter www.theobroere.com

IMPRESSUM

Autorinnen: Ela Rübenach, Gina Jacobs

Layoutentwurf: Leeloo Molnar
Layout und Satz: Ortrud Müller – Die Buchmacher, Köln
Fotografie: Theo Broere
Produktmanagement & Redaktion: Carolin Hensler
Lektorat: Clemens Hoffmann
Korrektorat: Karin Leonhart
Umschlaggestaltung: Leeloo Molnar
Repro: LUDWIG:media
Herstellung: Bettina Schippel, Stephanie Schlemmer
Printed in Slovenia by Florjancic

★★★★★

Sind Sie mit diesem Titel zufrieden? Dann würden wir uns über Ihre Weiterempfehlung freuen. Erzählen Sie es im Freundeskreis, berichten Sie Ihrem Buchhändler oder bewerten Sie beim Onlinekauf. Und wenn Sie Kritik, Korrekturen, Aktualisierungen haben, freuen wir uns über Ihre Nachricht an:
Christian Verlag, Postfach 40 02 09,
D-80702 München oder per E-Mail an
lektorat@verlagshaus.de.

Unser komplettes Programm finden Sie unter

www.christophorus-verlag.de

In diesem Buch wird aus Gründen der besseren Lesbarkeit das generische Maskulinum verwendet. Weibliche und anderweitige Geschlechteridentitäten werden dabei ausdrücklich mitgemeint, soweit es für die Aussage erforderlich ist.

Hersteller- und Sponsorenverzeichnis:

- Golden Paints, GoldenPaints.com
- Owatrol, Owatrol.com
- Stefanie Etter / Resin Kunst, resin-kunst.de
- H. Schmincke & Co. GmbH & Co. KG, schmincke.de

Die Deutsche Nationalbibliothek verzeichnet diese Publikation in der Deutschen Nationalbibliografie; detaillierte bibliografische Daten sind im Internet über http://dnb.d-nb.de abrufbar.

2. Auflage 2020

Infanteriestraße 11a
80797 München

ISBN 978-3-8388-3731-4

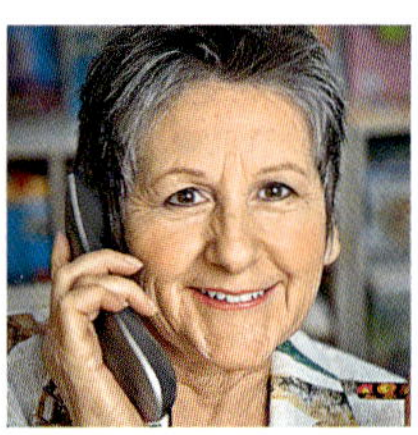

Kreativ-Service

Sie haben Fragen zu den Büchern und Materialien? Frau Erika Noll ist für Sie da und berät Sie rund um alle Kreativthemen. Rufen Sie an! Wir interessieren uns auch für Ihre eigenen Ideen und Anregungen. Sie erreichen Frau Noll per E-Mail: mail@kreativ-service.info oder Tel.: +49 (0) 50 52 / 91 18 58

Besuchen Sie uns im Internet: www.christophorus-verlag.de